주택공급에 관한 규칙
실무서

주택공급에 관한 규칙
실무서

ⓒ 김민재·김용훈, 2025

초판 1쇄 발행 2025년 6월 17일

지은이	김민재·김용훈
펴낸이	이기봉
편집	좋은땅 편집팀
펴낸곳	도서출판 좋은땅
주소	서울특별시 마포구 양화로12길 26 지월드빌딩 (서교동 395-7)
전화	02)374-8616~7
팩스	02)374-8614
이메일	gworldbook@naver.com
홈페이지	www.g-world.co.kr

ISBN 979-11-388-4380-5 (03320)

- 가격은 뒤표지에 있습니다.
- 이 책은 저작권법에 의하여 보호를 받는 저작물이므로 무단 전재와 복제를 금합니다.
- 파본은 구입하신 서점에서 교환해 드립니다.

주택공급에 관한 규칙
실무서

김민재 · 김용훈 지음

좋은땅

책을 쓰기 전에…

몇 년간 아파트 청약업무를 진행하면서 청약 관련 책자를 여러 권 보았습니다.

책 대부분은 아파트에 청약에 관심이 있는 일반인을 위한 책자가 대부분이었고, 실무자 입장에서 볼만한 책은 한국부동산원에서 만든『주택청약의 모든 것』이라는 책 정도만 있었습니다.

하지만, 이것도 법규적인 부분으로 설명이 잘되어 있을 뿐이며, 실무적인 부분에는 부족한 부분이 보였습니다.

우리나라에서 손에 꼽는 분양대행사에서 몇 년을 근무하면서 다수의 신입 기획직원 및 상담사들에게 청약교육을 진행하였습니다. 그 과정에서 느낀 것이 청약에 대해 체계적으로 공부할 만한 자료가 그리 많지 않다는 것입니다.

국토교통부에서 매년『주택청약 FAQ』를 발간하고 있지만, Q&A 방식이다 보니 기본적인 소양을 키우는 교육자료로는 부족합니다.

개인사정으로 잠시 일을 쉬게 되어 그동안 생각만 하였던 것을 정리하여 분양주택 청약에 대한 실무서를 작성하게 되었습니다. 이 책에서는 원론적인 부분은 법조문을 기준으로 기술할 예정이며, 사례를 통해 보완할 예정입니다. 법조문은 과거 개정내용 일부를 반영하여 지금의 규정이 어떤 과정으로 흘러왔는지에 대해서도 설명할 예정입니다. 그리고 샘플 등을 통해 실무적인 부분을 보충을 하고자 합니다.

본론에 들어가기 전에 한 가지 이야기하고 싶은 것이 있습니다.

청약에서 가장 기본이 되는 법규는 「주택공급에 관한 규칙」입니다. 이 법은 1978년에 제정이 되어 170번이 넘는 개정을 거쳤습니다. 수많은 개정을 거치다 보니 이에 대해 지적을 하는 분들이 많습니다. 하지만, 개인적으로는 반대로 생각합니다. 현대의 삶은 매우 빠르게 변화를 하고 있습니다. 특히, 우리나라는 급격한 경제성장과 도시화를 거치는 과정에서 주거방식에 많은 변화가 있었습니다. 그러다 보니 대량의 주택을 공급하는 과정에서 여러 문제점이 발생하였고, 이를 보완하기 위해 「주택공급에 관한 규칙」도 끊임없이 진화한 것이라고 생각합니다. 물론, 개정하는 과정에서 일부 불만을 보이는 분들이 있지만, 정책이라는 것이 모두를 만족할 수는 없어서 주택공급을 위한 최선의 선택이었다고 생각합니다.

이 책은 2025년 3월 31일 시행된 「주택공급에 관한 규칙」을 반영하였습니다. 이 책이 발간된 후에도 계속하여 개정은 있겠지만, 「주택공급에 관한 규칙」의 개정은 청약의 세부적인 방법에서 주로 이루어지기 때문에 청약의 기본이 되는 부분은 크게 변경이 되지 않습니다. 2018년 12월 11일 개정처럼 대폭적인 개정이나 2015년 12월 29일 전부개정과 같은 개정이 이루어지기 전에는 이 책을 통해 기본적인 소양을 키우는 것에는 충분할 것이라고 사료됩니다.

2장을 제외한 나머지 부분은 자주 개정되는 부분이 아니기 때문에 몇 년이 지나도 이 책은 충분히 효용이 있을 것입니다. 다만, 세부적인 청약방법에 해당하는 2장은 자주 개정이 되기 때문에 반년만 지나도 틀린 내용이 될 수도 있습니다. 그래서 이 책은 2장의 청약방법에 대한 내용은 기본적인 내용으로 기재할 예정입니다.

그리고 이 책은 일반인을 위한 책이 아니라 실무자를 위한 책이므로 청약을 왜 하여야 하는 것이고, 청약하면 무엇이 이득인지는 이야기하지 않도록 하겠습니다. 이 책을 보시는 실무자들에게 도움이 되기 바랍니다.

2025년 5월

김민재, 김용훈

목차

책을 쓰기 전에…　　　　　　　　　　　　　　　　　　　　　• 4

1장 청약 준비과정에서 알아야 하는 사항

1. 청약통장　　　　　　　　　　　　　　　　　　　　　　• 10
2. 청약지역　　　　　　　　　　　　　　　　　　　　　　• 34
3. 사람　　　　　　　　　　　　　　　　　　　　　　　　• 51

2장 청약방법에 대해 알아야 하는 사항

1. 청약방법 기본　　　　　　　　　　　　　　　　　　　• 70
2. 특별공급 공통사항　　　　　　　　　　　　　　　　　• 72
3. 기관추천 특별공급　　　　　　　　　　　　　　　　　• 81
4. 다자녀 특별공급　　　　　　　　　　　　　　　　　　• 92
5. 신혼부부 특별공급　　　　　　　　　　　　　　　　　• 99
6. 생애최초 특별공급　　　　　　　　　　　　　　　　　• 109
7. 노부모부양 특별공급　　　　　　　　　　　　　　　　• 117
8. 그 외 특별공급　　　　　　　　　　　　　　　　　　　• 121
9. 일반공급　　　　　　　　　　　　　　　　　　　　　　• 124

3장 일정에 따라 실무자가 알아야 하는 사항

1. 주택공급　　　　　　　　　　　　　　　　　　　　　　• 132
2. 입주자모집 시기에 관한 사항　　　　　　　　　　　　• 138

3. 입주자모집 조건에 관한 사항 · 144
4. 입주자모집 절차에 관한 사항 · 146
5. 입주자모집공고 작성 · 154
6. 청약홈 · 186
7. 청약접수 · 194
8. 당첨자 발표, 갑지 작성 및 사전검수 · 197
9. 청약제한사항 · 204
10. 주택소유현황 · 215
11. 소득 및 자산 · 256
12. 부적격 처리 · 266
13. 예비입주자 · 274
14. 무순위/계약취소주택의 재공급/임의공급 · 282

4장 주택공급에 관한 규칙에 대해 더 알아야 하는 기타사항

1. 최하층 우선배정 · 286
2. 특별공급 비율 조정 · 288
3. 제24조(주택공급 신청 서류의 관리) · 290
4. 제60조의2(입주예정일 통보 및 입주지정기간 설정) · 291

5장 청약에서 더 알아야 하는 사항

1. 투기과열지구 및 청약과열지역 · 294
2. 분양가상한제 · 304
3. 부동산거래신고 · 312
4. 전매제한 · 318
5. 실거주의무 · 324

1장

청약 준비과정에서
알아야 하는 사항

1. 청약통장

　청약에서 가장 기본이 되는 것은 청약통장입니다. 물론, 청약통장이 필요 없는 청약도 일부 있습니다. 하지만, 청약통장이 필요 없는 청약을 알기 위해서도 청약통장에 대해 정확히 알아야 합니다.

　청약통장에 대해 이야기하기에 앞서 할 말이 있는 것이 있습니다. 실무자들도 청약통장에 대해 지역별/면적별 예치금이나 외우고 있을 정도로 청약통장을 깊게 아는 경우가 그리 많지 않다는 것입니다. 청약통장에 대해 많이 알고 있으면 고객에게 신뢰를 얻는 것에 유용한 것이 많습니다.

　최근에는 인터넷을 통해 고객들이 직접 정보를 찾는 것이 용이하기 때문에 고객들에게 아파트 상품설명을 하여도 고객들은 본인의 판단으로 계약 여부를 결정하고 상담사의 설명을 100% 신뢰하지 않는 경우가 많습니다.

　그런데, 이런 고객들도 본인에게 이득이 되는 것이 있으면 귀를 기울이게 됩니다. 청약방법은 아니지만, 청약통장을 통한 절세 등의 유용한 팁을 알려 주면 상담사를 조금 더 신뢰하게 됩니다. 그리고 서류검수나 계약검수 대기시간 동안의 애매한 시간에 고객의 가족들이 청약통장을 어떻게 관리하는지를 컨설팅해 주는 것도 고객의 신뢰를 얻는 방법이기도 합니다.

　지금부터 청약통장에 대해 조금 더 깊게 아는 시간을 가지도록 하겠습니다. 청약통장을 이야기하기에 앞서 청약통장의 기본부터 알아보도록 하겠습니다.

　정부는 국민들의 주거안정을 위해 효율적인 주택공급이 이루어지도록 노력하고 있습니다.

그래서 주택공급은 주택을 실수요자에게 우선적으로 공평하게 공급함을 최우선 목표로 합니다. 주택을 공평하게 공급하기 위한 가장 기본적인 장치가 바로 청약통장입니다. 일부 청약 방법에서는 운으로 당첨되는 경우도 있어서 청약통장 관리를 하지 않아도 당첨되는 경우도 있지만, 반대로 일부 청약방법은 장기간 청약통장을 꾸준히 관리하여야 당첨될 수 있습니다. 후자의 경우가 청약통장의 목적에 가장 부합하는 형태라고 볼 수 있습니다. 또한, 공평하게 기회를 가지기 위해 한 사람이 한 계좌만 가입할 수 있도록 제한하는 것입니다.

> 주택법 제56조(입주자저축)
> ④ 입주자저축은 **한 사람이 한 계좌만 가입**할 수 있다.

가. 청약통장의 역사

ㄱ. 청약통장은 언제 만들어졌을까?

대부분 청약통장이라면 청약을 위한 것이니 「주택공급에 관한 규칙」(이하 "주공칙"이라고 함)이 생긴 1978년부터 있지 않았을까 생각할 수 있습니다. 하지만, 이것은 오해입니다. 아파트 청약이라는 자체가 1978년에 시작한 것이 아니기 때문입니다. 그전부터 아파트 청약은 있었습니다. 하지만, 청약을 최초 법제화한 것이 1977년입니다.

> 1976년까지 신규주택의 공급은 대체로 추첨제 또는 선착순제 방식으로 이루어졌는데 1977년 부동산 투기로 이러한 방식이 오히려 주택공급의 공정성을 해치고 혼란을 가중시킨다는 비판이 거세지자 주택공급의 합리화 및 주택투기 규제를 목적으로 정부는 **「국민주택 우선 공급에 관한 규칙」**을 제정해서 **'국민주택청약부금'** 가입자에게 **주택분양 우선권을 부여**하는 등 공공주택의 공급우선 순위를 설정해서 주택을 공급하기 시작했다.
> ※ 출처: 국가기록원

제목에서도 볼 수 있듯이 1977년 「국민주택 우선 공급에 관한 규칙」은 국민주택의 공급방법을 정할 뿐이어서 1978년에 「주택공급에 관한 규칙」을 제정하여 주택공급 전반에 정부가 개입할 수 있게 되었습니다.

이에 따라 청약통장은 국민주택청약부금, 주택청약예금, 재형저축으로 만들어졌습니다.

주택공급에 관한 규칙 제정(1978년 5월 10일)

> 제2조 (용어의 정의) 이 규칙에서 사용하는 용어의 정의는 다음 각 호와 같다.
> 1. "국민주택청약부금(이하 "청약부금"이라 한다)"이라 함은 한국주택은행에서 취급하는 복지주택부금을 말한다.
> 2. "주택청약예금(이하 "청약예금"이라 한다)"이라 함은 한국주택은행에서 취급하는 불특정만기정기예금을 말한다.
> 3. "재형저축"이라 함은 한국주택은행 및 국민은행에서 취급하는 근로자재산형성저축을 말한다.
> 4. "민영주택"이라 함은 법 제3조제3호의 규정에 의한 사업주체중 국가, 지방자치단체 및 대한주택공사 이외의 사업주체가 자기자금으로 건설하는 주택을 말한다.

이후 몇 번의 변경(청약예금 1978년 2월 4일 도입, 청약저축 1981년 5월 23일 도입, 청약부금 1989년 11월 7일 도입)을 거쳐 1989년에 지금 알고 있는 청약저축·청약예금 및 청약부금으로 제도가 정리되었습니다.

2009년에는 주택청약종합저축(이하 "종합저축"이라고 함)이 신설이 되었으며, 2015년 9월 1일부터는 기존의 청약저축·청약예금 및 청약부금 가입이 불가하게 되었습니다.

기존 청약통장(청약저축 및 청약예·부금)과 종합저축의 차이점

> 가장 큰 차이점은 기존의 청약통장은 청약통장 가입 시부터 청약할 아파트를 정해야 하고, 종합저축은 모든 주택에 모두 청약이 가능한 만능통장이라는 것입니다.
> 그리고 기존의 청약통장은 단순히 국민주택과 민영주택으로만 구분하여 가입한 것이 아니었습니다.
> 지금의 종합저축의 경우 예치금 범위 내의 경우 하위면적에도 변경 없이 청약이 가능하였지만, 청약예금의 경우 2015년 2월 27일 개정부터 하위면적 모두 청약이 가능한 것으로 변경된 것이며, 그 전에는 예치금에

맞추어 85㎡ 이하, 85㎡ 초과 102㎡ 이하, 102㎡ 초과 135㎡ 이하, 135㎡ 초과로만 면적별 예치금에 충족하는 주택에만 청약이 가능하였습니다.
그리고 지금은 모집공고일 전일까지만 변경을 하여도 청약이 가능하였지만, 개정 전에는 예치금을 변경한 후에는 일정기간 청약이 제한되었습니다.

ㄴ. 어떤 청약통장들이 더 많이 당첨될까?

　종합저축이 만들어진 것도 이제 15년이 넘었습니다. 즉, 종합저축도 청약통장 가입기간 만점이 될 수 있다는 것입니다. 하지만, 아직도 인기 아파트에는 기존 청약통장인 청약예금이나 청약저축을 가지고 있는 분들이 더 많이 당첨되고 있습니다. 즉, 실무자는 기존의 청약통장 제도도 알고 있어야 한다는 것입니다.

나. 청약통장의 구분

ㄱ. 청약통장의 종류

구분	주택청약 종합저축	청약예금	청약부금	청약저축
시행여부	2009년부터 가입	2015년 9월 1일부터 신규 가입중단		
대상지역	전국	시·군 지역(102개)	시·군 지역(102개)	전국
가입대상	연령, 자격제한 없음	19세 이상 개인 (유주택자도 가능)	19세 이상 개인 (유주택자도 가능)	무주택 세대주
저축방식	매월 일정액 적립식 및 예치식 병행	일시불 예치	매월 일정액 불입	매월 일정액 불입
저축금액	월 2~50만원	200~1,500만원 (규모, 지역별 차등)	월 5~50만원	월 2~10만원
대상주택	모든 주택	모든 민영주택	85㎡ 이하 민영주택	85㎡ 이하 국민주택

1순위	투기과열지구 청약과열지역	가입 2년 이상 세대주 (24회 이상 납입) 지역별 예치금액 이상	가입 2년 이상 세대주 지역별 예치금액 이상	가입 2년 이상 세대주 (24회 이상 납입) 지역별 예치금액 이상	가입 2년 이상 세대주 (24회 이상 납입)
	위축지역	가입 1개월 이상 (1회 이상 납입) 지역별 예치금액 이상	가입 1개월 이상 지역별 예치금액 이상	가입 1개월 이상 (1회 이상 납입) 지역별 예치금액 이상	가입 1개월 이상 (1회 이상 납입)
	수도권	가입 1년 이상 (12회 이상 납입) 지역별 예치금액 이상	가입 1년 이상 지역별 예치금액 이상	가입 1년 이상 (12회 이상 납입) 지역별 예치금액 이상	가입 1년 이상 (12회 이상 납입)
	수도권 외	가입 6개월 이상 (6회 이상 납입) 지역별 예치금액 이상	가입 6개월 이상 지역별 예치금액 이상	가입 6개월 이상 (6회 이상 납입) 지역별 예치금액 이상	가입 6개월 이상 (6회 이상 납입)
비고		민영주택에서 예치금액 이하의 모든 규모에 청약 가능	민영주택에서 예치금액 이하의 모든 규모에 청약 가능	① 민영주택은 85㎡ 이하만 청약가능 ② 가입기간+납입인정+지역별 예치금액을 모두 충족해야 함	민영주택을 청약신청하기 위해서는 모집공고 전일까지 청약예금으로 전환하여 납입인정금액이 각 지역별 청약예금 예치금액 이상인 경우 가능

ㄴ. 청약통장 변경

구분	변경내용	국민주택	민영주택
지역 변경	변경 대상	청약통장에 가입 후 다른 주택건설 지역으로 주소지를 이전한 자	
	주민등록 이전	최초 입주자모집공고 당일까지	
	예치금 변경	-	최초 입주자모집공고 당일까지 최종 주소지에 해당하는 예치금액으로 변경 (단, 청약예금 가입자는 청약 신청 전까지)

통장 종류 변경	주택종합저축	-	-
	청약예금	사용 불가	-
	청약부금	사용 불가	청약부금에 가입한 후 납입인정금액이 지역별 85㎡ 이하 청약예금 예치금액 이상 납입한 경우 청약예금으로 변경 가능
	청약저축	-	납입인정금액이 지역별 청약예금 예치금액 이상인 계좌의 경우 해당 주택규모의 청약예금으로 변경 가능
명의 변경	청약예금 청약부금	2000.03.27 이후 가입 ① 가입자가 사망한 경우 2000.03.26 이전 가입 ① 가입자가 사망한 경우 ② 가입자가 혼인한 경우 ③ 가입자의 배우자 또는 세대원인 직계존비속으로 세대주가 변경된 경우	
	청약저축	① 가입자가 사망한 경우 ② 가입자가 혼인한 경우 ③ 가입자의 배우자 또는 세대원인 직계존비속으로 세대주가 변경된 경우	
	주택종합저축	① 가입자가 사망한 경우	

ㄷ. 청약저축 및 청약부금을 청약예금으로 변경한 경우 및 청약예금 지역과 면적 변경 관련 근거

모집공고문에는 다음과 같은 문구가 기재됩니다.

청약통장 관련 기준

- 청약저축에서 청약예금으로 전환 기한: 입주자모집공고 전일까지 변경 시 청약 신청가능
- 청약부금에서 청약예금으로 전환 기한: 입주자모집공고 전일까지 변경 시 청약 신청가능
- 청약예금 지역 간 예치금액 차액 충족 기한: 청약 접수 당일까지 충족 시 청약 신청가능
  (단, 차액을 감액하는 경우이거나 주거지 변경 없이 가입한 지역에서 거주하면서 청약 신청할 경우에는 예치금액 변경 없이 청약 신청가능)
- 청약예금의 신청가능 주택규모 변경 기한: 입주자모집공고 전일까지 변경 시 청약 신청가능
  (단, 작은 주택규모로 변경할 경우 해당구간의 청약예치금액 충족 시 별도의 주택규모 변경 절차 없이 하위 면적 모두 신청가능)
- 주택청약종합저축 예치금 충족 기한: 입주자모집공고 당일까지 예치금 충족 시 청약 신청가능

이에 대한 근거는 지금 현 법규에서는 찾을 수 없기 때문에 구법에서 규정을 찾아야 합니다.

제5조의4 (입주자저축의 변경 등) (2000.03.27. 본조신설)
② 입주자저축의 종류 또는 금액은 다음 각 호의 1에 해당하는 경우에 한하여 이를 변경할 수 있다. 다만, 제3호 및 제4호의 규정에 의하여 주택의 면적을 늘리기 위하여 예치금액을 변경한 경우에는 변경한 날부터 1년 이내에는 그 변경한 예치금액에 해당하는 주택의 공급신청을 할 수 없다.
1. **청약저축가입자가 해약과 동시에 그 불입한 금액의 범위 안에서 청약예금에 가입하는 경우**
2. 청약예금가입자가 다른 주택건설지역으로 주소지를 이전함에 따라 그 예치금액의 차액을 예치하거나 인출하는 경우
3. 청약예금에 가입한 후 2년(청약저축을 청약예금으로 변경한 경우에는 그 변경일부터 2년)이 경과된 자가 예치금액을 변경하는 경우
4. 청약부금에 가입하여 2년이 경과하고, 매월 약정납입일에 월납입금을 납입하여 별표 1의 기준에 의하여 85제곱미터 이하의 주택의 청약예금 예치금액 이상을 납입한 자가 공급받고자 하는 주택의 면적을 늘리기 위하여 청약예금으로 변경하는 경우
5. 청약예금의 예치금액을 변경(제2호에 의한 예치금액의 변경을 제외한다)한 후 2년(제4호에 의하여 청약부금을 청약예금으로 변경한 경우에는 그 변경일부터 2년)이 경과된 자가 다시 예치금액을 변경하는 경우
③ 제2항 각 호의 경우와 청약예금 또는 청약부금의 계약기간이 만료된 자가 해약과 동시에 해약 원금을 다시 납입하여 재가입하는 경우에는 최초로 입주자저축에 가입한 날을 가입일로 본다.

제12조 (민영주택의 일반공급)
② 입주자저축에 가입한 자가 제5조의4제2항의 규정에 의하여 입주자저축의 종류 또는 금액을 변경한 경우에는 입주자 모집공고일전에 변경한 경우에 한하여 제1항의 규정을 적용한다. 다만, **청약예금에 가입한 자가 제5조의4제2항제2호의 규정에 의하여 예치금액을 변경하는 경우에는 그 차액을 주택공급 신청 전에 추가로 예치하여야 한다.**〈개정 2000. 3. 27.〉

청약저축이나 청약부금을 청약예금으로 변경하고자 한다면 입주자모집공고일 전일까지 변경을 마쳐야 하지만, 청약예금 가입자가 지역별 예치금 차익으로 부족한 예치금을 채우는 경우에는 청약 당일까지 변경이 가능합니다.

ㄹ. 기존 청약통장(청약예·부금 및 청약저축)을 종합저축으로 변경(2024.09.30. 개정)

주공칙 제2조 제8호 다목

다. 법 제56조제2항에 따른 주택청약종합저축(이하 "주택청약종합저축"이라 한다) 가입기간. 이 경우 종전의 「주택법」(법률 제13379호로 개정되기 전의 것을 말하며, 이하 "종전의 「주택법」"이라 한다) 제75조제2항제2호에 따른 청약예금(이하 "청약예금"이라 한다) 또는 같은 항 제3호에 따른 청약부금(이하 "청약부금"이라 한다)을 해지하는 즉시 해당 청약예금 또는 청약부금의 납입금을 주택청약종합저축에 가입하여 납입한 경우에는 청약예금 또는 청약부금의 가입기간을 합산한다.

※ 청약예금과 청약부금에 대해서만 종전의 가입기간을 합산하도록 하고 있어서 청약저축의 경우 전환개설한 날을 기준으로 순위 산정함에 주의가 필요합니다.

※ 청약홈 샘플공고

- 종전통장(청약예금, 청약부금, 청약저축)에서 종합저축으로 전환 기한: 입주자모집공고 전일까지 전환개설 완료 시 청약 신청가능

* 종전통장에서 종합저축으로 전환하여 청약하는 경우, 청약 기회가 확대되는 유형은 전환개설한 날을 기준으로 순위를 산정합니다. 예) 청약저축에서 종합저축으로 전환한 경우 민영주택 청약 시 전환개설한 날을 기준으로 순위산정(단 국민주택 청약 시 기존 청약통장가입일을 기준으로 순위산정)

※ 공고일 이후 종합저축으로 변경한 이후 순위확인서 발급이 안 되는 문제로 다음과 같은 유의사항을 기입합니다.

입주자모집공고일 이후(2024.11.01 포함) 종전통장(청약예금, 청약부금, 청약저축)에서 종합저축으로 전환한 경우, 해당 주택의 순위확인서 발급 및 청약신청이 불가하오니 유의하여 주시기 바랍니다.

※ 청약저축을 종합저축으로 변경하는 경우 기존의 납입횟수와 인정금액은 합산이 됩니다.

3. 종전의 「주택법」 제75조제2항제1호에 따른 청약저축(이하 "청약저축"이라 한다)을 해지하는 즉시 해당 청약저축의 납입금을 주택청약종합저축에 가입하여 납입한 경우: 청약저축 가입기간 동안의 납입횟수를 합산한다.
3. 청약저축을 해지하는 즉시 해당 청약저축의 납입금을 주택청약종합저축에 가입하여 납입한 경우: 청약저축 가입기간 동안의 저축총액을 합산한다.

ㅁ. 청약통장 가입자 명의변경 관련 사항

현 법규는 주공칙 제12조에 의거하여 가입자의 사망을 사유로만 가입자 명의변경이 가능합니다.

> 제12조(주택청약종합저축의 가입자 명의변경 등) ① 주택청약종합저축의 가입자명의는 가입자가 사망하여 그 상속인 명의로 변경하는 경우를 제외하고는 변경할 수 없다.

이 규정은 종합저축의 가입자 명의변경만을 규정하는 것으로서 기존의 청약통장인 청약저축, 청약예금 및 청약부금의 가입자 명의변경은 개정 전의 구법에서 규정을 찾아야 합니다.

청약저축 가입자 명의변경 근거

> 주택공급에 관한 규칙 [건설교통부령 제232호, 2000. 3. 27, 일부개정]
> 제5조의4 (입주자저축의 변경 등) ① 청약저축의 가입자명의는 다음 각 호의 1에 해당하는 경우에 한하여 이를 변경할 수 있으며, **청약예금 또는 청약부금의 가입자명의는 제1호에 해당하는 경우에 한하여 이를 변경**할 수 있다.
> 1. 가입자가 사망한 경우로서 그 상속인 명의로 변경하는 경우
> 2. 가입자가 혼인한 경우로서 그 배우자 명의로 변경하는 경우
> 3. 가입자의 배우자 또는 세대원인 직계 존·비속으로 세대주가 변경된 경우로서 그 변경된 세대주 명의로 변경하는 경우
>
> ※ 청약예금 및 청약부금 가입자 명의변경 근거: 청약저축과 청약예금의 규정은 2000년 3월 27일 개정부터 주공칙으로 반영된 것이며, 그 전에는 주택건설촉진법(현 주택법) 시행규칙으로 규정되어 있었으며, 다음과 같이 기재되어 청약통장 가입자 명의변경의 근거가 되었던 것이 2000년 3월 27일부터 현 법규와 동일한 규정으로 정리된 것입니다.
> 즉, 2000년 3월 26일 이전에 가입한 청약예금이나 청약부금은 다음의 규정을 적용받는다는 것입니다. 아직도 이에 해당하는 청약통장을 가지고 있는 경우가 많으며, 이런 경우에는 자녀에게 청약통장 가입자 명의변경하는 것이 가능합니다.

> 제14조의5 (입주자저축의 변경등) ① 입주자저축의 가입자명의는 다음 각 호의 1에 해당하는 경우에 한하여 변경할 수 있다.
> 1. 가입자가 사망한 경우
> 2. 가입자가 결혼한 경우
> 3. 가입자의 배우자 또는 세대원인 직계존·비속으로 세대주를 변경하는 경우

다. 청약통장 관리

ㄱ. 청약통장 입금방법

지금의 종합저축은 한 달에 한 번 2만원에서 50만원 사이로 입금합니다. (단, 청년주택드림 청약통장은 100만원 가능)

그런데, 대부분은 월 10만원씩 넣고 있습니다.

사실 실무자임에도 2만원에서 50만원 사이로 입금이 가능한 이유와 월 10만원을 넣는 이유를 모르는 경우가 많습니다. (2024년 11월 1일부터는 인정금액이 10만원에서 25만원으로 변경됨)

종합저축은 종합이라는 단어만 보아도 기존의 청약통장을 모아 두었다는 것을 알 수 있습니다. 그래서, 기존에는 청약통장의 종류에 따라 청약할 수 있는 아파트가 달랐지만, 종합저축은 모든 종류의 아파트에 청약이 가능합니다.

기존의 청약통장(청약저축 및 청약예·부금)은 월납입 또는 예치금 방식으로 청약통장 관리방법이 모두 다릅니다.

종합저축의 청약통장 관리방법은 기존 청약통장을 적절히 통합하였다고 보시면 됩니다.

기존에는 청약저축은 월 2만원에서 10만원, 청약부금은 월 5만원에서 50만원, 청약예금은 일시불로 입금을 하였기 때문에 종합저축은 이것을 통합하여 월 2만원에서 50만원 사이로 입

금이 가능하며, 최대 예치금 1,500만원 범위 내에서는 일시불로 50만원을 초과하는 금액으로 입금이 가능합니다.

인정금액은 기존의 청약저축의 최대범위에 맞추어 월 10만원까지만 인정하기 때문에 아파트 청약을 위해서는 월 10만원을 초과하여 넣는 것이 도움이 되지 않아서 청약통장은 월 10만원이 좋다는 속설이 있는 것입니다.

그런데, 월 10만원이 좋다는 것도 이제는 옛말이 되었습니다. 2024년 11월 1일부터는 인정금액을 25만원으로 조정을 하였기 때문에 이제부터는 청약통장은 월 25만원 입금이 좋다는 말로 바꾸어야 할 것입니다.

그럼, 무조건 청약통장에 월 10만원 넣는 것이 좋은 것일까요? 꼭, 그런 것은 아닙니다.

아파트 당첨을 위해서는 청약통장에 매달 10만원씩 입금하는 것 또는 오랜 기간 청약통장을 유지하는 것이 유리한 경우도 있고, 일정 횟수만 넣으면 더 많이 넣었다고 유리하지 않은 경우도 있고, 한 번만 넣어 두고 나중에 청약하려는 아파트의 모집공고일까지 부족한 예치금만 넣으면 동등한 자격을 가지는 경우도 있습니다.

이것은 아파트의 종류 및 청약방법에 따라 청약통장이 당첨에 영향을 주는 바가 다르기 때문입니다.

국민주택과 공공주택의 일반공급 1순위나 노부모부양 특별공급에서는 인정금액이 많은 순으로 당첨자를 선정하기 때문에 매달 10만원씩 오랜 기간 넣은 분이 당첨되는 구조입니다. (단, 공공주택의 일반공급에서는 80%만 인정금액 순으로 당첨자를 선정하고, 잔여세대는 추첨을 통해 당첨자를 선정하기 때문에 인정금액이 많지 않은 경우에도 당첨을 기대할 수 있습니다)

즉, 매달 넣지 않아도 청약방법에 따라 당첨되는 경우가 더 많습니다.

그렇다면 월 10만원씩 꾸준히 넣지 않아도 된다고 이야기하는 것일까요?

아파트 청약만 이야기한다면 그럴 수도 있지만, 아파트 청약 외적인 부분도 고려한다면 매달 넣는 것을 권합니다. 청약통장은 아파트 청약뿐만 아니라 아파트 청약 외적인 부분에서도 도움이 되는 것이 많습니다.

대표적으로 청약통장 저축액을 통해 연말정산 시 소득공제를 받을 수 있습니다.

물론, 모든 분들이 해당하는 것은 아닙니다. 연소득 7천만원 이하의 근로자인 무주택세대주만 혜택을 받을 수 있습니다.

무주택세대주

일반적으로 청약에서 부르는 무주택세대주에는 형제의 영향을 받지 않지만, 소득공제에서의 무주택세대주에는 형제·자매를 포함하기 때문에 같은 등본의 형제나 자매가 주택을 소유하여도 소득공제를 받을 수 없음에 주의가 필요합니다. 즉, 법규에 따라 무주택세대구성원의 범위가 다를 수 있음에 주의가 필요합니다.

ㄴ. 소득공제

소득공제라는 것부터 알아보도록 하겠습니다.

소득공제부터 알아야 하는데, 소득공제란 세금의 기준이 되는 과세표준을 줄이는 것으로 아시면 됩니다.

종종 세액공제와 혼동하는 경우가 있는데, 참고로 세액공제는 산출된 세액에서 공제하는 것입니다.

즉, 세액공제는 세금을 직접적으로 덜 내는 것에 해당하며 과세표준을 줄이는 소득공제와는 다른 것입니다.

다음 두 청년을 비교하여 보겠습니다.

두 명의 소득은 총소득 7천만원이라고 가정을 하고, 부양가족이나 여러 공제를 통해 두 명 모두 각각 오백만원씩의 소득공제를 받았다고 가정을 하겠습니다.

여기에 A청년은 매달 25만원씩 청약통장에 입금을 하였고, B청년은 작년에 청약통장 처음 만들 때 청약통장 입금한 것 외에는 금년에 청약통장 입금을 하지 않았다고 가정을 하겠습니다.

다음의 표를 보시면 A청년은 288,000원 절세한 것을 보실 수 있습니다.

구분	A청년	B청년
총소득	7천만원	7천만원
부양가족 등 소득공제(청약통장 제외)	5백만원	5백만원
연 청약통장 입금액	3백만원(40% 소득공제)	-
과세표준	6,380만원	6,500만원
소득세율	24%	24%
소득세	15,312,000원	15,600,000

※ 단순계산을 위해 누진공제 등 다른 조건은 적용하지 않음.

ㄷ. 대출 시 우대금리 적용

청약통장을 꾸준히 납입한 경우 대출 시 우대금리를 받으실 수도 있습니다.

생애 첫 주택을 구입하는 분들은 조건이 된다면 디딤돌 대출을 받는 편입니다.

디딤돌 대출을 받을 때 청약통장을 꾸준히 관리하지 않은 것에 대해 후회하는 분들을 종종 봅니다.

왜 후회하는 것인지 자세히 살펴보겠습니다.

대출은 주택구입에 부족한 자금을 충당하기 위함입니다. 사실 주택의 가격이 너무 높기 때문에 사회초년생이나 젊은 층은 대출 없이 주택을 구입하기 어렵습니다. 그래서 대출에 대해서는 조금 공부가 필요합니다.

대출을 진행하면 이자가 발생합니다. 돈을 빌리는 차주 입장에서는 최대한 대출이자를 줄이고 싶습니다.

그러면, 대출금리는 어떠한 구조인지부터 알아야 합니다. 대출금리는 '기준금리 + 가산금리 - 우대금리'로 계산합니다. 즉, 차주입장에서 대출금리를 낮추는 가장 손쉬운 방법은 우대금리를 적용받는 것입니다.

예를 들어서 청약통장 가입기간이 15년 이상 종합저축 가입자가 180회 차 이상 납입한 경우에는 연 0.5%p 우대금리를 적용받습니다. 이것은 대출 1억원당 연이자 50만원을 절감하는 것입니다. 만약 4억원을 대출받았다면 연 200만원의 이자를 덜 부담할 수 있다는 것입니다.

추가로 알려 드리자면 디딤돌 대출 외에서도 대출 시 청약통장을 통해 우대금리가 적용되는 경우가 있으니 대출 시 우대금리 항목을 필히 확인하여야 합니다.

청약(종합)저축 가입자(본인 또는 배우자)

- 가입기간이 5년 이상이고 60회 이상 납입한 경우: 0.3%p
- 가입기간이 10년 이상이고 120회 이상 납입한 경우: 0.4%p
- 가입기간이 15년 이상이고 180회 이상 납입한 경우: 0.5%p

※ 출처: 주택도시기금 홈페이지 디딤돌 대출 우대금리 안내 中

ㄹ. 꾸준한 입금으로 청약통장 관리하기

청약통장은 아파트 청약 외적인 부분으로도 도움이 되는 부분이 있어서 꾸준한 입금을 권하고 싶습니다.

상황에 따라 월 25만원이 도움이 되는 분도 있지만, 그러하지 않은 분도 있습니다.

그리고, 월 10만원 납입도 부담이 될 수도 있습니다. 특히, 아직 대학생이라면 10만원도 부담이 됩니다. 이러한 경우라도 횟수를 늘리는 것이 도움이 될 수 있습니다. 다만, 본인의 상황에 따라 도움이 될 수도 있지만, 도움이 되지 않을 수도 있습니다. 예를 들어서 주택을 소유하고 있는 중이라면 소득공제도 도움을 받을 수 없고, 디딤돌 대출 대상이 되지 않는다면 매달 꾸준히 넣을 필요는 없습니다.

그래도 부담이 되지 않는다면 입금을 하실 수도 있습니다.

예전에 업무를 진행한 현장 중에 공공분양 현장에서 본 사례인데, 60세에 만든 청약통장을 30년 1개월 동안 월 10만원씩 넣어 인정금액 3,610만원으로 시세차익 6억원을 버는 아파트에 당첨된 분을 보았습니다.

이분의 경우 연 120만원 입금으로 연 2천만원의 수익을 보신 셈입니다. 이분의 경우 공공분양 일반공급으로 무주택기간 3년 이상인 자로 인정금액이 많은 순으로 당첨된 것입니다. 즉,

이 조건은 인정금액만 꾸준히 쌓아 두면 유주택자라도 청약 전 3년만 무주택조건을 맞추어 당첨을 노려 볼 수 있기 때문입니다.

ㅁ. 높은 이자율

청약통장은 의외로 높은 이자를 돌려받을 수 있습니다.

특히, 청년주택드림청약통장으로 가입을 하면 최대 4.5%의 이자율을 적용받을 수 있습니다.

주택청약종합저축의 이자율 및 운영에 관한 고시(2024.09.20. 일부개정 기준)

제2조(주택청약종합저축 이자율) ① 주택청약종합저축(청약저축을 포함한다)을 해지하는 경우의 이자율은 다음 각 호와 같다.

1. 가입일부터 1개월 이내의 기간 내에 해지하는 경우: 이자를 지급하지 않음
2. 가입일부터 1개월 초과 1년 미만의 기간 내에 해지하는 경우: 연 2.3퍼센트
3. 가입일부터 1년 이상 2년 미만의 기간 내에 해지하는 경우: 연 2.8퍼센트
4. 가입일부터 2년 이상이 지난 후에 해지하는 경우: **연 3.1퍼센트**

② 제1항에도 불구하고 제1호 각 목의 요건을 갖춘 주택청약종합저축(2025. 12. 31.까지 가입한 것에 한하며, 이하 "청년주택드림청약통장"이라 한다.)을 해지하는 경우 납입한 원금 중 총원금 5천만원 한도 내에서 가입 후 10년 내에 납입한 원금에 대한 이자율은 제2호에 의한다.

2. 이자율

가. 가입일부터 1개월 이내의 기간 내에 해지하는 경우: 이자를 지급하지 않음
나. 가입일부터 1개월 초과 1년 미만의 기간 내에서 해지하는 경우: 연 3.7퍼센트
다. 가입일부터 1년 이상 2년 미만의 기간 내에 해지하는 경우: 연 4.2퍼센트
라. 가입일부터 2년 이상 10년 이내의 기간 내에서 해지하는 경우: **연 4.5퍼센트**
마. 가입일부터 10년을 초과하여 해지하는 경우: 가입일부터 10년 이내의 기간은 본호 라목의 이자율을, 10년을 초과하는 날부터는 제1항제4호의 이자율을 적용한다.

단, 누구나 청년주택드림청약통장을 만들 수 있는 것은 아닙니다.

첫 번째 조건은 제목에서 보듯이 청년층이어야 한다는 것입니다. 대한민국에 거주하는 만 19세 이상 만 34세 이하인 분에 한해 가입이 가능합니다. 군복무를 마친 분의 경우 병역이행

기간(최대 6년)을 빼고 계산하는 것이 가능합니다.

두 번째 조건은 주택을 소유하지 않아야 한다는 것입니다.

주택드림 청약통장보다 앞서 있었던 청년우대형 청약통장의 경우 세대원이 주택을 소유한 경우에도 가입이 불가하였지만, 주택드림 청약통장은 본인만 주택을 소유하지 않으면 됩니다.

그리고, 일반인 분들이 종종 오해하는 것이 있는데, 주택드림 청약통장 가입 후에 주택을 소유하면 청약통장이 해지되거나 일반 청약통장으로 다시 바꾸어야 하는 것으로 오해하는 경우가 있는데, 주택드림 청약통장을 해지할 때 주택을 소유한 기간 동안에는 우대금리를 적용하지 않고 이자계산을 하는 방식이기 때문에 별다른 조치를 하지 않아도 됩니다.

ㅂ. 청약통장 이자소득세 비과세 혜택

청약통장을 주택드림청약통장으로 만들거나 전환을 할 때 추가로 주의할 점이 있습니다.

연소득이 3,600만원 이하인 근로소득자(종합소득자인 경우 종합소득금액 2,600만원 이하인 자 포함)라면 무주택세대주 요건을 갖추어 비과세 혜택도 추가 신청하는 것이 좋습니다.

청약통장에는 이자가 없을까?

종종 청약통장은 이자가 없다고 오해를 하는 고객들이 종종 있는데, 이것은 청약통장에는 원금만 표시되기 때문입니다. 아파트 청약 시에는 예치금이나 인정금액 등이 영향을 주는데, 원금만을 기준으로 하기 때문에 혼동이 없도록 이자를 표시하지 않는 것이라고 보시면 됩니다.
청약통장 가입은행 홈페이지에서 청약통장을 조회하여 보면 하단에 "해지예상금 조회"라는 곳이 있어서 여기를 통해 그 동안의 대략적인 이자가 얼마나 쌓여 있는지 알 수 있습니다.
위와 연결하여 추가로 오해를 하는 경우도 있습니다.
해지예상금을 조회하였더니 원금도 받지 못한다는 경우가 있습니다.
무주택확인서 제출자(소득공제 대상 등록자)가 통장 해지하는 경우로 소득공제를 받은 자가 국민주택규모를 초과하는 주택에 당첨된 계좌를 해지하는 경우 또는 가입일로부터 5년 이내에 계좌를 해지하는 경우에는 기존에 소득공제 받은 금액의 일부를 다시 추징하도록 되어 있어서 원금에서도 빠지는 경우가 있습니다.
즉, 소득공제에서 혜택을 보았던 것이 있기 때문에 엄밀히 말하면 손해는 아니지만, 대부분은 손해라고 생각하는 경우가 많습니다.

청약통장 해지 시 이자는 모두 돌려받을 수 없습니다. 이자는 이자소득세를 제외하고 돌려받기 때문입니다. 하지만, 비과세 혜택이 적용되는 경우 이자소득세를 납부하지 않습니다.

예를 들어서 총 이자가 100만원이라고 가정을 할 때 이자소득세 14만원과 지방소득세 1만 4천원을 납부하여야 하지만, 비과세 혜택이 적용되면 이자소득세와 지방소득세를 납부하지 않습니다.

ㅅ. 예금담보대출

마지막으로 드리는 청약통장 팁은 청약통장을 통한 예금담보대출입니다.

주택경기가 좋지 않으면 청약통장 해지하는 분이 늘어나는 경향을 보입니다.

개인적으로는 청약통장은 당장이 아니라 미래를 위해 준비하여 두는 것이라고 봅니다. 그런데, 주택경기가 좋지 않을 때 급전이 필요하게 되면 가장 먼저 해지를 고민하는 것이 청약통장입니다. 다른 보험이나 정기적금 같은 것은 해지하면 손해이지만, 청약통장은 그러하지 않기 때문입니다.

그런데, 개인적으로는 청약통장 안에 있는 금액보다 그 동안의 시간 가치가 더 높다고 보기 때문에 청약통장 해지를 권하고 싶지 않습니다.

하지만, 정말 급한 경우에는 해지를 생각하실 수밖에 없는데, 이런 경우 청약통장을 담보로 하여 예금담보대출을 받을 수 있습니다. 청약통장 안에 있는 금액의 95% 범위에서 단기 대출하는 것입니다.

청약통장을 담보로 하여 예금담보대출을 하여도 아파트 청약에 전혀 불이익이 없다는 것도 장점입니다.

그리고, 다른 대출에 비해 대출이자가 그리 높지 않기 때문에 신용대출을 생각하는 경우에는 청약통장 담보대출부터 이용하는 것이 효율적입니다.

라. 청약통장 주공칙 규정 정리

ㄱ. 당첨된 청약통장 재사용 불가

> 제7조(입주자저축의 통장 사용) 입주자저축에 가입한 사람은 해당 입주자저축의 통장을 사용하여 분양주택 또는 분양전환공공임대주택의 입주자로 선정된 경우(사전청약으로 모집된 사전당첨자가 사전청약으로 당첨된 그 주택의 입주자로 선정된 경우를 포함하며, 제58조제1항에 따라 당첨이 취소된 경우는 제외한다)에는 동일한 통장으로 다른 주택의 공급을 신청할 수 없다.

분양주택 또는 분양전환공공임대주택에 청약하여 당첨된 경우 청약에 사용한 청약통장은 재사용이 불가하여 다른 주택에 청약할 수 없습니다. 그래서 당첨 이후에는 다음 청약을 위해 기존의 청약통장은 해지하고, 새로운 청약통장을 만들어야 합니다. 다만, 분양전환이 되지 않는 임대주택에 당첨된 경우에는 재사용이 가능하기 때문에 청약통장을 해지하지 않고 유지하여야 합니다.

그런데, 종종 잘못 판단하여 청약통장을 해지하는 경우가 있습니다. 잘못된 청약을 하여 부적격 처리되는 경우 청약통장을 재사용이 가능하나 서류접수 또는 계약 전에 청약통장을 해지한 경우와 분양전환되지 않는 임대주택에 당첨된 후 재사용이 되는지 모르고 청약통장을 해지한 경우에는 다시 청약통장을 살리는 것이 가능합니다.

공공 사전청약의 경우 본청약시 청약통장이 사용으로 처리되는 방식이라서 사전청약 당첨 후에도 다른 분양주택에 청약하는 것이 가능하였습니다. 하지만, 민간사전청약은 사전청약 시부터 청약통장을 사용으로 처리하는 방식이라서 사전청약 당첨 포기하여 청약통장을 다시 살린 후에나 다른 분양주택에 청약이 가능하였으나 2024년 9월 30일 개정으로 인해 기존 민간 사전청약 당첨된 것의 포기 없이 새로운 분양주택에 청약이 가능하게 변경되었습니다. 다만, 다른 분양주택에 당첨되는 경우에는 기존에 당첨된 민간 사전청약 당첨의 지위는 잃게 됩니다.

ㄴ. 청약통장 해지

주공칙 제7조에서는 당첨된 청약통장은 사용으로 처리되어 더 이상 동일한 청약통장으로 다른 주택에 청약할 수 없다는 점은 말씀드렸습니다. 즉, 쓸모가 없는 청약통장이기에 해지하여 원금과 이자를 돌려받아 계약금에 보태는 것이 최선입니다. 청약통장 해지에 대한 것은 주공칙 제13조에 명시되어 있습니다.

> 제13조(주택청약종합저축의 해지에 따른 처리) 주택청약종합저축을 해지하는 경우에는 다음 각 호에 따라 원금 및 이자를 지급한다.
> 1. 원금 및 이자는 주택청약종합저축을 해지할 때에 한꺼번에 지급한다.
> 2. 이자는 한국은행이 발표하는 예금은행 정기예금 가중평균 수신금리 등을 고려하여 주택청약종합저축의 가입일부터 해지일까지의 기간에 따라 국토교통부장관이 정하여 고시하는 이자율을 적용하여 산정한다.
> 3. 주택청약종합저축 가입일부터 1개월 이내에 해지하는 경우에는 이자를 지급하지 아니한다.

1호에서는 원금과 이자는 한 번에 모두 돌려준다고 명시하고 있습니다. 즉, 종합저축은 중도 인출이 불가하다는 것입니다. 다만, 예외가 있습니다. 청년주택드림청약통장의 경우 입주자로 선정된 후 계약금 납부목적으로 일부 금액을 인출할 수 있습니다. 청년주택드림청약통장은 추가입금을 통해 대출의 혜택도 받아야 하고, 높은 이자 수익을 받을 수 있기 때문에 당첨되어도 유지가 가능하게 한 청약통장입니다.

주택청약종합저축의 이자율 및 운영에 관한 고시

> 제3조(청년주택드림청약통장에 관한 특례) ① 청년주택드림청약통장의 월납입금은 2만원 이상 100만원 이하로 한다.
> ② 「조세특례제한법」 제91조의21에 따른 청년희망적금, 같은 법 제91조의22에 따른 청년도약계좌 및 같은 법 제91조의19에 따른 장병내일준비적금의 만기 수령금을 청년주택드림청약통장에 일시납입하는 경우에는 「주택공급에 관한 규칙」 제10조제1항에도 불구하고 5천만원의 범위에서 월납입금을 초과하는 금액을 선납할 수 있다.
> ③ 「주택공급에 관한 규칙」 제13조에도 불구하고 청년주택드림청약통장의 경우에는 해당 통장의 가입자가

입주자로 선정(해당 통장이 제7조에 따라 다른 주택의 공급을 신청할 수 없게 된 경우에 한한다)된 후 **1회에 한하여 해당 주택의 계약금 납부목적으로 일부 금액을 인출**할 수 있다.

ㄷ. 해지한 청약통장을 다시 살리는 경우

제14조(해지된 주택청약종합저축에 관한 특례) ① 주택청약종합저축을 해지한 자가 다음 각 호의 구분에 따라 주택청약종합저축 납입금을 다시 납입하는 경우에는 종전의 주택청약종합저축은 해지되지 아니한 것으로 본다.

1. 제57조제4항제4호에 해당하는 사람이 그 사실을 통보받은 날부터 1년 이내에 주택청약종합저축 납입금을 다시 납입하는 경우
2. 제58조에 따라 당첨이 취소된 사람(사전당첨자 본인이 제57조제7항제8호에 해당하는 경우는 제외한다)이 당첨이 취소된 날부터 1년 이내에 주택청약종합저축 납입금을 다시 납입하는 경우
3. 분양전환되지 아니하는 공공임대주택의 입주자로 선정된 사람이 주택청약종합저축을 해지한 날부터 1년 이내에 주택청약종합저축 납입금을 다시 납입하는 경우
4. 삭제 〈2024. 9. 30.〉
5. 제57조제4항제7호에 따라 당첨이 유효하지 않게 된 사람이 그 명단을 사업주체가 주택청약업무수행기관에 통보한 날부터 1년 이내에 주택청약종합저축 납입금을 다시 납입하는 경우
6. 사전당첨자가 2024년 10월 1일 전에 주택청약종합저축을 해지한 경우로서 2024년 10월 1일부터 1년 이내(사전청약으로 당첨된 주택의 입주자모집공고일이 먼저 도래하는 경우에는 입주자모집공고일 전까지로 한다)에 주택청약종합저축 납입금을 다시 납입하는 경우

② 제1항제1호에 해당하여 종전의 주택청약종합저축이 해지되지 않은 것으로 보게 되는 사람이 종전의 주택청약종합저축을 해지한 다음 날부터 같은 호에 따라 종전 주택청약종합저축에 납입금을 다시 납입하기 전까지 새로운 주택청약종합저축에 가입한 경우에는 그 새로운 주택청약종합저축에 납입한 납입금 및 납입횟수를 종전 주택청약종합저축의 납입금 및 납입횟수에 합산할 수 있다. 〈신설 2024. 3. 25.〉

실수로 청약통장을 해지한 분의 경우 이 규정을 적용하여 다시 청약통장을 살릴 수 있는 경우가 있습니다.

종전에는 해지 후 새로운 청약통장을 만든 경우 새로운 청약통장을 해지한 후 종전의 청약통장을 살리면서 새로운 청약통장에 납입한 것을 합산하지 못하였지만, 2024년 3월 25일 개

정으로 인해 새로 납입한 납입금 및 납입횟수를 종전의 청약통장에 합산할 수 있도록 개정이 되었습니다.

부적격 처리를 하는데, 미리 청약통장 해지한 경우 다시 청약통장을 살리는 것에 대해 안내하여 줄 때 고객에게 한 가지 더 확인하면 좋은 것이 있습니다. 가입하고 있던 청약통장이 청년주택드림청약통장인지 확인하여 보기 바랍니다. 만약 해지한 청약통장이 주택드림청약통장인 경우에는 다시 살아나는 청약통장은 주택청약종합저축이기 때문에 추가이자 등의 금전적 혜택을 더 받기 위해서는 다시 청년주택드림청약통장으로 전환을 하여야 합니다.

ㄹ. 청약통장 관리방법에 대한 규정

제9조(가입 및 납입조건) ① 주택청약종합저축은 누구든지 가입할 수 있다.

② 주택청약종합저축의 납입기간은 가입한 날부터 주택(분양전환되지 아니하는 공공임대주택은 제외한다)의 입주자로 선정된 날까지로 한다.

(다만, 주택드림 청약통장은 당첨된 후에도 계속하여 입금하는 것이 가능합니다)

③ 주택청약종합저축의 가입자는 매월 약정된 날에 약정된 금액(이하 "월납입금"이라 한다)을 납입하되, 월납입금은 2만원 이상 50만원 이하로 한다.

(주택드림 청약통장은 월 100만원까지도 입금이 가능합니다)

(1500만원 내에서는 일시불로 입금이 가능합니다. 다만, 청년 주택드림 청약통장의 경우 「청년희망적금」, 「청년도약계좌」 및 「장병내일준비적금」 만기수령금을 「청년 주택드림 청약통장」에 일시납 하는 경우, 만기수령금을 포함한 월 납입금 총액이 1,500만원을 초과하더라도 5,000만원 이내에서 일시납이 허용됩니다)

제10조(월납입금을 선납 또는 연체한 경우 등의 처리) ① 주택청약종합저축의 가입자는 제9조제3항에도 불구하고 저축 총액이 별표 2에 따른 민영주택 청약 예치기준금액의 최고한도를 초과하지 아니하는 범위에서 월납입금을 초과하는 금액을 선납할 수 있다.

② 제1항에 따라 선납한 금액은 월납입금을 선납한 것으로 보되, 그 금액이 24회의 월납입금 합계를 초과하는 경우 초과하는 금액은 월납입금을 선납한 것으로 인정하지 아니한다.

(종합저축의 경우 최대 24회까지 선납이 가능하지만, 청약저축은 60회까지 선납 가능합니다)

③ 주택청약종합저축 가입자가 월납입금을 연체하여 납입한 경우 그 연체하여 납입한 월납입금은 다음 산식에 따라 산정된 날(1일 미만은 산입하지 아니한다)에 납입된 것으로 본다.

회차별 납입인정일 = 약정납입일 + (연체총일수-선납총일수)/납입횟수

(미납을 납부한 경우 정확한 회차별 납입인정일은 은행으로 문의하여 전산조회가 필요합니다)

④ 다음 각 호의 어느 하나에 해당하는 경우 제27조에 따른 월납입금의 납입횟수는 각 호에서 정한 기준에 따라 산정한다.

1. 납입횟수(제2항에 따라 선납한 것으로 인정되는 납입횟수를 포함한다)가 순차납입횟수(가입한 날부터 가입자가 공급신청하는 주택의 입주자모집공고일까지 월납입금을 납입하여야 하는 횟수를 말한다)를 초과하는 경우: 순차납입횟수만 인정한다.

2. 미성년자(성년자가 아닌 경우만 해당한다. 이하 같다)로서 2023년 12월 31일 이전에 납입한 횟수(납입한 횟수가 24회를 초과하는 경우에는 24회를 말한다)와 2024년 1월 1일 이후 납입한 횟수의 합이 60회를 초과하는 경우: 60회의 납입횟수만 인정한다.

(2024년 7월 1일 24회가 60회로 변경되었습니다)

3. 종전의 「주택법」 제75조제2항제1호에 따른 청약저축(이하 "청약저축"이라 한다)을 해지하는 즉시 해당 청약저축의 납입금을 주택청약종합저축에 가입하여 납입한 경우: 청약저축 가입기간 동안의 납입횟수를 합산한다.

⑤ 다음 각 호의 어느 하나에 해당하는 경우 제27조에 따른 저축총액은 각 호에서 정한 기준에 따라 산정한다.

1. 월납입금이 25만원을 초과한 경우: 해당 월납입금을 25만원으로 산정한다.

(2024년 11월 1일 10만원이 25만원으로 변경되었습니다)

2. 미성년자로서 2023년 12월 31일 이전에 납입한 저축총액(납입한 저축총액이 24회의 월납입금 합계를 초과하는 경우에는 24회의 월납입금 합계를 말한다)과 2024년 1월 1일 이후 납입한 저축총액의 합이 60회의 월납입금 합계를 초과하는 경우: 60회의 월납입금 합계만 인정한다.

(2024년 7월 1일 24회가 60회로 변경되었습니다)

3. 청약저축을 해지하는 즉시 해당 청약저축의 납입금을 주택청약종합저축에 가입하여 납입한 경우: 청약저축 가입기간 동안의 저축총액을 합산한다.

⑥ 제28조제2항 및 같은 조 제4항 단서에 따라 가점제를 적용하여 입주자를 선정하는 경우로서 별표 1 제2호나목의 주택청약종합저축을 산정할 때 미성년자로서 가입한 2023년 12월 31일 이전의 기간(해당 기간이 2년을 초과하는 경우에는 2년으로 한다)과 2024년 1월 1일 이후의 기간의 합이 5년을 초과하는 경우에는 5년만 인정한다.

(2024년 7월 1일 2년이 5년으로 변경되었습니다)

청약통장은 월 1회납 방식이지만, 경우에 따라서는 미납된 것을 나중에 납부하는 것도 가능하고, 최대 24회분까지 미리 넣는 것도 가능합니다. 그런데, 이 경우 바로 회차가 인정되는 방식은 아닙니다. 미납된 것을 나중에 납부하는 경우 연체산식을 적용하여 순차적으로 횟수로 인정되고, 선납을 하는 경우 약정일마다 순차적으로 횟수로 인정되는 방식입니다.

종합저축은 미성년자도 가입이 가능하지만, 미성년자 기간 동안 인정되는 횟수, 인정금액 및 가입기간이 정해져 있어서 너무 빨리 만드는 것이 도움이 되지 않습니다. 종합저축이 처음 만들어진 2009년의 경우 그 전에는 가입이 안 되던 미성년자가 가입이 된다는 이유만으로 많은 부모님들이 자녀들을 위해 종합저축에 가입하였습니다. 하지만, 미성년자 기간 동안에는 60회, 5년만 인정(23년까지는 24회, 2년임)이 되기 때문에 만 14세 생일날 만드는 것이 가장 효율적입니다.

마. 부부 청약통장 관리방법

부부가 모두 청약통장을 가지고 있는 경우 한 명의 청약통장을 정리하려는 경우가 종종 있습니다. 개인적으로는 권하고 싶지 않습니다.

민간분양 일반공급 1순위 가점제에서 청약통장 가입기간 점수에서 배우자의 청약통장을 통해 최대 3점의 도움을 받을 수 있으며, 1세대 1주택 공급방법으로 한 세대에서 한 명만 청약을 하여야 하는 경우에도 주공칙 제55조의2에 의거하여 예외적으로 부부가 모두 청약이 가능하기 때문입니다.

제55조의2(부부 동시 당첨에 관한 특례) ① 부부가 당첨일이 같은 주택에 대해 각각 청약한 경우로서 부부가 각각 다음 각 호의 어느 하나에 해당하게 된 경우에는 청약 접수일(분 단위까지의 접수시간을 포함한다. 이하 같다)이 빠른 사람의 당첨만을 유효한 당첨으로 한다. 이 경우 청약 접수일이 같은 경우에는 생년월일이 빠른 사람의 당첨을 유효한 당첨으로 한다.
1. 국민주택에 당첨된 경우

2. 제35조, 제35조의2, 제35조의3 및 제36조부터 제47조까지의 규정에 따른 특별공급 중 어느 하나에 해당하는 특별공급 주택에 당첨된 경우
3. 제54조제1항에 따른 재당첨제한 적용 대상 주택에 당첨된 경우

② 부부가 당첨일이 같은 주택에 대해 각각 사전청약한 경우로서 각각 사전당첨자가 된 경우에는 사전청약 접수일(접수일이 같은 경우에는 생년월일)이 빠른 사람의 당첨만을 유효한 당첨으로 한다. [본조신설 2024. 3. 25.]

2. 청약지역

실무를 하는 상담사나 기획직원들에게 청약지역에 대해 질문을 하면 거의 대부분은 주공칙 제4조 제3항의 청약가능지역인 8개 권역을 이야기합니다. 이것은 사실 50%도 안 되는 답입니다.

주공칙에서 청약지역에 대해서는 여기저기 퍼져 있어서 한 번에 정리하여야 이해도를 높일 수 있습니다.

가. 주택건설지역

일단, 지역에서 먼저 알아야 하는 것은 지역의 구분부터 알아야 합니다.

보통은 해당 주택건설지역으로 지역을 구분하지만, 각 청약방법에 따라 지역을 나누는 방법이 다릅니다.

전자의 해당 주택건설지역은 주공칙 제2조 제2호로 정의하고 있습니다.

> 2. "주택건설지역"이란 주택을 건설하는 **특별시·광역시·특별자치시·특별자치도**(관할 구역 안에 **지방자치단체인 시·군이 없는 특별자치도**를 말한다) 또는 **시·군**의 행정구역을 말한다. 이 경우 주택건설용지를 공급하기 위한 사업지구 등이 **둘 이상의 특별시·광역시·특별자치시 또는 시·군의 행정구역에 걸치는 경우**에는 해당 행정구역 모두를 같은 주택건설지역으로 본다.

※ 우리나라에는 제주, 강원, 전북이 특별자치도로 지정이 되어 있지만, 주공칙에서의 특별자치도는 제주특별자치도만을 말하는 것으로 제주특별자치도만을 특정하기 위해 "관할 구역 안에 지방자치단체인 시·군이 없는 특별자치도를 말한다"로 단서조항을 둔 것입니다. 참고로 제주특별자치도의 경우 제주도의회만 있으며, 제주시의회나 서귀포시의회는 없습니다.

※ 단서조항으로 행정구역이 걸치는 경우에는 해당 행정구역 모두 같은 주택건설지역으로 본다는 내용이 있습니다.
내포신도시의 경우가 이에 해당하는 것으로 내포신도시에 공급하는 주택은 홍성군과 예산군에 거주하는 자가 모두 해당 주택건설지역 거주자에 해당합니다.

청약방법에 따라 지역에 대해 정의하는 바가 다르기 때문에 각 청약방법에서 지역범위를 정확히 알아야 합니다.

예를 몇 가지 들면 다자녀가구 특별공급에서 지역은 "해당 시·도 거주기간"을 점수로 부여하는데, 여기서의 지역 범위는 "시는 광역시·특별자치시 기준이고, 도는 도·특별자치도 기준이며, 수도권의 경우 서울·경기·인천지역 전체를 해당 시·도로 본다"고 정의하고 있습니다.

공공분양의 신혼부부 특별공급에서도 거주기간으로 점수를 부여하는데, 이때의 지역범위는 해당 주택건설지역으로 한정하여 주공칙 제2조 제2호와 동일합니다.

신혼희망타운의 경우에도 거주기간에 점수를 부여하는데, 용어는 다자녀 특별공급과 같이 "해당 시·도 거주기간"이라고 하지만, 지역범위는 "시는 특별시·광역시·특별자치시 기준이고, 도는 도·특별자치도 기준"으로만 두고 있어 수도권을 하나의 지역으로 보는 규정은 없습니다.

즉, 같은 "해당 시·도 거주기간"이라는 같은 단어를 사용하지만, 청약방법에 따라 다자녀가구 특별공급처럼 수도권에서 전체로 거주기간을 보는지, 신혼희망타운처럼 특별시, 광역시, 도의 구분으로 서울특별시, 인천광역시, 경기도의 거주기간을 구분하는지가 달라집니다.

나. 청약 가능지역 범위의 원칙과 예외

지금부터 지역에 대해 원칙과 예외를 순서대로 정리하도록 하겠습니다.

ㄱ. 원칙

주택은 해당 주택건설지역에 거주하는 자에게 우선공급함을 원칙으로 한다고 보시면 됩니다.

주택이라고 함은 세대구성원이 장기간 독립된 주거생활을 할 수 있는 구조로 된 건축물이라고 주택법에서 정의하고 있습니다. 즉, 주거를 목적으로 하고 있습니다.

주거를 목적으로 하기 때문에 물리적인 거리에 한계가 있으므로 해당 주택건설지역 거주자에게 공급하는 것을 목적으로 하는 것입니다.

이에 대해서는 주공칙 제4조 제1항 제1호 및 제2호로 정의하고 있습니다.

제4조(주택의 공급대상) ① 주택의 공급대상은 다음 각 호의 기준에 따른다.
1. 국민주택과 제3조제2항제1호에 따른 주택은 입주자모집공고일 현재 해당 주택건설지역에 거주하는 성년자인 무주택세대구성원에게 1세대 1주택[공급을 신청(「공공주택 특별법 시행령」 제2조제1항제1호부터 제3호까지, 제3호의2, 제4호, 제6호 및 제7호에 따른 주택 외의 주택으로서 당첨일이 같은 주택에 대해 부부가 각각 공급을 신청하는 경우는 제외한다)하는 경우에는 1세대 1명을 말한다. 이하 같다]의 기준으로 공급한다.
2. 민영주택(제3조제2항제1호에 따른 주택은 제외한다)은 입주자모집공고일 현재 해당 주택건설지역에 거주하는 성년자에게 1인 1주택의 기준으로 공급한다. 다만, 법 제2조제9호에 따른 토지임대부 분양주택(이하 "토지임대주택"이라 한다)은 1세대 1주택의 기준으로 공급한다.

※ 주의: 종종 여러 자료에서 "당해지역"이라는 표현이 있습니다. 이것은 일본식 표현으로 2019년부터 우리말인 "해당"으로 변경하고 있으므로 "당해"라는 표현은 지양하여 주시기 바랍니다.

즉, 주택공급의 원칙은 8개 권역의 거주자에게 공급하는 것이 원칙이 아니라 "해당 주택건설지역"(이하 "해당지역"이라고 함)에 거주하는 성년자에게 공급하는 것에 원칙입니다.

ㄴ. 전국청약

첫 번째 예외사항부터 알아야 합니다.

해당지역에 거주하지 않아도 청약이 가능한 경우입니다. 이것은 전국 청약 가능한 아파트라고 보시면 됩니다.

다음의 항목을 보면 대체로 사람들이 전국에서 모여야 하는 특징이 있는 지역입니다.

---

3. 제1호 및 제2호에도 불구하고 다음 각 목의 지역에서 공급하는 주택은 해당 주택건설지역에 거주하지 않는 성년자도 공급대상에 포함하며, 특별시장·광역시장·특별자치시장·시장(「제주특별자치도 설치 및 국제자유도시 조성을 위한 특별법」제15조제2항에 따른 행정시의 시장을 포함한다. 이하 같다) 또는 군수는 행정구역의 변경으로 주택건설지역이 변경되는 경우에는 변경 전의 주택건설지역 또는 그 중 일정한 구역에 거주하는 성년자를 공급대상에 포함하게 할 수 있다.

가. 「신행정수도 후속대책을 위한 연기·공주지역 행정중심복합도시 건설을 위한 특별법」제2조제2호에 따른 예정지역(같은 법 제15조제1호에 따라 지정이 해제된 지역을 포함한다. 이하 "행정중심복합도시 예정지역"이라 한다)

나. 「도청이전을 위한 도시건설 및 지원에 관한 특별법」제6조에 따라 지정된 도청이전신도시 개발예정지구

다. 「혁신도시 조성 및 발전에 관한 특별법」제6조에 따라 지정된 혁신도시개발예정지구

라. 「기업도시개발 특별법」제5조에 따라 지정된 기업도시개발구역

마. 「주한미군기지 이전에 따른 평택시 등의 지원 등에 관한 특별법」제2조제5호에 따른 평택시등

바. 「산업입지 및 개발에 관한 법률」제2조제8호에 따른 산업단지

사. 법 제63조의2제1항제2호에 따라 지정된 조정대상지역(이하 "위축지역"이라 한다)

ㄷ. 인근지역

두 번째 예외사항이 보통 알고 있는 8개 권역입니다.

해당 주택건설지역 거주자뿐만 아니라 인근지역 거주자까지 청약이 가능하게 하는 것입니다. (주공칙 제4조 제3항)

③ 다음 각 호에 해당하는 지역에 거주하는 성년자가 해당 지역 안에 있는 다른 주택건설지역의 주택을 공급받으려는 경우에는 공급대상으로 본다.
1. 서울특별시, 인천광역시 및 경기도지역(이하 "수도권"이라 한다)
2. 대전광역시, 세종특별자치시 및 충청남도
3. 충청북도
4. 광주광역시 및 전라남도
5. 전북특별자치도
6. 대구광역시 및 경상북도
7. 부산광역시, 울산광역시 및 경상남도
8. 강원특별자치도

※ 참고: 제주특별자치시의 경우에는 하나의 주택건설지역에만 공급하는 특성이 있어서 인근지역이 없습니다. 그리고 제주시와 서귀포시의 우선공급 구분이 없기 때문에 제주시와 서귀포시는 동등한 자격으로 청약합니다.

다. 거주지역이 당첨자 선정에 영향을 주는 사항들

앞에서는 청약할 수 있는 지역의 범위에 대한 정리였습니다.

지금부터는 거주지역이 당첨자 선정에 영향을 주는 것에 대해 정리하여 보도록 하겠습니다.

예를 들어서 화성시에 공급하는 아파트는 수도권 거주자까지 청약이 가능하지만, 공급세대수 대비 청약자수가 더 많으면 같은 순위에서는 해당지역인 화성시 거주자가 우선하는 방식입니다. 그런데, 같은 화성시라도 동탄이라면 조금 달라집니다. 동탄의 경우 대규모택지라고 하여 화성시 거주자에게 30%, 경기도 거주자에게 20%, 기타 수도권 거주자에게 나머지를 공급하는 방식입니다.

그러면, 당첨자 선정방법의 원칙과 예외에 대해 알아보도록 하겠습니다.

ㄱ. 원칙

경쟁이 발생하면 해당지역 거주자가 우선한다는 것으로 주공칙 제25조 제3항이 근거입니다.

---

③ 다음 각 호의 주택건설지역에서 공급하는 주택의 공급신청자 중 같은 순위에서는 해당 주택건설지역의 거주자(제4조제5항에 따른 거주기간 요건을 충족한 자에 한한다)가 우선한다.
1. 제4조제1항제3호가목에 따른 행정중심복합도시 예정지역
2. 제4조제1항제3호나목에 따른 도청이전신도시 개발예정지구
3. 제4조제1항제3호다목에 따른 혁신도시개발예정지구
4. 제4조제1항제3호라목에 따른 기업도시개발구역
5. 제4조제1항제3호마목에 따른 평택시등
6. 제4조제1항제3호바목에 따른 산업단지
6의2. 위축지역
7. 제4조제3항 각 호에 해당하는 지역

즉, 수원시에서 공급하는 주택은 주공칙 제4조 제3항에 의거하여 수도권 거주자까지 청약이 가능하지만, 같은 순위에서는 해당 주택건설지역인 수원시 거주자가 우선하는 방식이며, 평택시에서 공급하는 주택은 주공칙 제4조 제1항 제3호에 의거하여 전국 거주자 모두 청약이 가능하지만, 같은 순위에서는 해당지역인 평택시 거주가가 우선하는 것입니다.

ㄴ. 대규모택지

앞의 원칙에 예외가 있는데, 해당 주택건설지역 거주자에게 우선공급하는 것이 아니라 지역에 따라 물량을 배분하는 것입니다. 관련 규정은 주공칙 제34조입니다.

제34조(대규모 택지개발지구 등에서의 우선공급) ① 사업주체는 대규모 택지개발지구[「택지개발촉진법」에 따른 택지개발사업이 시행되는 지역(수도권지역에 한정한다), 「공공주택 특별법」에 따른 공공주택지구조성사업이 시행되는 지역(수도권지역에 한정한다) 및 「경제자유구역의 지정 및 운영에 관한 법률」에 따른 경제자유구역 개발사업이 시행되는 구역(이하 "경제자유구역개발사업시행구역"이라 한다)으로서 면적이 66만제곱미터 이상인 지역을 말한다. 이하 같다] 또는 행정중심복합도시 예정지역에서 건설·공급하는 주택은 제25조제3항에도 불구하고 다음 각 호의 구분에 따라 시·도지사가 정하는 기간(해당 주택건설지역이 수도권의 투기과열지구인 경우에는 2년 이상의 범위에서 정하는 기간) 이상 거주하고 있는 자에게 우선공급할 수 있다. 다만, 수도권 외의 경제자유구역개발사업시행구역으로서 면적이 66만제곱미터 이상인 지역에서 건설·공급하는 주택 수의 30퍼센트의 범위에서는 국토교통부장관이 정하는 바에 따라 입주자모집공고일 현재 해당 주택건설지역에 광역시장·시장 또는 군수가 정하는 기간 이상 거주하고 있는 자에게 우선공급할 수 있으며, 그 나머지 수의 주택의 공급에 대해서는 국토교통부장관이 정하는 바에 따른다.

1. 주택건설지역이 특별시·광역시인 경우에는 해당 주택건설지역 거주자에게 50퍼센트
1의2. 주택건설지역이 행정중심복합도시 예정지역인 경우에는 해당 주택건설지역 거주자에게 행정중심복합도시건설청장이 정하여 고시하는 비율
2. 주택건설지역이 경기도인 경우에는 해당 주택건설지역 거주자에게 30퍼센트, 경기도 거주자에게는 20퍼센트. 다만, 해당 주택건설지역의 주택공급신청자가 공급량에 미달될 경우에는 경기도 거주자 공급물량에 포함한다.

※ 참고: 행정중심복합도시건설청장이 정하여 고시하는 비율은 60%입니다.

이 규정은 여러 지역에서 이주하여 새로운 도시를 구성하여야 하는 신도시 개발을 위해 있는 규정이라고 보시면 됩니다. 3기 신도시 창릉이나 교산신도시 등 대부분의 경우 이 규정을 적용받게 됩니다.

Tip! 대규모택지에서 업무를 진행할 때 주의하여야 할 점

지역분배가 있다고 하여 당첨자의 수도 비율대로 분배되는 방식은 아닙니다.

대규모택지에서 일반인들이 많이 오해하여 질문하는 것이 물량이 적은 해당지역으로 청약하지 말고, 물량이 더 많은 기타지역으로 청약하는 것이 유리하지 않겠냐는 것입니다.

일반인 입장에서는 물량이 지역에 따라 분배되는 것으로만 알고, 우선공급이라는 개념을 모르기 때문입니다.

청약에서 당첨자를 선정할 때 자주 나오는 용어로 "우선공급한다"라는 것이 많습니다.

예를 들어서 민간분양 일반공급 1순위 당첨자 선정방법은 가점제와 추첨제로 구분이 되는데, 비규제지역의 민간분양에서 전용면적 84㎡ 100세대를 공급한다면 가점제로 40명 당첨자를 선정하고, 추첨제로 당첨자 60명을 선정합니다.

그런데, 여기서 정확히 표현하면 가점제로 40세대를 우선공급하고, 잔여세대를 추첨제로 공급한다가 맞습니다.

이 같은 경우로 100세대를 공급하는 아파트에 200명이 청약을 하였다면 200명 중 가점 순으로 당첨자 40명을 선정한 뒤 남은 160명 중에서 추첨으로 당첨자 60명을 선정합니다. 즉, 가점제로 청약을 하였다고 가점제에서만 기회를 가지는 것이 아니라 가점제 낙첨 시 추첨제에서도 한 번 더 기회를 받게 됩니다.

즉, 우선공급으로 한번 기회를 받고, 낙첨하면 하위에서 추가 기회를 가지는 구조입니다.

동탄에서 100세대를 공급하는 것을 사례로 하겠습니다.

위 사례에서 화성 거주자가 100명, 경기도 거주자가 200명, 기타 수도권 거주자가 500명이 청약을 하였다고 가정하면, 화성 거주자 100명 중에 당첨자 30명을 우선공급합니다. 이후 화성시 낙첨자 70명과 경기도 거주자 200명이 경합하여 당첨자 20명이 선정됩니다. 이후 앞 과정의 낙첨자 250명과 기타 수도권 거주자 중에서 나머지 당첨자 50명을 선정하는 방식입니다.

즉, 해당 주택건설지역 거주자인 화성 거주자는 최대 3번의 기회를 받을 수 있는 것입니다.

대규모택지에서 서류접수 시 추가하여 주의할 점이 있습니다.

예를 들어 경기도 대규모택지에서 청약가점의 최저가점 커트라인(최저점)이 해당지역 34점, 경기도 44점, 기타지역 40점인 경우에 경기도 거주자가 경기도 커트라인 점수인 44점으로 당첨되었으나 가점에 오류가 있어 재산정한 점수가 42점으로 경기도 최저가점보다는 낮으나 기타지역 최저가점보다 높은 경우에는 정당당첨자로 인정이 가능합니다.(『2024 주택청약 FAQ』 374번 참고)

ㄷ. 특별공급 무작위 당첨 및 예비입주자

청약지역에 따른 당첨자 선정과정을 보면 대규모택지에서는 해당지역에 거주하지 않아도 당첨자로 선정될 수 있지만, 해당지역 거주자에게 우선공급하는 인기 아파트에서는 해당지역에 거주하지 않으면 당첨이 어려울 것으로 보일 수 있습니다.

그런데, 실무자 입장에서는 청약경쟁률을 높이기 위해서는 청약을 독려하여야 합니다. 이를 위해서는 기타지역 거주자의 청약도 독려하여야 합니다. 기타지역 거주자의 청약을 독려하기 위해서 기타지역 고객들에게 당첨의 희망을 주어야 합니다.

여기서 당첨자 선정방법의 마지막 예외가 있습니다.

특별공급에서 무작위 당첨이라고 불리는 당첨자 선정방법이 있습니다.

예를 들어서 100세대를 공급하는 주택에서 기관추천 10세대, 다자녀가구 특별공급 10세대, 신혼부부 특별공급 18세대, 생애최초 특별공급 9세대, 노부모부양 특별공급 3세대를 공급하는 경우 기관추천 특별공급 5명, 다자녀가구 특별공급 7명, 신혼부부 특별공급 38명, 생애최초 특별공급 50명, 노부모부양 특별공급 6명이 청약을 하였다고 가정을 하면, 기관추천 특별공급과 다자녀 특별공급에서 미달된 8세대를 신혼부부 특별공급에서 낙첨한 20명, 생애최초 특별공급에서 낙첨한 41명, 노부모부양 특별공급에서 낙첨한 3명이 무작위 방식으로 경쟁을 하여 당첨자를 선정하는 것입니다.

여기서는 서로 다른 종류의 청약방법이 경쟁을 하기 때문에 지역과 상관없이 각 특별공급의 기본조건에만 충족하면 되기 때문에 해당지역 거주자와 기타지역 거주자가 같은 자격으로 경쟁을 하는 방식입니다.

제25조(주택의 공급방법) ⑦ 사업주체는 제31조부터 제33조까지의 규정 또는 제35조부터 제46조까지의 규정에 따른 우선공급 또는 특별공급 대상 주택의 입주자를 선정하고 남은 주택의 입주자는 제35조부터 제46조까지의 규정에 따른 다른 공급유형의 특별공급 신청자 중 입주자로 선정되지 아니한 자를 대상으로 추첨의 방법으로 선정하여야 한다. 〈신설 2018. 5. 4.〉

즉, 기타지역 거주자도 작은 확률이라도 당첨을 기대하여 볼 수 있지만, 조건이 좋지 않은 해당지역 특별공급 청약자도 작은 확률이라도 당첨을 노려 볼 수 있는 것입니다.

예를 들어 혼인기간 중 출산한 자녀가 없는 신혼부부의 경우 신혼부부 특별공급에서 신혼부부 2순위에 해당하여 신혼부부 1순위에 밀려 당첨을 기대하기 어렵습니다. 하지만, 무작위 당첨에서는 신혼부부 1순위에 밀리는 것이 없기 때문에 작은 확률일지라도 당첨에 희망을 노려 볼 수 있는 것입니다.

그리고, 특별공급 예비입주자도 무작위 방식으로 순번이 배정이 되기 때문에 조건이 좋지 않은 특별공급 청약자도 예비선순번을 받을 수 있습니다.

참고

> 예전에는 혼인기간 중에 자녀를 출산한 경우에 신혼부부 특별공급 청약이 가능하였기 때문에 재혼부부가 신혼부부 특별공급하는 사례가 적었습니다. 하지만, 2018년 5월 4일 주공칙이 개정되어 혼인기간만 충족하면 혼인기간 중에 자녀가 없어도 신혼부부 특별공급이 가능하게 되었습니다.
> 이후 재혼부부도 신혼부부 특별공급에 청약하는 사례가 많이 늘었으며, 모 인기 아파트에서는 50대 재혼부부가 신혼부부로 당첨되는 사례도 있었습니다. 즉, 작은 확률이지만, 50대 재혼부부라도 혼인신고일로부터 7년이 넘지 않으면 신혼부부 특별공급에 당첨될 수도 있습니다.

라. 거주기간이 청약에 영향을 주는 사항들

ㄱ. 거주제한기간

해당 주택건설지역 거주자 자격에서 투기를 방지할 목적으로 해당 주택건설지역에 일정 기간 거주한 경우에 한해 해당 주택건설지역 거주자 자격으로 청약이 가능하고, 거주제한기간을 충족하지 못한 경우 기타지역 거주자 자격으로 청약하도록 하는 규정이 있습니다.

관련 규정은 주공칙 제4조 제5항입니다.

⑤ 특별시장·광역시장·특별자치시장·시장 또는 군수는 투기를 방지하기 위해 필요한 경우에는 입주자모집공고일 현재 해당 주택건설지역에서 거주기간이 일정 기간 이상인 자에게 주택을 우선공급하게 할 수 있다. 이 경우 해당 주택건설지역이 수도권의 투기과열지구인 경우에는 2년 이상의 거주기간을 정해 같은 순위에서는 그 거주기간 이상 거주하고 있는 사람에게 우선공급하게 해야 한다.

거주제한기간은 계속하여 거주하고 있는 기간을 보는 방식으로서 과거에 일시적으로 거주하였던 것은 영향을 주지 않습니다. 여기서 거주는 실제 거주도 중요하지만, 증명이 되어야 하기 때문에 주민등록표등·초본을 기준으로 하여 판단을 하며, 초본상 말소사항이 있는 경우 거주기간은 재등록일부터 산정하도록 되어 있습니다.

거주제한기간은 해당 주택건설지역 지자체장이 정하는 바에 따르지만, 수도권의 투기과열지구인 경우에 한해 2년 이상으로 추가제한이 있습니다.
지금은 투기과열지구가 대폭 완화되었지만, 예전과 비교를 하여 예를 들어 보겠습니다.
송도경제자유구역의 경우 주공칙 제34조 대규모택지 규정을 적용받아 인천거주자에게 50%를 우선공급하고, 잔여물량은 수도권 거주자에게 공급합니다. 하지만, 예전에 인천광역시 연수구가 투기과열지구였던 당시에는 인천광역시에 2년 이상 거주한 자에게 50% 우선공급하고, 잔여물량은 인천광역시 2년 미만 거주자 및 기타 수도권 거주자에게 공급하였습니다.

현 기준(2025년 5월)으로 투기과열지구는 강남 3구와 용산구뿐이며, 여기서 공급하는 주택은 서울특별시에 2년 이상 거주한 자에게 우선공급하지만, 그 외의 구는 거주제한기간을 적용받지 않아서 입주자모집공고일 현재 서울특별시에 거주하고 있는 자에게 우선공급하는 방식입니다.

ㄴ. 장기 해외 체류

지역을 제한하는 것은 투기를 방지하기 위한 목적입니다.

즉, 투기를 목적으로 실제거주지와 다르게 주민등록상 주소지만 이동하는 위장전입이 문제가 됩니다.

특히, 문재인 대통령 정부에서 부동산 문제는 공급 부족의 문제가 아니라 투기의 문제로 보고 투기근절을 위해 다양한 정책을 수립하였습니다. 아파트 청약시장에서도 위장전입을 통한 투기에 대해 적극적으로 점검하였습니다. 그 과정에서 장기간 해외에 체류 중인 경우에 대해서도 거주제한기간을 충족하지 못한 것으로 보았습니다.

처음에는 관련법규의 규정을 통해 제한하는 것이 아니다 보니 주민등록법을 근거로 하여 30일을 초과하여 해외에 체류 중인 경우에 거주기간을 충족하지 못하는 것으로 보았습니다.

이후 법제화하여 2019년 11월 1일 주공칙 제4조 제7항을 신설하였습니다.

> ⑦ 제5항 및 제6항에 따른 거주기간은 입주자모집공고일을 기준으로 역산했을 때 계속하여 국내에 거주하고 있는 기간을 말하며, 다음 각 호의 어느 하나에 해당하는 기간은 국내에 거주하지 않은 것으로 본다. 이 경우 다음 각 호에 따른 기간을 산정할 때 입국일부터 7일 이내에 같은 국가로 출국한 경우에는 국외에 계속 거주하는 것으로 본다.
> 1. 국외에 계속하여 90일을 초과하여 거주한 기간
> 2. 국외에 거주한 전체기간이 연간 183일을 초과하는 기간

90일은 재외국민등록법을 근거로 한 것이며, 183일은 소득세법을 근거로 한 것입니다.

그리고, 183일 규정은 거주제한기간이 1년 이상인 지역에서만 적용됩니다.

또한, 규정을 악용하는 것을 방지하기 위해 입국일로부터 7일 이내 재출국하는 경우 국외에 계속 거주하는 것으로 보고 있습니다.

청약홈의 샘플 입주자모집공고에는 다음과 같은 사항이 있습니다.

> 출입국사실증명서 해외체류기간이 계속하여 90일을 초과한 기간(입국 후 7일 내 동일국가 재출국 시 계속하여 해외에 체류한 것으로 봄) 또는 연간 183일을 초과(거주제한기간이 2년인 주택은 각 연도별 183일을 말함)하여 국외에 거주한 기간은 국내 거주로 인정되지 아니하므로 해당 주택건설지역으로 청약할 수 없습니다. 단, 90일 이내의 여행, 출장, 파견 등 단기 해외체류는 국내거주로 간주되어 해당 주택건설지역 우선공급 대상자로 청약 가능합니다.
> - 사례 1: 모집공고일 현재 해당지역에 거주하고 있으나 계속해서 90일을 초과하여 국외에 체류한 경력이 있으면 해당지역 우선공급 대상자로는 불인정하나 기타지역 거주자로는 청약 가능합니다.
> - 사례 2: 모집공고일 현재 해외에 있는 대상자로 국외 체류기간이 계속해서 90일을 초과하지 않는 경우 해당지역 우선공급 대상자로 청약 가능합니다.
> - 사례 3: 모집공고일 현재 해외에 있는 대상자로 국외 체류기간이 계속해서 90일을 초과한 경우 해당지역 우선공급 대상자로 불인정되며 기타지역 거주자로도 인정되지 않습니다.
>
> 단, 「주택공급에 관한 규칙」 제4조제8항에 따라 세대원 중 주택공급신청자만 생업에 직접 종사하기 위하여 국외에 체류하고 있는 경우에는 국내에 거주하고 있는 것으로 봅니다.

 이 샘플의 경우 거주제한기간이 1년 이상인 경우에는 그대로 사용하여도 되지만, 거주제한기간이 1년 미만인 경우에는 연간 183일 규정을 삭제하고, 거주제한기간이 없는 경우에는 사례 1도 삭제하여야 합니다.

 출입국을 확인하는 과정에서는 여러 가지 팁이 필요합니다.

> ※ 입국일과 출국일: 해외 체류기간 산정 시 출국일은 국내 체류로 보고, 입국일은 해외 체류로 봅니다. 따라서 입주자모집공고일 당일에 출국한 경우에는 국내 거주에 해당하며, 입주자모집공고일 당일 입국한 경우에는 해외거주에 해당합니다. 다만, 당일 출국 후 당일 입국 시에는 국내 거주에 해당합니다.(『2024 주택청약 FAQ』 12번 참고)
> 우선공급을 위한 별도의 거주제한기간이 없는 지역의 경우 입국일 다음 날부터 모집공고하는 주택에 해당지역으로 청약 신청이 가능합니다.(『2024 주택청약 FAQ』 13번 참고)
> ※ 모집공고일 현재 계속하여 90일을 초과하여 해외에 있는 경우에도 기타지역으로 청약이 불가합니다. 청약 또는 서류제출 시 해외에 있어도 출국일로부터 공고일까지 90일을 초과하지 않는 경우에는 기타지역으로 청약이 가능합니다.(『2024 주택청약 FAQ』 11번 참고)

※ 외 거주기간에 대한 적용은 직업에 관계없이 적용합니다. 그래서 항공승무원의 경우 스케줄표로 소명이 필요합니다. 승무원의 경우 근무방식이 동일국가로만 운행을 하는 것이 아니라 여러 나라를 순환하며 운행을 하기 때문에 "7일 이내에 같은 국가로 출국한 경우"의 규정이 적용이 되지 않아 연간 183일을 초과하지 않는 경우라면 부적격이 될 소지는 없습니다.

※ 개인별 출입국기록은 1961년 이후 시점부터 관리되고 있어서 1961년 이전에 출생한 분도 출입국사실증명원은 1961년부터 조회한 것으로 제출하여도 됩니다.

※ 80일간 A국가에 체류하였다가 국내에 입국, 5일 후 동일한 A국가로 출국하여 50일이 경과한 경우, 계속하여 해외에 체류한 기간은 130일에 해당합니다.(『2024 주택청약 FAQ』 10번 참고)

※ 부양가족 해외체류 여부 판단 시 입국 후 7일 이내 동일국가 재출국 시 계속하여 해외 거주로 간주하는 규정은 적용하지 않습니다.(『2024 주택청약 FAQ』 160번 참고)

※ 연간의 해석: 거주제한기간이 2년인 경우에는 공고일 2년 전부터 1년 전까지 기간, 공고일 1년 전부터 공고일까지의 기간을 별로로 183일을 초과하는지 확인하여야 합니다. 1년 단위로 연간 체류기간을 산정하여 한번이라도 연간 183일을 초과한 경우 우선공급 자격을 인정하지 않습니다.(『2024 주택청약 FAQ』 8번 참고)

ㄷ. 출입국사실증명원 발급 시 유의사항

출입국사실증명원을 생년월일부터 발급받으라고 하는데, 왜 그런지 모르는 경우가 종종 있습니다.

출입국사실증명원은 출국일과 입국일만 표시되는 방식으로 설정된 기간 동안 출국일과 입국일이 없으면 표시할 사항이 없다고 출력이 됩니다.

예를 들어서 기간을 23년 5월 15일에 출국을 하여 24년 9월 15일에 귀국한 경우 이분이 23년 9월 1일부터 24년 9월 1일까지 기간으로 출입국사실증명원을 발급받은 경우에는 조회기간 동안 출입국 내역이 없어서 기록할 사실이 없음으로 표시됩니다. 이러한 점을 방지하기 위해 출입국사실증명원을 생년월일부터 설정하도록 권하는 것입니다.

그리고, 개명을 한 경우와 주민번호가 변경된 경우에는 변경 전과 변경 후의 출입국사실증명원을 모두 발급받아야 합니다. 출입국사실증명원은 실제로 출입국한 기록을 찾는 것이 아니라 이름과 주민번호가 매치되는 출입국기록이 기재되는 방식이라고 보시면 됩니다.

참고: 항공승무원의 경우

출입국사실증명원으로는 어느 나라에 출국한 것인지는 확인할 수 없다는 점이 있습니다.

주공칙에서는 "입국일부터 7일 이내에 같은 국가로 출국한 경우 국외에 계속 거주하는 것으로 본다"고 규정을 하고 있습니다. 즉, 항공승무원의 경우 입국일로부터 재출국하는 날이 7일이 되지 않아서 이 규정을 적용 시 90일을 초과하는 문제가 발생할 수 있으며, 주공칙 등 관련 규정에서는 직업의 특성을 고려하지 않기 때문에 항공승무원이라고 하여 별도로 봐주는 규정은 없습니다. 즉, 항공승무원도 소명이 필요한 대상이라는 것입니다.

우리나라의 대표항공사인 대한항공이나 아시아나항공에서는 별도의 확인서를 발급하여 주지 않습니다. 그래서 실무적으로는 스케줄표를 받아서 재출국하는 국가가 동일국가가 아님을 확인하는 방법으로 소명하여 주는 방식입니다.

참고로, 대부분의 항공승무원은 같은 국가를 반복하여 운항하는 방식이 아니라 다른 국가로 번갈아 운항하는 방식이 대부분이라서 항공승무원이 장기해외체류로 인해 부적격 처리되는 경우는 없습니다. 다만, 통상적으로 출입국사실증명을 생년월일부터 발급받도록 하고 있는데, 항공승무원의 경우 생년월일부터 출입국사실증명서를 발급받으면 몇십 페이지가 되는 경우가 많기 때문에 이런 경우에는 몇 년 정도로만 기간 설정하여 발급받게 하는 것도 요령일 수 있습니다.

ㄹ. 단신부임

장기간 해외에 거주 중인 경우에도 청약이 가능할 수 있습니다.

단신부임이라고 하여 관련 근거는 주공칙 제4조 제8항입니다.

⑧ 제7항에도 불구하고 세대원 중 주택공급신청자만 생업에 직접 종사하기 위하여 국외에 체류하고 있는 경우에는 국내에 거주하고 있는 것으로 본다. 〈신설 2020. 9. 29.〉

"세대원 중"이라는 조건 때문에 세대원이 없는 자는 이 규정을 적용할 수 없습니다. 즉, 단독세대는 이 규정을 적용받을 수 없다는 것입니다. 그리고 세대원 중 청약자인 공급신청자만 해외에 체류 중인 경우에만 적용이 되기 때문에 다른 세대원들의 출입국사실증명서도 제출하여 공급신청자만 해외에 체류 중임을 증명하여야 합니다.

법에서는 세대원 중 공급신청자만이라고 표현을 하고 있으나 예외가 있어서 다른 등본에 있어서 세대원 범위에 포함되지 않는 미성년자녀일지라도 청약자와 해외에 체류 중이면 안되기 때문에 주민등록표등본에 등재되지 않은 가족관계명서상의 자녀 모두 출입국사실증명서를 확인하여야 합니다.

마지막으로 청약자가 생업으로 해외에 체류 중인 경우 이 규정 적용이 가능하기 때문에 생업임을 증명하여야 합니다. 출장명령서나 여러 증빙서류를 첨부하면 가능하나 그 서류가 외국어인 경우에는 번역공증을 필요로 합니다.

마. 장기복무중인군인

청약지역에서 마지막으로 언급할 내용은 군인입니다. 군인은 거주지역을 본인 마음대로 결정하기 어렵습니다. 그래서 다음과 같은 규정을 두어 10년 이상 장기복무 중인 군인은 해당지역에 거주하지 않아도 해당지역 거주자로 청약이 가능합니다. (주공칙 제4조 제4항)

> ④ 10년 이상 장기복무 중인 군인은 해당 주택건설지역에 거주하지 아니하여도 제1항제1호 및 제2호를 적용할 때에 해당 주택건설지역에 거주하는 것으로 본다. 다만, 수도권에서 건설되는 주택을 공급받으려는 경우에는 해당 주택건설지역이 아닌 수도권 거주자로 본다.

그런데, 해당 주택건설지역이 거주제한기간이 있는 경우 10년 이상 장기복무 중인 군인이라도 거주제한기간까지 충족하는 것으로 봐주지는 않는다는 것입니다.

예를 들어서 울산광역시의 경우 거주제한기간이 1년이며, 양산시의 경우에는 거주제한기간이 없습니다. 즉, 강원도 속초에 10년 이상 복무 중인 군인의 경우 거주제한기간이 없는 경상북도 양산시에 공급하는 아파트에는 해당 주택건설지역 거주자 자격으로 청약하는 것이 가능하지만, 울산광역시에 공급하는 아파트에는 거주제한기간을 충족하지 못하여 기타지역 거주자 자격으로 청약을 하여야 합니다.

※ 거주기간에 따라 배점을 받는 경우에 실제 해당 시·도에 거주하지 않는 장기복무 중인 군인은 거주기간을 0점으로 입력하여야 합니다.(『2024 주택청약 FAQ』 20번) - 거주기간 배점이 있는 청약에 점수를 받을 수 없습니다.

그리고, 10년 이상 장기복무 중인 군인이 수도권에 청약하는 경우에는 거주제한기간이 없는 시·군에 청약할지라도 무조건 기타지역 거주자 자격으로만 청약이 가능합니다.

다만, 여기에도 다시 예외규정이 있습니다. (주공칙 제4조 제9항)

⑨ 제5항부터 제8항까지의 규정에도 불구하고 25년 이상 장기복무 중인 군인으로서 국방부장관이 정하는 요건에 해당하여 국방부장관이 추천하는 군인은 **수도권(투기과열지구는 제외한다)**에서 건설되는 주택을 공급받으려는 경우 해당 주택건설지역에 거주하지 않아도 해당 주택건설지역의 우선공급 대상자로 본다.

하지만, 25년 이상 장기복무 중이라고 하여 원한다고 수도권에서 공급하는 아파트에 무조건 해당 주택건설지역 주자 자격으로 청약할 수 있는 것은 아닙니다. 주공칙 제4조 제9항의 의거하여 국방부장관의 추천을 받아야 하기 때문에 기관추천 특별공급처럼 추천의 과정을 거쳐 국방부로부터 추천을 받은 자에 한하여 청약이 가능합니다. 그리고 국방부에서는 해당 주택의 공급세대수 3% 범위 내에서 추천합니다.

3. 사람

지금부터는 사람에 대한 부분을 알아보도록 하겠습니다.

청약에서는 청약자만을 기준으로 판단하는 것도 있지만, 청약자의 가족이 청약에 영향을 주는 경우가 더 많습니다.

청약에서 사람의 기준이 되는 기본은 세대원에서 출발합니다.

세대원이라는 단어는 아주 광범위하게 사용이 되며, 각 법규마다 세대원을 보는 범위는 다릅니다.

예를 들어 아파트 청약에서는 형제와 자매가 영향을 주지 않지만, 청약통장 소득공제에서는 무주택세대 범위에 형제나 자매가 영향을 주어 같은 등본에 있는 형제가 주택을 소유하여도 혜택을 받지 못하는 경우가 있습니다.

그리고 세법의 경우 같은 등본에 있어도 독립적인 생계 여부에 따라 동일 세대로 보지 않기도 하지만, 반대로 다른 등본에 있는 자녀를 동일 세대로 보기도 합니다. 즉, 청약에서 보는 세대원 범위는 세법에서 보는 세대원 범위나 다른 법규에서의 세대원 범위와 다르기 때문에 주의가 필요합니다.

가. 세대원

청약에서 보는 세대원 범위는 주공칙 제2조 제2호의3에서 정의하고 있습니다.

> 2의3. "세대"란 다음 각 목의 사람(이하 "세대원"이라 한다)으로 구성된 집단(주택공급신청자가 세대별 주민등록표에 등재되어 있지 않은 경우는 제외한다)을 말한다.
> 가. 주택공급신청자
> 나. 주택공급신청자의 배우자
> 다. 주택공급신청자의 직계존속(주택공급신청자의 배우자의 직계존속을 포함한다. 이하 같다)으로서 주택공급신청자 또는 주택공급신청자의 배우자와 같은 세대별 주민등록표에 등재되어 있는 사람
> 라. 주택공급신청자의 직계비속(직계비속의 배우자를 포함한다. 이하 같다)으로서 주택공급신청자 또는 주택공급신청자의 배우자와 세대별 주민등록표에 함께 등재되어 있는 사람
> 마. 주택공급신청자의 배우자의 직계비속으로서 주택공급신청자와 세대별 주민등록표에 함께 등재되어 있는 사람
>
> ※ 이 규정은 2018년 12월 11일 개정을 통해 정의된 사항입니다.
> 종전 구법에서는 무주택세대구성원(종전 기준으로는 세대주, 세대주의 배우자 및 직계존비속)에 대한 정의만 있어서 종전에는 형제나 동거인은 무주택세대구성원이 될 수 없었습니다. 그리고 종전에는 국민주택 및 민영주택의 특별공급에서 말하는 무주택세대구성원과 민영주택 청약에서의 세대원 범위가 상이하여 매우 혼동이 되었던 것인데, 2018년 12월 11일 개정을 통해 청약자를 기준으로 한 관계로 세대원 범위를 정의함으로써 종전에 무주택세대구성원이 되지 못하였던 형제나 동거인 등도 민영주택의 특별공급 및 국민주택에도 청약이 가능하게 변경되었습니다.

그동안 상담사나 초보기획직원을 교육시키면서 몇 가지는 필수로 암기를 권하는 것이 있는데, 세대원의 범위도 그중의 한 가지에 해당합니다. 세대원의 범위에 대한 법적 규정을 토시 하나도 틀리지 않고 외우고 있어야 혼동하지 않기 때문입니다.

세대에 대해 가목에서 마목까지 말은 길게 되어 있지만, 간단히 요약을 하면, 세대원의 범위는 청약자, 배우자, 청약자 또는 배우자와 같은 등본에 있는 직계존비속입니다. 즉, 같은 등본에 있어도 형제자매, 친척, 동거인 등은 세대원 범위에 포함되지 않으며, 부모님이나 자식

일지라도 다른 등본에 있으면 청약에 영향을 주지 않는 경우도 있습니다.

가목부터 마목까지 암기를 요구하는 것은 목적이 있습니다. 청약에서 사람에 대한 기준이 여기의 세대로만 해결이 된다면 아주 간단합니다. 하지만, 청약방법에 따라 사람에 대해 불리는 것이 다양하여 세대원, 부양가족수, 가구원수, 자녀수 등으로 다양하게 불리며, 청약에 따라 세대원의 나이가 영향을 주는 요소가 다른데 그 기준나이도 청약방법에 따라 다릅니다.

보통 각 청약방법에서 이러한 경우들을 각각 교육을 시키다 보니 서로 혼동하는 경우가 많습니다. 예를 들어서 같은 등본에 있는 부모님인데도 어떤 경우는 나이와 상관없고, 어떤 경우는 만 60세이면 되고, 어떤 경우는 만 65세 이상이어야 하고, 어떤 경우는 공고일 기준 같은 등본이 있으면 되고, 어떤 경우는 공고일 기준으로 1년 이상 같은 등본에 있으면 되고, 어떤 경우는 같은 등본에 3년 이상 있어야 하는 것입니다. 분명 같은 부모님인데, 청약방법에 따라 경우의 수가 모두 다르다는 것입니다.

그래서, 사람에 대해 혼동이 되지 않게 청약에서 사람이 영향을 주는 것에 대해 전체적인 부분으로 한 번에 모두 알아보는 것을 권합니다.

나. 무주택세대구성원 VS 무주택세대주 VS 무주택자

청약에서 자격을 이야기할 때 무주택세대구성원을 요건으로 하는 경우가 많습니다. 그리고 종종 무주택세대주나 무주택자 요건이 필요한 경우도 있습니다. 이 책을 보는 실무자 입장에서는 이것을 구분하지 못하는 분은 없습니다. 혹시라도 초보가 있을 수 있으니 한번 짚고 넘어가겠습니다.

다만, 다른 법규에서는 적용이 다를 수 있으니 주의하여 주시기 바랍니다.

- 무주택세대구성원: 세대원 전원이 주택을 소유하지 않은 세대의 구성원
- 무주택세대주: 세대원 전원이 주택을 소유하지 않은 세대의 세대주
- 무주택자: 본인만 주택을 소유하지 않은 경우

여기서 조금 더 심화로 들어가 보도록 하겠습니다.

무주택세대주이라고 함은 세대원 전원이 주택을 소유하지 않은 세대의 세대주입니다. 예를 들어서 무주택자인 65세의 어머님 B씨만 세대원으로 같은 등본에 있는 무주택자인 40세의 청약자인 A씨는 무주택세대주인 것처럼 보입니다. A가 민간분양 일반공급 1순위 청약할 때에는 무주택세대주가 맞습니다. 하지만, 노부모부양자 특별공급에서는 무주택세대주가 될 수도 있지만, 그러하지 않을 수도 있습니다. 어머님 B씨의 배우자가 있는지 확인하고, 그 배우자가 주택을 소유한 경우 무주택세대주가 될 수 없습니다.

즉, 세대원 범위에는 다른 등본에 있는 아버님은 포함이 되지 않지만, 노부모부양자 특별공급 같은 경우에서 무주택세대주를 판단할 때에는 피부양자의 배우자까지 범위를 확대하여야 하는 경우도 있다는 것에 유의하여야 합니다.

그리고, 무주택세대구성원이라는 것도 어떤 업무인지에 따라서 보는 방법도 다릅니다. 청약에서는 같은 등본에 있는 형제나 자매는 세대원에 포함이 되지 않습니다. 하지만, 다른 업무에서는 다릅니다. 예를 들어서 연소득 7천만원 이하의 근로자인 무주택세대주인 경우 연말정산 시 청약통장 저축액을 통해 소득공제를 받을 수 있습니다. 여기서 무주택세대주에서 주택을 소유하지 않아야 하는 세대원 범위에는 형제나 자매가 주택을 소유한 경우에도 무주택세대주에 해당하지 않습니다. 즉, 업무마다 무주택세대구성원을 보는 세대원 범위가 다르기 때문에 잘 알지 못하는 업무는 주의하시는 것을 권합니다.

다. 부양가족수

부양가족수는 민간분양 일반공급 1순위 가점제에서 1명당 5점의 점수를 받을 수 있는 것을 말합니다.

주공칙 [별표 1] 가점제 적용기준에서 다음과 같이 정의하고 있습니다.

> 나. 부양가족의 인정 적용기준
> 1) 부양가족은 입주자모집공고일 현재 주택공급신청자 또는 그 배우자(주택공급신청자와 같은 세대별 주민등록표에 등재되어 있지 않은 배우자를 포함한다. 이하 이 목에서 같다)와 같은 세대별 주민등록표에 등재된 세대원으로 한다. 다만, 자녀(손자녀가 같은 세대별 주민등록표에 등재된 경우로서 그 손자녀의 부모 모두가 사망한 경우에는 그 손자녀를 포함한다)의 경우 미혼으로 한정한다.
> 2) 주택공급신청자 또는 그 배우자의 직계존속은 주택공급신청자가 입주자모집공고일 현재 세대주인 경우로서 입주자모집공고일을 기준으로 최근 3년 이상 계속하여 주택공급신청자 또는 그 배우자와 같은 세대별 주민등록표에 등재된 경우에 부양가족으로 본다. 다만, 직계존속과 그 배우자 중 한 명이라도 주택을 소유하고 있는 경우에는 직계존속과 그 배우자 모두 부양가족으로 보지 않는다.
> 3) 주택공급신청자의 30세 이상인 직계비속은 입주자모집공고일을 기준으로 최근 1년 이상 계속하여 주택공급신청자 또는 그 배우자와 같은 세대별 주민등록표에 등재된 경우에 부양가족으로 본다.

부양가족수 산정 시 주민등록표등본만 보고 부양가족 여부를 판단하면 안 됩니다. 계부나 계모의 경우 2018년에 행정안전부에서 제도개선을 하여 세대주와의 관계에 계부나 계모를 사용하지 않도록 하였습니다. 즉, 주민등록표등본에 부나 모로 기재되어 있어도 가족관계증명서를 확인하여 직계존속 여부를 필수로 확인하여야 합니다.

그리고, 재혼가정의 경우에도 자녀를 부양가족 산정함에 주의가 필요합니다. 재혼배우자의 자녀의 경우 주민등록표등본에는 대부분 "배우자의 자녀"로 기재되지만, 종종 "자녀"로 기재되는 경우가 종종 있습니다. 예를 들어 김봄이라는 자녀를 둔 A와 김여름이라는 자녀를 둔 B가 재혼을 하였는데, A가 지방 발령으로 혼자 부산에 전입신고를 하고, 서울에는 B와 김봄, 김여름이 주민등록이 되어 있는 경우에 A가 부산에 생활터전을 만들기 위해 부산에 청약하는 경우 부양가족으로 배우자 B와 자녀 2명으로 하여 당첨되어 계약까지 진행을 하였습니다. 그런데, 갑자기 부적격으로 계약을 해지하여야 한다는 연락이 왔습니다. 당첨자가 제출한 B의 주민등록표등본을 보고 자녀가 2명 기재된 것을 보고 이상 없는 것으로 보고 계약까지 진행을 하였습니다. 그런데, 계약 이후 서류를 정리하던 직원이 A의 가족관계증명서에서 김여름이라는 자녀가 없음을 알게 되었습니다. 즉, 주민등록표등본만을 보고 자녀를 판단하면 안 되고 가족관계증명서를 보고 부모와 자녀 여부를 판단하여야 합니다.

세부적으로 부양가족을 하나씩 다시 알아보도록 하겠습니다.

일단, 부양가족의 기본조건은 "같은 세대별 주민등록표에 등재된 세대원"이어야 한다는 것입니다.

ㄱ. 배우자

배우자의 경우 어떤 부가조건이 없습니다. 세대원을 볼 때에도 배우자는 아무런 조건이 없습니다. 즉, 외국인 배우자이어도 다른 등본에 있어도, 외국에 거주 중인 경우에도 배우자는 부양가족으로 산정이 가능합니다. 다만, 가족관계증명서를 통해 배우자임은 확인이 되어야 합니다.

ㄴ. 직계존속

직계존속을 부양가족으로 보는 조건을 세부적으로 알아보기로 하겠습니다.

첫 번째 조건. 부양가족으로 보고자 하는 직계존속이 세대원에 해당하여야 합니다.

세대원 범위에서 직계존속에 대해서는 "주택공급신청자의 직계존속(주택공급신청자의 배우자의 직계존속을 포함한다. 이하 같다)으로서 주택공급신청자 또는 주택공급신청자의 배우자와 같은 세대별 주민등록표에 등재되어 있는 사람"이라고 정의하고 있습니다. 즉, 청약자의 직계존속뿐만 아니라 배우자의 직계존속을 포함할 수 있다는 것입니다. 추가적으로 부양가족으로 보고자 하는 직계존속은 공급신청자 또는 공급신청자의 배우자와 같은 등본에 등재되어 있어야 한다는 것입니다.

중요!

여기서 중요한 단어가 한 가지 있습니다. 바로 "등재"라는 단어입니다.

그동안 여러 자료에서 외국인 직계존비속은 부양가족에 해당하지 않는다는 것을 많이 보았습니다. 그런데, 청약 교육시간에 왜 외국인은 부양가족에 해당하지 않는지를 질문하면 거의 대부분 대답하지 못합니다.

힌트는 "등재"라는 것에 있습니다. 외국인의 경우 주민등록표등본에 등재하는 것이 아니라 기록하는 대상이기 때문에 등재할 수 없는 외국인 직계존비속은 세대원이 될 수 없어서 부양가족으로 산정할 수 없다는 것입니다.

> 주민등록법 시행령
> 제6조의2(외국인 배우자등에 대한 세대별 주민등록표의 기록등) ① 「출입국관리법」 제31조에 따라 등록한 외국인 또는 「재외동포의 출입국과 법적 지위에 관한 법률」 제6조에 따라 국내거소신고를 한 외국국적동포(이하 "외국인등"이라 한다)의 체류지를 관할하는 시장·군수 또는 구청장은 다음 각 호의 요건을 모두 갖춘 외국인등을 별지 제2호서식의 **세대별 주민등록표에 기록하여 관리**할 수 있다. 이 경우 외국인등을 세대별 주민등록표에 기록하는 순서는 제6조제2항에 따른다.

그리고 외국인의 경우 세대원이 될 수 없기 때문에 소득산정을 위한 가구원수도 될 수 없습니다.

반대로 외국인 직계존비속은 주택을 소유하고 있어도 문제가 되지 않습니다.

재외동포의 경우

> 재외동포의 출입국과 법적 지위에 관한 법률(약칭: 재외동포법)
> 제2조(정의) 이 법에서 "재외동포"란 다음 각 호의 어느 하나에 해당하는 자를 말한다.
> 1. 대한민국의 국민으로서 외국의 영주권(永住權)을 취득한 자 또는 영주할 목적으로 외국에 거주하고 있는 자(이하 "재외국민"이라 한다)
> 2. 대한민국의 국적을 보유하였던 자(대한민국정부 수립 전에 국외로 이주한 동포를 포함한다) 또는 그 직계비속(直系卑屬)으로서 외국국적을 취득한 자 중 대통령령으로 정하는 자(이하 "외국국적동포"라 한다)

실무적으로 재외동포와 외국인의 경우 서류제출에서 차이가 있습니다.

재외동포의 경우 국내거소신고증(국내거소사실증명서) 또는 재외국민용 주민등록증으로, 외국인인의 경우 외국인등록증(외국인등록사실증명서) 또는 영주증으로 신분을 증명합니다.

외국인이 가능한 청약과 불가한 청약

외국인은 세대원이 될 수 없다는 행정안전부의 해석에 의거하여 외국인은 무주택세대구성원이나 무주택세대주, 세대주, 세대원 요건이 필요한 청약은 할 수 없습니다. 그래서 대부분의 특별공급이나 국민주택에는 청약이 안 됩니다.

그래서 특별공급 중에는 주공칙 제38조 경제자유구역 내 민영주택의 특별공급(이 규정에서 외국인인 경우에는 무주택자로 한정하기 때문임)과 제47조 이전기관 종사자 등 특별공급 등 세대원 조건이 없는 일부 특별공급에만 외국인이 청약하는 것이 가능합니다.

그리고 「국군포로의 송환 및 대우 등에 관한 법률」 제2조제5호에 따른 등록포로의 경우에는 세대주 및 세대원 요건은 제외한다는 단서가 있어서 외국국적을 가진 경우라도 국민주택 기관추천 특별공급 청약이 가능합니다.(다만, 이 규정은 주택공급에 관한 규칙 제35조 제2항에 의거하여 공공임대주택에서만 적용되는 규정임)

다시 정리하면, 외국인의 경우 세대구성원 조건이 없는 청약만 가능하기 때문에 현실적으로 민간분양의 일반공급(세대주 요건이 필요한 규제지역의 1순위 청약은 제외)에만 청약이 가능하다고 볼 수 있습니다.

그런데, 외국인이 민간분양 일반공급에 청약할 때 내국인과의 혼인 여부에 따라서도 달라지는 것이 있습니다.

추첨제에서는 차이가 없으나 가점제에서 내국인과의 혼인에 따라 달라지는 것이 있습니다.

청약통장 가입점수에서는 내국인과 차이가 없습니다. 하지만, 무주택기간과 부양가족수에 대한 것은 **내국인 배우자가 있는 경우에 한해 내국인과 동일한 방식으로 점수를 산정**할 수 있습니다.

귀화한 경우에도 동일한 방식으로 산정합니다.(귀화한 분의 경우 출입국사실증명원 제출 시 귀화 전의 인적사항으로 발급한 것과 귀화 후의 인적사항으로 발급한 출입국사실증명원을 모두 제출하여야 합니다)

두 번째 조건, 3년 이상 계속하여 같은 등본에 있어야 합니다.

여기서 3년 이상이라고 함은 청약자만 기준으로 하는 것이 아니라 청약자의 배우자를 포함하기 때문에 부부가 주민등록표등본을 달리하는 경우 남편 2년 + 부인 1년으로 번갈아 모신 경우에도 부양가족으로 산정이 가능합니다. (참고로 노부모부양 특별공급은 청약자와 3년 이상이 되어야 조건을 충족하는 방식입니다)

세 번째 조건, 세대주이어야 합니다.

청약 시에는 세대주여야 하는 경우가 몇 가지 있습니다.

아파트 청약 시 세대주를 요하는 경우

1. 노부모부양자 특별공급
2. 투기과열지구 또는 청약과열지역에서의 일반공급 1순위와 생애최초 특별공급
3. 일반공급 가점제에서 직계존속을 부양가족으로 넣으려는 경우
4. 주공칙 제47조의3 제2항에 의거하여 계약취소주택에 청약하려는 경우

이상 4가지이며, 그 외의 경우는 세대원도 청약이 가능합니다.
그런데, 청약 시 세대주 요건이 필요한 경우에 세대주에 기간을 요하는 경우는 없습니다.
즉, 청약하고자 하는 아파트의 모집공고일까지만 세대주로 변경하면 된다는 것입니다.(예전에는 세대주에도 기간을 요하는 몇 가지 경우가 있었지만, 현 법규 기준으로 세대주에 기간을 요하는 경우는 없습니다)
여기서 주의할 점이 한 가지 있습니다. 투기과열지구에서 일반공급 1순위 청약 시 세대주여야 하는 조건은 2002년 9월 5일에 처음 생긴 규정입니다. 즉, 2002년 9월 5일 이전에 청약예금이나 청약부금을 가입한 경우에는 세대주가 아니어도 투기과열지구 일반공급 1순위 청약이 가능합니다. 다만, 이 규정은 투기과열지구에서만 적용되는 규정으로 청약과열지역에서는 여전히 세대주만이 일반공급 1순위 청약이 가능합니다. 현 기준의 투기과열지구는 청약과열지역으로도 지정되어 있어서 이 사항이 적용되지 않지만, 예전 대구광역시 수성구 같은 경우에는 투기과열지구로만 지정되고 청약과열지역으로 지정되지 않은 적이 있어서 이 규정이 적용된 사례가 있었습니다. 추후 규제지역의 지정에 따라 알고 있으면 도움이 될 수 있을 것입니다.

부양가족에서 세대주 요건에 주의할 점이 두 가지 있습니다.

실무자 입장에서는 주민등록표등본에서 세대주 변경일을 꼭 확인하는 버릇을 가져야 합니다. 단순히 세대주인지만 보고 언제부터 세대주인지 보지 않고 넘어가는 경우가 많은데, 주민등록표등본의 우측 상단에는 세대주가 된 날이 기재되어 있습니다. 입주자모집공고일 후에 세대주 변경되는 경우가 종종 있어서 꼭 확인하여야 합니다.

그리고, 부부가 주민등록표등본을 달리하는 분리세대의 경우 청약자의 배우자도 세대주여야 배우자와 같은 등본에 있는 직계존속을 부양가족으로 산정할 수 있습니다.

마지막 조건, "직계존속" 및 "그 배우자"도 무주택자여야 합니다.

예전에는 부양가족에는 주택소유 여부와 상관이 없었습니다. 하지만, 2018년 12월 11일 개

정으로 인해 주택을 소유한 직계존속 및 그 배우자는 부양가족으로 산정할 수 없도록 되어 있습니다.

예를 들어서 세대주인 청약자와 세대원인 어머님이 3년 이상 같은 등본에 있으나 등본을 달리하는 아버님이 주택을 소유하고 있는 경우에는 아버님이 주택을 소유한 관계로 어머님을 부양가족으로 산정할 수 없습니다. 다만, 여기서 주의할 점은 어머님과 아버님이 이혼한 경우라면 아버님은 "그 배우자"에 해당하지 않아서 어머님을 부양가족으로 산정할 수 없습니다. 반대로 어머님이 재가를 한 경우 등본을 달리하는 의붓아버지가 주택을 소유한 경우에는 그 의붓아버지가 "그 배우자"에 해당하여 어머님을 부양가족으로 산정할 수 없습니다.

Tip!

> 이 경우에는 어머님의 가족관계증명서를 제출받아 어머님의 배우자 유무를 확인하여 배우자가 있는 경우 추가 주택소유현황을 조회하여야 합니다. 간혹 청약신청자의 가족관계증명서의 아버지를 보면 되지 않느냐는 고객의 요청이 있을 수 있는데, 청약자의 아버지가 기재되는 것이지 어머님의 배우자가 기재되는 것이 아니라서 어머님이 재가한 경우일 수 있어서 어머님의 배우자 확인은 어머님의 가족관계증명서로만 가능합니다.

ㄷ. 직계비속

직계비속의 경우 직계존속과 동일하게 세대원이어야 한다는 것은 공통된 조건입니다.
그 외에는 다음과 같은 추가조건이 필요합니다.

첫 번째 조건, 미혼이어야 합니다. 여기서 미혼이라고 함은 한 번도 혼인을 하지 않은 것을 말하는 것으로 이혼한 경우에는 해당하지 않습니다. 우리나라는 민법 제807조에 의거하여 만 18세 이상이면 혼인할 수 있습니다. (간혹 여성의 경우 만 16세부터 혼인할 수 있다는 자료가 있는데, 2007년 개정되어 현재는 남녀 모두 만 18세부터 혼인할 수 있음)

즉, 만 18세 이상의 직계존속은 미혼임을 증명하여야 합니다. 서류접수 시 간혹 자녀들이 혼인을 하지 않았는데, 왜 혼인관계증명서를 제출하여야 하는지 오해하는 고객들이 종종 있습니다. 혼인관계증명서는 배우자와 언제 혼인을 하였는지 증명하기 위해 발급하여야 하는 경우도 있지만, 반대로 혼인신고한 적이 없음을 증명하기 위해서 제출하는 경우도 있습니다. 그리고 부모가 모두 사망한 경우 미혼의 손자녀도 부양가족으로 산정될 수 있습니다.

Tip! 혼인관계증명서는 꼭 상세로 제출!!!

> 혼인관계증명서는 일반과 상세로 구분하여 발급이 가능한데, 일반의 경우 현재의 혼인상태만 기재되고, 상세는 과거의 혼인상태도 기재되는 방식입니다.
> 특히, 이혼을 한 경우 일반으로 발급하면 기록할 사항이 없음으로 기재되지만, 상세로 발급하면 예전의 혼인신고와 이혼의 내역이 모두 기재됩니다. 청약에서 미혼이라고 하는 것은 혼인한 적이 없다는 것으로 혼인관계증명서를 상세본으로 제출하여야 혼인한 적이 없음을 확인할 수 있습니다.

두 번째 조건, 같은 등본에 있어야 한다는 것입니다.

세대원이어야 한다는 것과 마찬가지고 청약자 또는 그 배우자와 같은 주민등록표등본에 등재되어 있어야 합니다. 학교나 여러 사유로 독립한 자녀를 부양가족으로 산정할 수 있는지에 대한 문의하는 고객들이 많습니다. 독립한 자녀일지라도 청약하고자 하는 아파트의 입주자모집공고일까지 청약자 또는 배우자와 같은 등본에 등재하는 경우 부양가족으로 산정할 수 있습니다. 다만, 만 30세 이상 직계비속의 경우에는 청약자 또는 배우자와 같은 주민등록표등본에 1년 이상 등재된 경우에 한하여 부양가족으로 산정이 가능하기 때문에 주의가 필요합니다.

직계존비속의 출입국사실증명서

> 다자녀가구 특별공급이나 신혼부부 특별공급에서 자녀수 산정 시에는 같은 등본에 등재될 필요도 없기 때문에 장기간 해외에 체류 중인 경우에도 자녀수로 산정이 가능하여 출입국사실증명서가 필요 없습니다.
> 하지만, 민간분양 일반공급 1순위 가점제에서 직계존비속의 경우 부양가족으로 산정하기 위해서는 필수적으로 출입국사실증명원을 제출하여야 합니다.
> 공통적으로 입주자모집공고일 현재 90일을 초과하여 해외에 체류 중인 경우에는 부양가족으로 산정할 수 없습니다.

> 직계존속의 경우 3년 내, 만 30세 이상의 직계비속은 1년 내 90일을 초과하여 해외에 제출한 적이 있는 경우 부양가족으로 산정할 수 없습니다. 이 경우 183일 규정이나 7일 내 같은 국가로 출국하는 경우 국외에 계속 거주하는 것으로 보는 규정은 적용하지 않습니다.(『2024 주택청약 FAQ』 160번 참고)

라. 태아

우리나라는 태아에 대해 특별히 규정하는 경우에 한해서 인정하고 있습니다. 대표적으로 민사적으로는 상속과 손해배상이 이에 해당합니다. 그리고 청약법규에서는 신혼부부, 다자녀가구 및 생애최초 특별공급에서 태아를 자녀로 인정하고 있습니다.

종종 민간분양 일반공급 1순위 가점제에서 태아를 왜 인정하지 않는지에 대해 불만을 토로하는 분들이 종종 있습니다. 그리고 간혹 출생신고를 늦게 하여 부양가족으로 인정이 되지 않아 불이익을 받는 경우도 있습니다. 앞서 세대원과 부양가족에서 공부하였듯이 입주자모집공고일에 같은 등본에 등재되어 있는 직계비속이어야 합니다. 예를 들어 입주자모집공고일 전에 출생을 하였으나 입주자모집공고일 이후 주민등록표등본에 등재된 자녀는 세대원에 포함이 되지 않기 때문에 부양가족에도 산정될 수 없습니다.

태아가 처음부터 청약에서 인정된 것은 아닙니다. 처음에는 신혼부부 특별공급에서만 자녀수 및 가구원수로 인정된 것이며, 이후 다자녀가구 특별공급에서 자녀수 인정이 되었고, 이후 생애최초 특별공급에서 소득산정을 위한 가구원수로 인정된 것입니다. 마지막으로 2024년 3월 25일 생애최초 특별공급에서 태아를 자녀로 보도록 변경된 것입니다. 즉, 이후 다른 청약방법에서도 태아가 인정될 수 있습니다.

태아를 인정받기 위해서는 임신진단서가 필요합니다. 종종 건강보험 임신·출산 진료비 지급 신청서를 제출하는 경우가 있으나 청약에서는 인정하지 않고 있습니다. 추가적으로 입주자모집공고일 및 청약일에는 임신 중이었으나 당첨 후 서류 제출하였을 때에는 출산을 하여 임신진단서 제출이 어려운 경우가 있는데, 이런 경우에는 병원에서 발급받은 출생증명서를 제출하여야 합니다. 혹시 쌍둥이를 출산한 경우에는 자녀별로 출생증명서를 각각 제출하여야 합니다.

태아를 두고 청약한 경우 출산이행각서를 작성합니다. 법에서는 이에 대해 다음과 같이 규정하고 있습니다.

> 주택공급에 관한 규칙 제41조 제3항
> ③ 태아나 입양한 자녀를 포함하여 제1항에 따른 입주자로 선정된 경우에는 국토교통부장관이 정하는 출산 등과 관련한 자료를 제출하거나 입주 시까지 입양이 유지되어야 한다.

출산을 이행하여야 하거나 임신진단서를 제출하여야 하는데, 그 전에 유산을 하는 힘든 일을 겪을 수도 있습니다. 고의적인 낙태는 해당하지 않지만, 유산의 경우 진단서를 통해 확인이 되는 경우는 제외합니다.

마. 자녀수

신혼부부 특별공급과 다자녀가구 특별공급에서는 당첨자 선정에 큰 영향을 주는 요소입니다. 자녀수가 많을수록 당첨에 더 유리하기 때문입니다.

자녀수는 부양가족처럼 세대원이어야 하는 기본조건이 없습니다. 즉, 가족관계증명서로 자녀임이 증명되면 같은 주민등록표등본에 등재될 필요가 없다는 것입니다. 하지만, 이 경우는 청약자와 현 배우자 사이에서 태어난 자녀의 경우에 한합니다. 예를 들어서 청약자와 현 배우자 사이에서 태어난 자녀의 경우 학업 등의 사유로 할머니 주민등록표등본에 등재되어 있는 경우 부양가족으로는 산정할 수 없지만, 자녀수로는 산정이 가능합니다.

하지만, 이혼·재혼 가정의 경우에는 조금 달라집니다. 이혼·재혼 가정의 경우 청약자 본인의 자녀는 본인 또는 재혼한 배우자의 주민등록표에 등재되어 있어야 자녀수에 포함이 되며, 재혼한 배우자의 전혼자녀는 청약자의 주민등록표에 등재되어 있어야 자녀수에 포함될 수 있습니다.

바. 가구원수

민간분양에서는 신혼부부나 생애최초 특별공급 청약 시에는 소득기준 또는 자산기준을 충족하여야 하는 경우가 있습니다. 그리고 공공분양에서는 기관추천 특별공급과 전용면적 60제곱미터 초과의 일반주택을 제외한 나머지 청약방법에서 소득기준과 자산기준을 충족하여야 합니다.

그런데, 소득기준은 일률적인 것이 아니라 가구원수에 따라 가구원수가 많을수록 더 높은 소득기준을 적용받습니다. 즉, 같은 고소득이라도 가구원수가 많으면 청약이 가능한 경우도 있고, 가구원수가 적으면 소득기준을 충족하지 못해 청약이 불가한 경우도 있습니다.

가구원수 산정에 기본조건은 세대원이어야 합니다. 여기에 세 가지 예외가 있습니다.

첫째, 태아 수만큼 가구원수에 포함될 수 있습니다.

둘째, 신혼부부 및 생애최초 특별공급에서는 직계존속이 공급신청자 또는 그 배우자와 같은 등본에 1년 이상 등재된 경우에 한해 가구원수에 포함될 수 있습니다.

셋째, 공공분양의 노부모부양 특별공급 청약 시 피부양 직계존속의 배우자는 세대원 범위에 포함되지 않아도 소득산정 대상에 포함이 됩니다. (노부모부양 특별공급 무주택기간 산정방법과 동일함)

Tip! 두 번째 예외규정의 의미

두 번째 예외규정을 조금 더 깊게 알아본다면 이 규정이 왜 있는지 알 수 있습니다.
이 규정은 생애최초 특별공급에서 공급신청자의 직계존속에만 한정된 것이었습니다. 이후 이것을 악용하여 배우자의 부모님을 같은 등본에 등재하여 가구원수를 늘리는 편법이 발생하자 배우자의 직계존속을 포함하게 하였고, 이후 신혼부부 특별공급에도 확대한 것입니다.

가구원수 산정 시 주의할 점은 가구원수에 포함되지 않는다고 세대원에 포함되지 않는 것이 아님에 주의가 필요합니다. 예를 들어서 만 59세의 주택을 소유한 아버지(같은 주민등록표에 등재된 지 1년 미만으로 가정)가 같은 등본에 있는 경우에 신혼부부 특별공급에서 소득산정을 위한 가구원수에서 제외되는 것이지 무주택이나 청약제한 사항을 확인할 세대원에서도 제외되는 것은 아니라는 것입니다.

사. 분리세대

실무에서는 세대를 동일세대, 분리세대, 단독세대로 구분합니다.
동일세대라고 함은 청약자와 배우자가 같은 등본에 있는 상태를 말하며, 분리세대라고 함은 청약자와 배우자가 다른 등본에 있는 상태를 말하는 것입니다.
단독세대에 대해서는 혼동을 하는 경우가 많습니다. 주공칙에서는 "단독세대주란 세대별 주민등록표에 배우자 및 직계존비속이 없는 세대주를 말한다"고 정의하고 있습니다. 하지만, 실무에서는 다릅니다. 실무에서는 배우자가 없는 자를 단독세대로 부르고 있어서 혼동하는 편입니다. 동일세대, 분리세대, 단독세대를 구분하는 이유를 알면 혼동이 되지 않습니다.

청약을 하여 당첨자를 선정하면 그 세대가 정확히 청약을 하였는지 검수를 하여야 합니다. 그래서 세대원 전원의 청약제한 사항과 주택소유현황을 알아야 합니다. 이를 위해서는 당첨자 선정 후의 업무플로어를 조금 알아야 합니다. 청약홈을 기준으로 설명을 드리겠습니다.

당첨자 발표일 전일에는 청약홈에서는 당첨자 추첨이 진행됩니다. 추첨을 통해 당첨자가 정해집니다. 앞에서 이야기 하였듯이 청약은 본인만을 기준으로 판단하는 것도 있지만, 세대를 기준으로 판단하는 것이 더 많다고 하였습니다. 즉, 당첨자만으로는 적격 여부를 판단할 수 없기 때문에 당첨자의 명단을 행정안전부로 보내 당첨자의 세대원에 대한 검색이 이루어 집니다. 이후 검색된 당첨자와 세대원 전원의 청약제한사항 및 주택소유현황이 검색됩니다. 그런데, 행정안전부에서는 당첨자와 같은 등본에 있는 분이 조회되는 방식이라서 배우자 및 그 세대원은 조회하지 못합니다. 그래서 해당 사업주체에서 서류접수 시 배우자가 등본을 달리하는 경우 분리세대로 하여 등본을 달리하는 배우자 및 그 세대원에 대해 역으로 당첨제한 사항 및 주택소유현황을 청약홈으로 조회 요청을 하는 것입니다.

실무적으로는 분리세대를 조회 요청하는 경우가 단순히 배우자가 등본을 달리하는 경우에만 있는 것은 아닙니다.
청약방법에 따라 추가적으로 보아야 하는 경우도 있고, 실무적으로도 같은 등본에 있어도 추가 조회가 필요한 경우도 있습니다. 이에 대해 원칙적인 부분과 예외를 알아보도록 하겠습니다.

ㄱ. 원칙

등본을 달리하는 배우자가 있는 경우 배우자 및 배우자와 같은 등본에 있는 직계존비속에 대해 추가조회가 필요합니다. 통상적으로 "배우자 분리세대"라고 부릅니다.

ㄴ. 예외

① 노부모부양 특별공급과 직계존속을 부양가족으로 산정 시에는 같은 등본에 없는 직계존속의 배우자에 대해서도 주택을 소유하고 있는지 추가조회가 필요합니다. 개인적으로 이런 경우를 "직계존속 분리세대"라고 부르고 있습니다.

② 외국인 배우자의 경우 같은 등본에 있어도 행정안전부의 세대원 조회 시 포함되어 있지 않습니다. 외국인 배우자일지라도 주택을 소유할 수도 있고, 민간분양 사전청약에 당첨된 자일 수도 있어서 추가조회가 필요합니다. 개인적으로 이런 경우를 "외국인 분리세대"라고 부르고 있습니다. 외국인 분리세대를 조회하는 경우에 주민등록표등본에는 외국어로 기재되어 있는 경우가 많습니다. 청약홈으로 추가조회를 하는 경우 글자 수 제한이 있는 경우도 있어서 가족관계증명서를 통해 한글명으로 조회하는 것이 편합니다.

③ 당첨자가 개명 등으로 성명과 주민번호에 변동이 있는 경우 세대원이 조회가 되지 않는 경우가 있습니다. 당첨자가 제출한 주민등록표등본에는 배우자 및 세대원이 같은 등본에 있으나 청약홈을 통해서는 세대원 명부를 받지 못한 경우입니다. 이런 경우 배우자 및 세대원에 대한 주택소유 및 청약제한 사항 등이 조회되지 않았기 때문에 추가적인 조회가 필요합니다. 개인적으로 이런 경우를 "불일치 분리세대"라고 부르고 있습니다.

④ 청약에서는 모집공고일을 기준으로 하여 세대원을 판단하여야 합니다. 하지만, 공고일 이후 주소변경으로 인해 당첨자가 제출하는 서류로는 모집공고일 기준의 세대원을 판단할 수 없는 경우가 있습니다. 개인적으로 이런 경우를 "공고일 이후 분리세대"라고 부르고 있습니다. 예를 들어서 당첨자가 제출한 주민등록표등본에는 혼자 기재되어 있지만, 현 주소가 모집공고일 이후 변동이 있는 경우 1차적으로 주민등록표등본을 통해 모집공고일의 주소지와 세대주 및 관계를 통해 모집공고일의 상태를 확인한 후 부모님(혼인 중인 경우 배우자의 부모님 포함)의 주민등록표초본을 추가로 징구하여 모집공고일에 같은 등본에 등재되어 있는지 확인이 필요합니다.

2장

청약방법에 대해 알아야 하는 사항

1. 청약방법 기본

앞에서 청약을 준비하는 과정을 공부하였다면 지금부터는 청약 실전에 해당합니다.

그 전에 한 가지 팁을 먼저 이야기하겠습니다.

청약방법에서는 두 가지를 구분하는 것이 좋습니다. 청약방법은 청약자격과 당첨자 선정 방법으로 구분하는 것입니다. 추가적으로 각 청약에서의 유의사항을 더 알아야 합니다.

보통은 청약방법을 특별공급과 일반공급으로만 구분을 합니다.

하지만, 기획직원은 우선공급에 대한 부분을 숙지하여야 합니다. 특히, 공공택지 등에서 주택을 공급할 때 주의가 필요합니다. 예를 들어 공공택지에서 주택을 공급하는 경우 이주대책대상자 여부를 꼭 확인하여야 합니다. 몇 년 후부터는 3기신도시 공공택지에서 분양할 일이 많아집니다. 그런데, 3기신도시 예정지역에 거주하던 분들은 어떻게 될지 생각해 보신 적이 있나요. 그분들은 이주대책대상자로 지정되어 현금으로 보상을 받는 방법과 택지 또는 주택을 공급받는 방법 중에 선택을 하게 되는데, 여기서는 주택을 공급받는 방법만 아시면 될 것입니다.

공공택지에서 업무를 시작할 때에는 우선 공공사업자에게 이주대책대상자가 있는지부터 확인을 하여야 합니다. 예를 들어서 동탄이라면 관할 LH 다산의 경우 GH에 확인하여 이주대책대상자가 있는지 확인하여야 한다고 보시면 됩니다. 참고로 이주대책대상자는 주공칙 제3조제2항제8호 가목에 해당하여 주공칙 제22조(견본주택 건축기준 등), 제54조(재당첨 제한), 제57조(당첨자의 명단관리)만 적용이 되어 당첨자로는 관리되지만 특별공급과 일반공급 당첨자처럼 전매제한에 적용되는 것이 아니기 때문에 공급계약 체결 후에 분양권 거래가 가능합니다.

　이주대책대상자를 공급함에 있어서 주의할 점이 있는데, 철거민과 구분이 필요하다는 것입니다. 통상적으로 공공택지라면 이주대책대상자로 공급하여야 하지만, 종종 철거민으로 공급되는 경우가 있습니다.

　두 가지의 차이점을 구분을 하면 간단합니다. 1,000세대를 공급하는 아파트에서 이주대책대상자가 열 명이 해당 아파트를 공급받고자 한다면 이분들에게 10세대를 먼저 공급하고 남은 990세대를 분양 승인받아 이후 모집공고 및 청약을 진행하는 것입니다. 하지만, 철거민으로 진행하는 방식은 1,000세대로 분양승인을 받은 후 기관추천 특별공급을 통해 철거민으로 공급하는 경우입니다. 한 가지 방법이 더 있는 것이 있는데, 주택을 공급하는 곳이 도시개발사업인 경우에는 주공칙 제44조를 적용받아 도시개발사업에 따른 철거주택 소유자에 대한 특별공급으로 진행하는 방식입니다.

　실무적으로 더 알아야 하는 부분이 있습니다. 철거민 특별공급 당첨자는 이후 다른 특별공급에 청약할 수 없지만, 이주대책대상자의 경우 특별공급으로 청약한 것이 아니기 때문에 이후 특별공급 청약이 가능합니다. 그런데, 이전 일부 뉴타운에서 잘못된 업무처리가 있었던 적이 있어서 일부 이주대책대상자가 철거민 특별공급 당첨자로 관리되고 있는 경우가 있습니다. 이 경우가 맞다면 공공주택 사업자에게 확인공문을 받아 특별공급 당첨자가 아님을 확인하여야 합니다.

2. 특별공급 공통사항

가. 특별공급의 정의

특별공급은 다자녀가구, 신혼부부, 국가유공자, 노부모부양, 청년 등 정책적 배려가 필요한 사회계층이 분양(임대)받을 수 있도록 지원해 주는 제도입니다. 특별공급은 정책적 배려가 필요한 사회계층 중 무주택자의 주택마련을 지원하기 위하여 일반공급과 청약경쟁 없이 주택을 분양받을 수 있도록 하는 제도입니다. (출처: 한국부동산원 청약홈 홈페이지)

나. 무주택세대구성원에게 공급

기본적으로 특별공급은 무주택세대구성원에 한하여 청약이 가능하지만, 몇 가지 예외가 있습니다.

특별공급 중에는 세대주만이 청약이 가능한 경우가 있습니다. 노부모부양 특별공급의 경우에는 무조건 무주택세대주만 청약이 가능합니다. 추가로 주의할 점은 피부양 직계존속의 배우자도 주택을 소유하지 않아야 한다는 것입니다.

생애최초 특별공급은 공급지역에 따라 세대주 요건이 필요한 경우가 있습니다. 생애최초 특별공급 청약자격에는 1순위에 해당하는 자라는 조건이 있어서 세대주만이 1순위 청약이 가능한 투기과열지구나 청약과열지역에서 생애최초 특별공급은 1순위와 동일하게 세대주 조건이 필요한 것입니다.

다. 무주택 조건

특별공급의 경우 주택을 소유하지 않은 세대에 공급함이 원칙이지만, 예외적인 부분이 있습니다.

※ 제35조(국민주택의 특별공급)
27의2. 특별시장·광역시장·특별자치시장·시장·군수 또는 공공주택사업자가 「국가균형발전특별법」에 따른 도시활력증진지역 개발사업 또는 「도시재생 활성화 및 지원에 관한 특별법」 제2조제1항제7호의 도시재생사업과 관련하여 공공임대주택 또는 도시재생기반시설(「도시재생 활성화 및 지원에 관한 특별법」 제2조제1항제10호의 시설을 말한다)을 공급할 목적으로 취득하는 토지 또는 건축물(이하 이 호에서 "토지등"이라 한다)의 소유자로서 다음 각 목의 요건을 모두 충족하는 자
  가. 입주자모집공고일 현재 취득 대상 토지등 외에 다른 주택을 소유하고 있지 아니하거나 주거전용면적 85제곱미터 이하 주택 1호 또는 1세대를 소유하고 있을 것
  나. 매매계약일 현재 취득 대상 토지등을 3년 이상 소유하였을 것

※ 제36조(85제곱미터 이하 민영주택의 특별공급)
8의2. 제35조제1항제27호의2에 해당하는 자

※ 제47조(이전기관 종사자 등 특별공급)
③ 사업주체는 제1호 각 목의 지역에서 건설하여 공급하는 주택을 제2호 각 목의 어느 하나에 해당하는 사람에게 한 차례에 한정하여 1세대 1주택의 기준으로 특별공급할 수 있다. 다만, 2주택 이상을 소유한 세대에 속한 사람은 제외한다.

※ 산업단지 입주기업 종사자 등에 관한 주택특별공급 운영기준
제4조(특별공급 대상자) ② 제1항 각 호에 해당하는 특별공급 대상인 종사자와 그 세대에 속한 사람(종사자와 동일한 세대별 주민등록표에 등재되어 있지 아니한 종사자의 배우자 및 배우자와 동일한 세대를 이루고 있는 세대원을 포함한다)이 해당 산업단지가 속한 주택건설지역에 주택을 소유하고 있는 경우와 해당 산업단지에서 공급한 주택에 당첨된 사실이 있는 경우에는 제1항의 특별공급 대상자에서 제외된다.

추가적으로 출산 장려를 위해 2025년 3월 31일 개정된 사항도 있습니다. 2024년 6월 19일

이후 출생한 자녀(태아 또는 2024년 6월 19일 이후 출생한 사람을 입양한 경우 포함)가 있어 출산특례를 적용받는 경우라면 주택을 소유(청약자 및 배우자의 소유 주택에 한함)하여도 신생아, 다자녀가구, 신혼부부, 노부모부양 특별공급에 한해 청약이 가능하다는 것입니다. 다만, 소유하고 있는 주택은 공급받은 주택의 소유권이전등기 전에 처분하여야 하는 조건이 있습니다.

제55조의3(특별공급 신청 요건 등에 관한 특례)

③ 2024년 6월 19일 이후 출생한 자녀(태아 또는 2024년 6월 19일 이후 출생한 사람을 입양한 경우를 포함한다)가 있는 사람은 다음 각 호의 구분에 따른 규정에도 불구하고 한 차례에 한정하여 1세대 1주택의 기준으로 제35조의3, 제40조, 제41조 또는 제46조에 따른 특별공급을 신청할 수 있다.

1. 본인 또는 그 배우자가 제35조부터 제49조의 규정에 따른 특별공급을 받은 사실이 있는 경우: 제55조
2. 제1호에 해당하는 경우로서 본인 또는 그 배우자가 주택을 소유하고 있는 경우(다른 세대원이 주택을 소유하고 있는 경우에는 제외한다): 제35조의3제1항, 제40조제1항, 제41조제1항·제4항, 제46조제1항 및 제55조

④ 제3항제2호에 해당하는 사람이 같은 항에 따라 특별공급을 신청하는 경우(공공주택의 공급을 신청하는 경우는 제외한다)에는 제41조제1항제1호라목2) 또는 같은 조 제4항제1호다목2)에 따라 부동산 가액을 산정할 때 기존 주택은 합산하지 않는다.

⑤ 제3항(제2호의 경우만 해당한다)에 따라 특별공급에 당첨된 사람이 주택을 공급받으려는 경우에는 다음 각 호의 요건을 모두 갖춰야 한다.

1. 기존 소유 주택의 소유권 처분 조건을 승낙할 것
2. 기존 소유 주택의 소유권 처분에 관하여 제23조제4항 각 호의 어느 하나에 해당하는 서류를 사업주체에게 제출할 것
3. 공급받은 주택의 소유권이전등기 전에 기존 소유 주택의 처분을 완료할 것

라. 특별공급 청약통장 요건

ㄱ. 기본

특별공급의 경우의 청약통장은 기본적으로 6개월 이상(민영주택의 경우 지역별/면적별 예치금 충족, 국민주택의 경우 납입횟수 충족)의 청약통장이 필요하나 몇 가지의 예외가 있다고 보시면 됩니다.

> 제48조(특별공급의 입주자저축 요건) 제35조제1항(제1호부터 제5호까지, 제12호, 제13호, 제14호, 제17호, 제27호의2 및 제28호를 제외한다), 제35조의2, 제35조의3, 제36조[제1호부터 제6호까지, 제8호(제35조제1항제17호에 해당하는 부분만을 말한다) 및 제8호의2를 제외한다], 제38조, 제39조, 제40조 및 제41조에 따라 주택을 특별공급받고자 하는 자는 다음 각 호의 어느 하나에 해당하는 요건을 갖추어야 한다.
> 1. 국민주택을 특별공급받으려는 경우: 주택청약종합저축에 가입하여 6개월이 지나고 매월 약정납입일에 월납입금을 6회 이상 납입하였을 것
> 2. 민영주택을 특별공급받으려는 경우: 주택청약종합저축에 가입하여 6개월이 지나고 별표 2의 예치기준 금액에 상당하는 금액을 납입하였을 것

주공칙 제48조에서 정하지 않은 경우는 특별공급의 청약통장 요건은 별도의 규정을 적용받게 됩니다.

ㄴ. 청약통장이 없어도 가능한 특별공급

주공칙 제48조에서는 국가유공자, 장애인 및 도시재생부지 제공자에 대하여 예외를 두고 있어서 청약통장 없이 기관추천 특별공급 청약이 가능합니다. 그 외에도 주공칙 제47조에 의한 이전기관 종사자 등 특별공급의 경우에도 청약통장 없이 특별공급 청약이 가능합니다.

청약통장 없이 청약 가능한 특별공급의 경우 주의할 점이 있습니다.

2018년 5월 4일부터는 특별공급도 인터넷 청약이 의무화되어 있으며, 기존에는 공인인증서만을 통해 청약을 진행하던 것이 공인인증서 독과점 폐지로 인해 사설인증서로도 아파트 청약이 가능하게 되었는데, 청약통장 없이 청약하는 장애인 특별공급이나 국가유공자 특별공급 등은 공동인증서와 금융인증서로만 인터넷 청약이 가능하며, 그 외 네이버인증서 등의 사설인증서로는 인터넷 청약이 불가합니다.

청약통장 없이 청약 가능한 특별공급에 대해 한 가지 더 알아야 할 점이 있습니다. 청약통장 없이도 청약이 가능한 것이지 청약통장을 가지고 있다고 청약은 불가한 것은 아닙니다. 다만, 당첨이 되어도 청약통장이 사용으로 처리되지 않아 다시 재사용이 가능하다는 것입니다.

여기서 한 가지 오해가 되는 부분이 있습니다. 일반적으로 당첨자 발표일이 다른 주택에는 중복하여 청약이 가능하지만, 당첨자 발표일이 빠른 주택에 당첨되면 이후 아파트에는 당첨될 수 없게 되어 있습니다. 여기에도 예외가 있습니다.

첫째, 같은 청약처에서 청약을 진행한 경우에는 당첨자 발표일이 빠른 주택에 당첨되면 이후 아파트에는 당첨될 수 없게 되어 있지만, 청약처가 다른 경우에는 두 군데 아파트 모두 당첨이 되는 구조(예: 하나는 청약홈에 청약하고, 다른 하나는 LH청약플러스에 청약한 경우)입니다. 하지만, 주택청약업무수행기관인 청약홈을 통해 이중당첨이 확인되어 당첨자 발표일이 늦은 주택에 대해서 당첨무효 처리가 됩니다.

둘째, 중복청약한 곳에 하나는 예비당첨된 후 다른 아파트에는 당첨되는 경우로 당첨된 아파트에 계약을 하여야 하지만, 당첨된 곳은 계약포기한 후 예비당첨에 참여하는 경우입니다. 이 경우에도 청약홈에서 이중당첨으로 확인되어 예비당첨으로 동호수 추첨을 받은 사업주체에 무효처리하도록 통보됩니다.

세 번째가 바로 청약통장 없이 청약한 것과 청약통장을 사용한 청약으로 서로 다른 아파트에 당첨이 된 경우입니다. 이 경우는 이중당첨에 해당하는 사항이 아닙니다. 모집공고문에는 "■ 청약접수일자와 관계없이 당첨자발표일이 우선인 주택에 당첨이 되면 당첨자 발표일이 늦은 주택의 당첨은 자동 취소됩니다.(각각 동일한 청약통장으로 당첨된 경우에 한함)"라고 기재가 되어 있습니다. 괄호 안을 보면 각각 동일한 청약통장으로 당첨된 경우에 한함이라고 제한을 두고 있습니다. 즉, 하나의 청약은 청약통장을 사용하는 것이고, 다른 하나의 청약의 청약통장을 사용하지 않는 청약인 경우에는 이중당첨 규정을 적용받지 않는다는 것입니다.

ㄷ. 청약통장 가입기간이 지역별로 다른 경우

일반공급 1순위 경우 수도권인지, 수도권 외인지, 그리고, 규제지역인지에 따라 청약통장 가입기간이 2년, 1년, 6개월로 구분이 됩니다.

생애최초 특별공급과 노부모부양자 특별공급 등 일부 특별공급에서는 1순위에 해당하는 자일 것이라는 조건이 있어서 공급하는 아파트 지역에 따라 청약통장 가입기간이 다릅니다.

ㄹ. 국민주택의 생애최초 특별공급

국민주택의 생애최초 특별공급에는 "저축액이 선납금을 포함하여 600만원 이상인 자"라는 조건이 있어서 이 조건을 충족하여야 생애최초 특별공급 청약이 가능합니다. 즉, 모집공고일까지 선납을 하여 600만원을 채우는 경우에 생애최초 특별공급 청약이 가능하다는 것입니다.

마. 한 차례 한정하여 1세대 1주택

특별공급은 말 그대로 특별하게 주는 기회이기 때문에 당첨횟수를 1세대당 평생 1회로 제한하는 부분이 있습니다. 특별공급 관련 조문에서는 "한 차례 한정하여 1세대 1주택 기준으로 특별공급"이라는 문장이 반복적으로 나옵니다. 이것은 두 가지 의미가 있습니다.

ㄱ. "한 차례 한정하여"

특별공급은 말 그대로 특별하게 주는 기회이기 때문에 세대당 평생 한 번의 기회를 주는 것이라고 보시면 됩니다. 다만, 여기에도 네 가지 예외가 있습니다.

첫째, 특별공급에 당첨된 경우에도 이후 조건을 충족하는 경우 철거민 특별공급에는 청약이 가능합니다.

> 제55조(특별공급 횟수 제한) 제35조부터 제49조까지의 규정에 따른 특별공급은 한 차례에 한정하여 1세대 1주택의 기준으로 공급한다. 다만, 사업주체가 제35조제1항제12호부터 제14호까지, 제27호의2, 제36조제1호 및 제8호의2에 따라 주택을 특별공급하는 경우에는 그렇지 않다.

둘째, 혼인신고 전 배우자가 특별공급에 당첨된 이력과 상관없이 신혼부부, 생애최초, 신생아 특별공급 청약이 가능합니다.

> 제55조의3(특별공급 신청 요건 등에 관한 특례) 다음 각 호의 특별공급을 신청하려는 사람은 그 배우자가 혼인신고일 전에 해당 호에서 정하는 사실이 있는 경우에도 특별공급을 신청할 수 있다.
> 1. 제35조의3 또는 제41조에 따른 특별공급의 경우: 당첨자로 관리된 사실
> 2. 제43조에 따른 특별공급의 경우: 당첨자로 관리된 사실 및 주택을 소유했던 사실

셋째, 혼인신고일 전에 당첨자로 관리된 사실이 있는 경우에도 신혼부부 특별공급 청약은 가능합니다.

> 제55조의3(특별공급 신청 요건 등에 관한 특례)
> ② 제41조에 따른 특별공급을 신청하려는 사람은 혼인신고일 전에 당첨자로 관리된 사실이 있는 경우에도 한 차례에 한정하여 특별공급을 신청할 수 있다. 〈신설 2025. 3. 31.〉

넷째, 2024년 6월 19일 이후 출생한 자녀(태아 또는 2024년 6월 19일 이후 출생한 사람을 입양한 경우 포함)가 있는 경우 특별공급을 받았던 사실이 있는 경우에도 신생아, 다자녀가구,

신혼부부, 노부모부양 특별공급에 한해 청약이 가능하다는 것입니다.

> 제55조의3(특별공급 신청 요건 등에 관한 특례)
> ③ 2024년 6월 19일 이후 출생한 자녀(태아 또는 2024년 6월 19일 이후 출생한 사람을 입양한 경우를 포함한다)가 있는 사람은 다음 각 호의 구분에 따른 규정에도 불구하고 한 차례에 한정하여 1세대 1주택의 기준으로 제35조의3, 제40조, 제41조 또는 제46조에 따른 특별공급을 신청할 수 있다.
> 1. 본인 또는 그 배우자가 제35조부터 제49조의 규정에 따른 특별공급을 받은 사실이 있는 경우: 제55조

ㄴ. "1세대 1주택"

1세대에 1주택만 공급하는 방식으로 한 세대에서 한 명만 청약을 하여야 한다는 것으로 한 세대에서 두 명 이상이 청약하여 한 명만 당첨되는 경우에도 부적격 처리한다는 것입니다. 예를 들어 동일한 아파트에 아버지는 생애최초 특별공급으로 청약하고, 자녀는 노부모부양 특별공급에 청약하여 아버님은 예비입주자로 선정되고, 자녀는 당첨이 되었다고 하면, 자녀는 부적격 처리가 되어 최대 1년간의 청약금지를 받게 되고, 아버지는 예비입주자 자격이 미치지 않아서 예비입주자 동호수 추첨 행사에 참여하시면 안 됩니다.

여기에도 예외가 있어서 부부의 경우에는 중복하여 청약하는 것이 가능합니다. 특별공급뿐만 아니라 재당첨제한이 적용되는 주택에도 중복하여 청약하는 것이 가능합니다. 다만, 부부가 모두 당첨이 되는 경우에는 접수시간이 더 빠른 사람의 당첨만을 유효한 당첨으로 보고 접수시간이 늦은 분의 당첨은 무효처리하는 방식입니다.

> 제55조의2(부부 동시 당첨에 관한 특례) ① 부부가 당첨일이 같은 주택에 대해 각각 청약한 경우로서 부부가 각각 다음 각 호의 어느 하나에 해당하게 된 경우에는 청약 접수일(분 단위까지의 접수시간을 포함한다. 이하 같다)이 빠른 사람의 당첨만을 유효한 당첨으로 한다. 이 경우 청약 접수일이 같은 경우에는 생년월일이 빠른 사람의 당첨을 유효한 당첨으로 한다.

1. 국민주택에 당첨된 경우
2. 제35조, 제35조의2, 제35조의3 및 제36조부터 제47조까지의 규정에 따른 특별공급 중 어느 하나에 해당하는 특별공급 주택에 당첨된 경우
3. 제54조제1항에 따른 재당첨제한 적용 대상 주택에 당첨된 경우

② 부부가 당첨일이 같은 주택에 대해 각각 사전청약한 경우로서 각각 사전당첨자가 된 경우에는 사전청약 접수일(접수일이 같은 경우에는 생년월일)이 빠른 사람의 당첨만을 유효한 당첨으로 한다. [본조신설 2024. 3. 25.]

3. 기관추천 특별공급

가. 기관추천 특별공급의 정의

기관추천 특별공급은 주공칙 제35조(국민주택의 특별공급), 제36조(85제곱미터 이하 민영주택의 특별공급), 제45조(국가유공자 등 특별공급)에 대해 알아야 합니다. 더 추가하자면 주공칙 제38조(경제자유구역 내 민영주택의 특별공급), 제39조(비수도권 민영주택의 특별공급)도 알아야 합니다.

이 5개 조 특별공급 특징은 미리 해당 기관의 추천을 받아야 한다는 것입니다. 즉, 추천을 받아야 하는 과정 때문에 일을 미리 준비하여야 한다는 것입니다. 그럼, 추천을 받는 것이 해당 기관에 전화만 하면 알아서 추천해 줄까요? 물론, 아닙니다. 일단, 담당자들의 연락처부터 확인을 하여야 합니다. 해당지역의 기진행한 사업장에서 근무한 분들을 통해 추천기관의 담당자 연락처와 메일 주소 등을 확보하는 것은 어렵지 않습니다. 그런데, 바로 전화를 하시면 안 됩니다. 제45조나 제38조의 경우 법에서 정한 물량 범위로 국가보훈부와 경제자유구역청 담당자와 바로 협의를 진행하면 됩니다. 하지만, 제35조와 제36조의 경우 여러 기관으로 물량을 분배하여야 하는데, 이에 대해서 사업주체 마음대로 물량을 배분하는 경우 분양승인 받는 과정에서 문제가 발생할 수 있습니다.

물량을 분배하는 과정에서도 국민주택인지 민영주택인지에 따라 달라지는 부분이 있습니다. 국민주택의 경우 법에 명시된 모든 기관에 물량을 분배하는 방식(한국토지주택공사의 경우 1순위: 해당사업지구 철거민, 2순위: 장애인, 북한이탈주민, 3순위: 중소기업, 군인, 공무원 등 기준으로 배정비율을 정하여 운영함)이나 민영주택의 경우 일부 기관에 물량을 배분하는 방식입니다. 참고로 본 저자의 경우 민영주택에서는 해당지역의 기존 분양현장의 각 기관별 물량 배분을 평균하여 분양승인 담당자에게 협의하는 방법을 사용하는 편입니다. 그리고 국민주택과 민영주택의 차이점이 추가로 있는 것이 있는데, 민영주택의 경우 주공칙 제36조에 의거하여 전용면적 85제곱미터 이하(저출산 및 고령사회 대응을 위한 경우 면적의 제한은 적용되지 않음)의 건설량의 10%를 공급하지만, 국민주택의 경우 주공칙 제35조를 통해서는 국가유공자 외의 자에게 건설량의 10%를 공급하고, 국가유공자 등은 주공칙 제45조에 의거하여 공급합니다. 물량 배분이 확정되면 공문을 작성 후 각 담당에게 발송 후 메일 수신여부를 꼭 확인을 합니다.

Tip! 민영주택 기관추천 요청 과정의 변화

현재는 해당 사업주체에서 물량을 분배하여 각 기관에 추천을 받은 자에 한해 특별공급 청약일에 청약홈을 통해 인터넷 청약을 하고 있지만, 이것은 몇 번의 과정을 거쳐 지금 같은 방식을 갖춘 것입니다.

최초에는 사실상 추천의 과정이 거의 무시되는 부분이 있었습니다.

현장에서 특별공급을 접수하는 과정에서 여러 기관의 물량을 분배를 할 수도 없는 여러 문제로 인해 모든 기관의 특별공급 접수자들의 청약신청서를 추첨통에 넣어 무작위방식으로 추첨을 통해 기관추천 특별공급 당첨자를 선정하였습니다. 그런데, 이 과정에서 민원이 발생하게 되는데, 일부 기관은 추천의 과정이 없이 요건만 맞으면(대표적으로 장애인 특별공급의 그러하였음) 현장에 직접 참석하여 특별공급 신청이 가능한 방식이어서 "관계기관의 장이 정하는 우선순위기준"과 상관없이 무작위로 당첨자 선정을 한 것인데, 우선순위에서 선순번을 받은 자가 자신보다 낮은 순위인 자가 무작위를 통해 당첨되는 것을 보고 "관계기관의 장이 정하는 우선순위기준"을 근거로 하여 민원을 제기하였고, 이에 따라 국토교통부에서 공문(2017년 9월)을 통해 "관계기관의 장이 정하는 우선순위기준"에 따라 기관추천 당첨자를 선정하도록 하여 물량을 배분하는 과정이 시작되었고, 이후 2018년 5월 4일부터 특별공급 청약이 현장접수가 아닌 인터넷 청약으로 변경되어 지금의 형태를 가지게 되었습니다.

나. 민영주택의 기관추천 특별공급 진행

실무적으로는 민영주택의 기관추천 특별공급을 가장 많이 진행할 것입니다. 법 규정은 다음과 같습니다.

제36조(85제곱미터 이하 민영주택의 특별공급) 사업주체는 **제4조제1항·제5항 및 제25조제3항에도 불구하고** 건설하여 공급하는 85제곱미터 이하의 민영주택(**제35조제1항제24호라목에 따른 시책을 추진하기 위해 입주자모집승인권자의 승인을 받은 경우에는 85제곱미터를 초과하는 민영주택을 포함한다**)을 그 건설량의 10퍼센트의 범위에서 입주자모집공고일 현재 **제4조제3항에 따른 공급대상인 무주택세대구성원**(제8호의2에 해당하는 경우는 제외한다)으로서 다음 각 호의 어느 하나에 해당하는 자에게 **관계기관의 장이 정하는 우선순위기준**에 따라 한 차례(제1호 및 제8호의2에 해당하는 경우는 제외한다)에 한정하여 **1세대 1주택의 기준으로 특별공급**할 수 있다. 다만, 시·도지사의 승인을 받은 경우에는 수도권에서는 15퍼센트, 그 외의 지역에서는 20퍼센트의 범위에서 특별공급할 수 있다.

여기서 기관추천 특별공급을 공부하며, 법을 보는 방법을 조금 연습하는 시간을 가지도록 하겠습니다.

법에서는 단어 하나가 의외로 영향을 주는 부분이 많습니다.

- 제4조제1항·제5항 및 제25조제3항에도 불구하고: 다른 당첨자들은 모두 출입국사실증명서를 의무적으로 제출하여야 합니다. 하지만, 기관추천 특별공급 당첨자만 출입국사실증명서를 제출하지 않는데, 이에 대한 사유를 정확히 아는 분들이 의외로 많지 않습니다.
기관추천 특별공급 당첨자가 출입국사실증명서를 제출하지 않는 것에 대한 근거가 여기의 "제4조제1항·제5항 및 제25조제3항에도 불구하고"라는 조문입니다.
기관추천 특별공급이 처음부터 출입국사실증명서를 제출받지 않았던 것은 아닙니다.

처음에는 다른 당첨자처럼 출입국사실증명서를 제출하였으나 2018년 12월 11일 제4조제5항이 추가되었으며, 국토교통부에서는 '제4조제5항에도 불구하고'라는 내용이 우선공급 규정을 적용하지 않기 때문에 해외체류 여부를 확인할 의무가 없다는 답변을 하여 이후 기관추천 특별공급 당첨자는 출입국사실증명서를 제출하지 않고 있습니다.

- 85제곱미터 이하의 민영주택: 특별공급에서 국민주택은 85제곱미터 이하라는 의미를 가지고 있는 것이기 때문에 별도로 85제곱미터 이하라는 단어를 사용하지 않습니다. 민영주택은 85제곱미터 이하라는 문구를 사용하는 것과 사용하지 않는 것으로 구분을 하여 면적의 제한을 두고 있습니다. 즉, 기관추천 특별공급은 전용면적 85제곱미터 이하로만 제한을 하는 것입니다.

- (제35조제1항제24호라목에 따른 시책을 추진하기 위해 입주자모집승인권자의 승인을 받은 경우에는 85제곱미터를 초과하는 민영주택을 포함한다): 위에서 기관추천 특별공급은 전용면적 85제곱미터 이하의 주택으로 제한한다고 말씀드렸습니다. 하지만, 저출산 및 고령사회 대응을 위해 시·도지사 추천을 받는 기관추천의 경우에는 면적의 제한이 없어서 전용면적 85제곱미터 초과의 주택도 추천받을 수 있습니다.

- 제4조제3항에 따른: 예전에는 기관추천 특별공급에는 주공칙 제4조제3항의 제한이 없어서 전국청약이라고 하는 부분이 있었습니다. 즉, 서울에서 공급하는 아파트에 부산 장애인이 와도 법적으로 막을 근거가 부족하였다는 것입니다. 이런 부분을 2018년 12월 11일에 제4조제3항을 추가하여 인접지역까지만 기관추천 공급하도록 지역을 제한하였습니다.

- 무주택세대구성원(제8호의2에 해당하는 경우는 제외한다): 무주택세대구성원에게 공급을 하지만, 예외적으로 도시재생부지 제공자에 한해서는 예외를 두고 있습니다.

- 관계기관의 장이 정하는 우선순위기준: 추천의 과정을 거쳐 관계기관의 장에 정하는 자에게 공급한다는 것입니다.

- 한 차례(제1호 및 제8호의2에 해당하는 경우는 제외한다)에 한정하여 1세대 1주택: 특별공급은 한 세대에 평생 한 번의 당첨기회를 주는 구조이지만, 철거민 등의 경우에는 예외로 추가 특별공급 청약이 가능합니다.

- 다만, 시·도지사의 승인을 받은 경우에는 수도권에서는 15퍼센트, 그 외의 지역에서는 20퍼센트의 범위에서 특별공급할 수 있다: 특별공급 물량을 더 늘릴 수 있는 규정이나 실무적으로 분양승인 과정에서 이것을 적용하는 것은 어렵습니다. 분양승인을 하여 주는 공무원의 업무방식상 사례가 없는 일을 진행하는 경우는 보기 어렵다고 볼 수 있습니다.

이처럼 법조문의 단어 하나가 주는 영향은 작지 않습니다.

법조문을 해석할 때에는 전체적인 의미도 중요하지만, 단어 하나가 주는 것도 세심히 검토할 필요가 있습니다.

다. 기관추천 실무절차

기관추천 특별공급의 경우에는 법 규정보다는 실무적인 절차가 더 중요합니다.

ㄱ. 추천 요청 전 고려사항

일정을 잘못 맞추면 추천을 받을 수 없고, 추천 요청 공문 발송 전에 해당 사업을 정확히 판단하지 않으면 더 좋은 방향으로 가는 것이 방해가 됩니다. 보통은 하나의 단지를 한 번에 분양을 하지만, 경우에 따라서는 하나의 단지를 나누어 분양할 수도 있고, 다수의 단지를 한 번에 분양하는 것도 가능하고, 다수의 단지를 당첨자 발표일을 달리하여 순차적으로 분양하거나 동시에 분양할 수도 있습니다. 즉, 기관추천 특별공급 추천 신청하기 전에 미리 방향을 고려하면 더 좋은 방향을 만들 수도 있다는 것입니다.

예를 한 가지 들어 보겠습니다. 4개의 단지를 한 번에 공급하는 아파트라고 가정을 하겠습니다. 이 경우 4개의 주택관리번호를 받아 4개의 단지를 모두 당첨자 발표일이 다르게 청약을 받을 수도 있고, 경우에 따라서는 2개 단지씩 묶어서 두 번의 청약일정으로 공급하는 것도 가능합니다. 후자로 진행하고자 한다면 기관추천 특별공급 발송 전부터 묶인 2개 단지에 대해 안내가 있어야 합니다. 이러한 고려를 미리 하지 않고, 4개 단지로 각각 기관추천 특별공급 추천요청이 진행된다면 이후 2개 단지씩 묶는 것은 어렵습니다.

ㄴ. 물량 배분

주변 사업장의 최근 모집공고문을 통해 물량 배분을 확인하여 평균물량을 확인하여 각 기관에 배정할 물량을 정리하여 두는 것을 권합니다.

ㄷ. 승인청 협의

사실 이 단계는 법 어디에서도 정해진 바가 없습니다.

청약홈 업무처리 안내에 「청약업무 종합 준칙」에 의하면 모집공고일 기준으로 30일 이전에 해당 기관으로 추천 요청을 하도록 되어 있을 뿐입니다. 즉, 30일 전에 승인청과 협의하여 기관별 물량 배분을 협의하는 것이 좋습니다. 그런데, 공무원 입장에서도 물량을 배분하는 것에 대해 승인 또는 기타 행정적인 절차는 없습니다. 그래서 공무원도 별다른 문제가 발생하지 않도록 근거가 되는 평균물량을 백데이터로 제시하는 것을 권하는 것입니다.

ㄹ. 공문 발송

공문은 두 가지로 나누는 편입니다. 추천을 요청하는 공문과 고객들이 볼 안내문으로 구성이 됩니다.

종종 회신 시 업무편의를 위해 추천자들의 명단을 일괄적으로 정리하기 편한 회신양식(주로 엑셀 양식을 사용함)을 별도로 같이 발송하는 경우도 있습니다. 예를 들어 전용면적 85제곱미터 이하로 1,000세대를 공급하는 경우라면 기관추천 특별공급 대상자가 100명이고, 예비입주자까지 합하면 600명에 해당합니다. 그런데, 이렇게 많은 인원에 대해 PDF 등으로 명단을 회신받는 경우 청약홈으로 명단을 발송하는 것에 많은 시간이 소요됩니다. 인기 있는 대단지라면 회신양식을 같이 보내는 것을 권합니다.

공문에는 개략적인 공급개요, 청약일정, 추천 요청 세대수(예비자 포함), 회신기한 및 업무담당자 등을 필수로 기재합니다. 안내문에는 공문과 동일하게 개략적인 공급개요와 청약일정을 기재합니다. 그 외에도 청약방법과 당첨자 선정방법 및 기타 유의사항을 기재합니다. 그 외 해당 아파트에 대한 약간의 홍보내용을 적습니다.

회신 양식에는 청약홈에 발송할 필수내용을 돌려받는 것으로 성명, 주민등록번호, 주소, 연락처를 작성합니다.

기관추천 업무에서 공문이나 안내문, 회신 양식은 새로 만드는 경우는 거의 없습니다. 전 사업장에서 사용한 것을 수정만 하여 사용할 뿐입니다. 다만, 법이 개정될 때에는 주의하여 개정내용을 반영하여야 합니다.

공문 발송 시 주의할 점이 한 가지 더 있습니다. 수도권에서 투기과열지구가 아닌 지역이라면 주공칙 제4조 제9항에 의거하여 25년 이상 장기복무군인이 해당 주택건설지역으로 청약이 가능하도록 국방부로 별도로 추천 요청공문을 발송하여야 합니다. 기관추천 특별공급의 경우 확정자로 추천만 받는다면 특별공급 청약일에 이상 없이 청약만 진행하면 무조건 당첨이 되는 대상입니다. 하지만 25년 장기복무 중인 군인의 경우 당첨여부와는 상관없이 해당 주택건설지역으로 청약할 수 있는 자격만을 주는 방식으로 당첨에 영향을 주는 바가 없습니다. 그리고 물량에 대해서는 전용면적 85제곱미터 이하로 제한되는 바가 없어서 총 공급세대수의 3% 범위에서 추천 요청을 하시면 되고, 공문에는 필수로 청약 시 현장접수는 불가하고 청약홈을 통해서만 인터넷 청약만 가능하다는 안내를 하여야 합니다.

마지막으로 공문에 기재한 청약일정을 맞출 수 없어서 연기를 하는 부분이 있습니다. 이 경우 일정 연기에 대한 안내 공문을 발송하여야 합니다. 그런데, 기간이 1달 이내로 연기되는 경우에는 일정 재공지를 하여야 하지만, 사업사체가 장기간 연기될 경우 다시 추천요청을 할지, 추천받은 명단 그대로 진행할지에 대한 고려가 필요합니다. 다시 추천요청을 받는 경우 기존에 추천을 받은 분이 다시 추천을 받지 못하는 경우 민원이 발생할 수 있다는 문제가 발생할 수 있습니다. 개인적으로는 추천자가 없는 경우에는 다시 추천을 진행하는 것이 좋겠지만, 기존 추천자가 있다면 기존의 추천자를 유지하는 것이 나을 것으로 사료됩니다.

ㅁ. 명단 회신 및 청약홈 명단 등록

추천 확정자와 예비대상자는 청약홈에 등록을 하여야 하며, 이것은 일정이 정해져 있습니다. 특별공급 청약일로부터 2영업일 전까지 등록을 하도록 되어 있습니다. 가급적이면 여유를 두어 하루를 여유를 두는 것도 나쁘지 않기 때문에 공문에 회신은 특별공급 청약일로부터 4영업일 전에 받아 3영업일 전에 청약홈에 올릴 것으로 생각하고 일을 진행하는 것이 좋습니다. 간혹 일부 기관은 시간을 더 달라는 경우가 있어서 하루 여유를 두는 경우도 좋으며, 청약홈으로 등록 시에는 공문을 첨부하여야 하는데, 사업주체의 문제로 공문 처리에 시간이 걸려 하루가 소요되는 경우도 있습니다.

- 확정자: 해당 기관에서 '당첨자'로 선정·통보한 분으로서 다른 결격사유가 없을 경우 청약 후 '당첨자(입주자)'가 되는 분
- 예비대상자: 해당 기관에서 '예비자'로 선정·통보한 분으로서 청약하여 특별공급 미달 시 추가로 '당첨자(입주자)' 또는 특별공급 예비입주자로 선정될 수 있는 분

※ 예비대상자는 특별공급 입주자를 선정하고 남은 주택이 있는 경우 다른 특별공급 신청자 중 선정되지 않은 자를 포함하여 무작위 추첨으로 입주자 및 예비입주자를 선정하므로, 입주자 및 예비입주자로 선정되지 않을 수 있습니다.

ㅂ. 청약 및 당첨자 발표 이후 일정

청약은 인터넷 청약이 원칙이며, 장애인이나 노약자 등 정보취약계층에 한해 견본주택에서 현장접수가 가능합니다. 공인인증서만으로 인터넷 청약이 가능할 때에는 나이가 많거나 인터넷을 잘하지 못하는 어르신들이 주로 견본주택으로 접수를 하였으나 네이버 인증서 등 사설인증서로 청약이 가능해지면서 최근에는 현장접수하는 분이 거의 없는 상황입니다.

당첨자 발표 후에는 다른 분들과 다른 차이점은 없습니다. 다만, 서류접수 시 지역에 관한 것은 검토하지 않는다는 차이점이 있으며, 기관추천 특별공급의 경우 주택소유문제와 청약제한사항만 부적격에 영향을 준다고 볼 수 있습니다.

라. 공고 5일 단축

기관추천 특별공급과 관련하여 한 가지 더 알면 좋은 것이 있습니다.

현 기준으로는 입주자모집공고를 진행한 후 10일이 지난 후부터 청약이 진행됩니다.

> ② 입주자모집공고는 최초 청약 신청 접수일 10일 전에 해야 한다. 다만, 시장·군수·구청장은 제35조 및 제36조에 따른 특별공급의 경우로서 공급물량이 적거나 청약 관심도가 낮다고 판단되는 등의 경우에는 5일 전으로 단축할 수 있다.

종전에는 모집공고일로부터 5일 후부터 청약을 진행하였으나 2019년 11월 1일 개정으로 인해 10일 후부터 청약 진행하는 것으로 개정이 되었습니다. 개정사유에는 "최초 청약 신청 접수일을 현재 입주자모집공고일 5일 이후에 하던 것을 10일 이후에 하도록 하여 공급대상자가 청약 여부를 검토할 시간을 확보할 수 있도록 하고"라고 명시하고 있는데, 이것은 입주자모집공고일 전에 기관추천 특별공급의 추천과정이 마치는 것 때문에 해당 아파트의 분양가 등 중요한 사항을 알지 못하고 신청한다는 민원이 발생되어 변경된 것으로 기관추천 특별공급 청약자들이 청약여부를 검토할 시간을 더 주는 것입니다. 그래서 기관추천 특별공급의 청약률이 떨어지는 지역의 경우 승인청과 협의하여 기존처럼 모집공고 5일 후부터 청약 진행하는 것이 가능합니다. 사례로는 2023년 10월 25일 모집공고된 탕정 푸르지오 리버파크가 있습니다.

마. 민간분양에서 주로 추천하는 기관

청약방법에 대해 처음 이야기할 때 팁을 드린 것이 있습니다. 청약방법은 청약자격과 당첨자 선정방법으로 구분하여 아는 것이 좋다고 하였습니다. 그런데, 기관추천 특별공급의 경우 관계기관의 장이 정하는 우선순위에 따라 당첨자를 선정하기 때문에 사업주체나 청약홈은 당첨자 선정과정에 관여하는 바가 전혀 없기 때문에 알 필요가 없을 것이라고 생각합니다. 하지만, 고객을 상대하여야 하고, 상담사를 교육시켜야 하기 때문에 관계기관이 당첨자를 선정하는 기준을 아는 것도 도움이 됩니다. 모든 기관까지 알 필요는 없고, 민간분양에서 주로 추천하는 기관까지만 간단히 정리하도록 하겠습니다.

ㄱ. 국가유공자 등

국가유공자 등의 경우 「국가유공자 등에 대한 주택의 우선 공급에 관한 기준」에서 정하는 바에 따라 선정하는 것으로 별표2에 따라 100점 만점으로 점수가 높을수록 유리한 방식입니다. 국가유공자 점수 항목에는 무주택기간, 희생 및 공헌도, 우선공급 및 대부자원 여부, 생활정도, 우선공급 미지원 여부, 지원 긴요도를 합산하고, 체납여부 및 청약포기 여부에 대해 감점 사항이 있습니다. 5·18민주유공자, 참전유공자, 보훈보상대상자 및 국가유공자에 준하는 군경의 경우 가족수가 영향을 주는 것이 있으며, 특수임무유공자는 대상구분 및 가족수, 장기복무제대군인은 복무기간, 전역기간 및 가족수가 영향을 줍니다.

ㄴ. 장애인

지자체마다 별도의 기준을 두고는 있지만, 거의 대부분 평가항목이 비슷합니다. 장애정도, 무주택세대구성원 기간, 세대원 중 장애인 유무, 세대원 구성, 65세 이상인 장애인 유무, 해당 지역 거주기간으로 하여 100점 만점 방식입니다.

ㄷ. 중소기업 근로자

중소벤처기업부고시로 「중소기업 장기근속자 주택 우선공급에 관한 지침」이 있으며, 중소기업 재직기간이 긴 경우 점수 배점이 높으며, 그 외 수상경력이나 자격증, 주택건설지역 재직, 무주택기간, 미성년 자녀(태아 포함)로 120점 만점으로 점수가 높은 순으로 추천자를 결정하며, 추천받은 후 청약하지 않은 경우 감점 제도가 있습니다.

ㄹ. 장기복무 중인 군인

「군 주택공급 입주자 선정 훈령」에 의거하여 10년 이상 장기복무 중인 군인은 무주택기간, 근속기간, 부양가족수, 장애인 가족 부양 여부, 65세 이상 직계존속 부양 여부, 청약통장 가입기간으로 100점 만점 방식이며, 25년 이상 장기복무군인의 경우 무주택기간, 부양가족수, 입주자저축 가입기간 및 근속기간으로 86점 만점 방식입니다.

바. 경제자유구역 특별공급

기타 추천이 필요한 특별공급에서 마지막으로 알아야 하는 것은 제38조(경제자유구역 내 민영주택의 특별공급)입니다.

경제자유구역 특별공급에서는 두 가지를 주의하여야 합니다.

첫째, 경자청에 따라 지침이 다릅니다. 예를 들어서 인천 송도의 경우 인천광역시 경제자유구역청 고시로 정해진 「인천광역시 경제자유구역 외국인투자기업 종사자 등에 대한 주택 특별공급 세부기준」에 의거하여 절차를 진행하여야 합니다.

둘째, 기관추천 특별공급의 경우 명단만 회신을 받을 뿐이지만, 경제자유구역 특별공급의 경우 신청을 받아 추천자를 확정하는 절차도 사업주체가 진행을 하는 경우가 있기 때문에 추천기관과 협의가 필요합니다.

4. 다자녀 특별공급

　다자녀 특별공급은 저출산 문제를 해결하기 위해 2006년 8월 18일 처음으로 신설된 사항으로 민법상 미성년자인 3명 이상의 자녀(당시에는 태아 불포함)를 둔 무주택세대주에게 그 건설량의 3퍼센트의 범위 안에서 1회에 한하여 특별공급하였으나 이후 2016년 11월 15일에 태아도 포함하도록 변경되고, 2024년 3월 25일에는 자녀 2명인 경우에도 가능하도록 변경이 되었습니다.

제40조(다자녀가구 특별공급) ① 사업주체는 건설하여 공급하는 주택을 그 건설량의 10퍼센트(출산 장려의 목적으로 지역별 출산율, 다자녀가구의 청약현황 등을 고려하여 입주자모집 승인권자가 인정하는 경우에는 15퍼센트)의 범위에서 입주자모집공고일 현재 **미성년자인 두 명 이상의 자녀**를 둔 **무주택세대구성원**에게 **한 차례에 한정**하여 **1세대 1주택의 기준**으로 특별공급할 수 있다.
② 제1항에도 불구하고 제18조 각 호의 어느 하나에 해당하는 사업주체가 건설하여 공급하는 85제곱미터 이하의 주택은 해당 세대의 월평균소득이 전년도 도시근로자 가구당 월평균소득(태아를 포함한 가구원수가 4명 이상인 세대는 가구원수별 가구당 월평균소득을 말한다. 이하 같다)의 120퍼센트 이하인 무주택세대구성원에게 특별공급할 수 있다.

다자녀가구 및 노부모부양 주택 특별공급 운용지침 제4조(청약자격)
1. 다자녀가구 주택: 다음 각 목의 요건에 해당하는 자
　가. 입주자모집공고일 현재 민법 상 미성년자인 2명 이상의 자녀(태아나 입양아를 포함한다)를 둔 자
　나. 규칙 제48조에 따른 **입주자저축 요건을 갖추고 있는 자**

> 공공주택 특별법 시행규칙 [별표6] 2. 특별공급
> 가. 입주자모집공고일 현재 2명 이상의 자녀(태아를 포함하며, 미성년자로 한정한다. 이하 다목을 제외하고 같다)를 둔 무주택세대구성원으로서 1)에 따른 입주요건을 갖춘 사람을 대상으로 그 건설량의 10퍼센트의 범위에서 한 차례에 한정하여 1세대 1주택의 기준으로 특별공급할 수 있다.
> 1) 입주요건
> 가) 제13조제3항에 따른 **자산요건을 충족**할 것
> 나) 국토교통부장관이 정하는 바에 따라 산정한 해당 세대의 월평균소득(무주택세대구성원 전원의 소득을 말한다. 이하 이 호에서 같다)이 **전년도 도시근로자 가구당 월평균소득의 120퍼센트**[본인 및 배우자가 모두 소득(『소득세법』 제19조제1항에 따른 사업소득 또는 같은 법 제20조제1항에 따른 근로소득을 말한다. 이하 이 별표에서 같다)이 있는 경우에는 200퍼센트] 이하일 것

가. 청약 기본자격: 입주자모집공고일 현재 미성년자인 두 명 이상의 자녀를 둔 무주택세대구성원

다자녀 특별공급 체크리스트(※ 모두 YES인 경우 청약 가능)

순번	구분	선택
1	청약 가능지역에 거주하고 있습니까?	☐ YES ☐ NO
2	청약통장 요건이 충족되십니까?	☐ YES ☐ NO
3	미성년자녀 두 명 이상입니까?	☐ YES ☐ NO
4	세대원 전원이 주택을 소유하지 않은 무주택자입니까? (출산특례 제외)	☐ YES ☐ NO
5	세대원 중에 특별공급 당첨되었던 자가 없습니까? (출산특례 제외)	☐ YES ☐ NO
6	세대원 중 혼자만 청약하였습니까? (부부 중복청약 제외)	☐ YES ☐ NO
7	재당첨제한에 적용중인 세대원이 없습니까? (비규제지역 민간분양 제외)	☐ YES ☐ NO
8	(국민주택의 경우) 소득기준을 충족합니까?	☐ YES ☐ NO
9	(공공분양의 경우) 소득기준과 자산기준(자동차 포함)을 모두 충족합니까?	☐ YES ☐ NO

나. 당첨자 선정방법

다자녀 특별공급의 당첨자 선정방법은 「다자녀가구 및 노부모부양 주택 특별공급 운용지침」에서 정하는 바에 따릅니다. 기본적으로 해당지역 거주자에게 우선공급하고, 같은 지역에서는 배점이 높은 자가 우선하고, 같은 배점의 경우 미성년 자녀수가 더 많은 자가 우선하나 자녀수가 같은 경우에는 청약자의 생년월일이 빠른 자가 우선하는 방식입니다. 생년월일이 같은 경우 추첨을 진행하라고 명시되어 있으나 현실적으로 앞의 조건이 모두 동일한 경우는 사례가 없습니다.

ㄱ. 지역요건

운용지침 제5조에 의거하여 해당 주택건설지역 거주자에게 우선공급합니다.

다만, 수도권의 경우 해당 주택건설지역 시·군·구가 속한 시·도에 50퍼센트를 우선공급하고 나머지 주택(우선공급에서 미분양된 주택을 포함한다)은 수도권 거주자(우선공급에서 입주자로 선정되지 아니한 자를 포함한다)에게 공급합니다.

ㄴ. 배점

지역요건이 동일하면 배점이 높은 순으로 당첨자를 선정합니다.

다자녀가구 및 노부모부양 주택 특별공급 운용지침 [별표 1] 배점기준표

평점요소	총 배점	배점기준 기준	배점기준 점수	해당사항	비고
계	100				
미성년 자녀수 (1)	40	4명 이상	40		자녀(태아나 입양아를 포함한다. 이하 이 표에서 같다)는 입주자모집공고일 현재 미성년자인 경우만 포함
		3명	35		
		2명	25		
영유아 자녀수 (2)	15	3명 이상	15		영유아(태아를 포함한다)는 입주자모집공고일 현재 만6세 미만의 자녀
		2명	10		
		1명	5		
세대 구성 (3)	5	3세대 이상	5		공급신청자와 직계존속(배우자의 직계존속을 포함하며 무주택자로 한정)이 입주자모집공고일 현재로부터 과거 3년 이상 계속하여 동일 주민등록표등본에 등재
		한부모가족	5		공급신청자가 「한부모가족지원법 시행규칙」 제3조에 따라 여성가족부 장관이 정하는 한부모가족으로 5년이 경과된 자
무주택 기간 (4)	20	10년 이상	20		배우자의 직계존속(공급신청자 또는 배우자와 동일 주민등록표등본에 등재된 경우에 한정)도 무주택자이어야 하며, 무주택기간은 공급신청자 및 배우자의 무주택기간을 산정
		5년 이상 10년 미만	15		
		1년 이상 5년 미만	10		
해당 시·도 거주 기간 (5)	15	10년 이상	15		공급신청자가 해당 지역에 입주자모집공고일 현재까지 계속하여 거주한 기간 * 시는 광역시·특별자치시 기준이고, 도는 도·특별자치도 기준이며, 수도권의 경우 서울·경기·인천지역 전체를 해당 시·도로 본다.
		5년 이상 10년 미만	10		
		1년 이상 5년 미만	5		
입주자 저축 가입기간 (6)	5	10년 이상	5		입주자모집공고일 현재 공급신청자의 가입기간을 기준으로 하며 입주자저축의 종류, 금액, 가입자 명의 변경을 한 경우에도 최초 가입일 기준으로 산정

배점 산정 시 주의사항

1. 자녀수 산정 시 만 나이를 기준으로 하며, 만 나이를 기준으로 산정하지 않아 부적격 처리되는 경우가 있습니다.
2. 3세대 이상에서 "무주택자로 한정"이라는 문구로 인해 논란이 있었습니다. 유관부서에서 이 규정이 만 60세 이상 부모님의 주택을 무주택으로 봐주는 규정인 주공칙 제53조 제6호가 '적용된다'와 '되지 않는다'를 번복한 사례가 있기 때문에 일부 현장에서 혼동이 있었던 적이 있었습니다. 현재는 3세대 이상 배점에서 주공칙 제53조 제6호를 적용하고 있습니다. (『2024 주택청약 FAQ』 264번 참고)
3. 한부모가족 배점 산정한 경우 감점이 되는 사례가 많습니다. 아파트 청약에서는 한부모가족이 두 번 정도 언급이 됩니다. 다자녀 특별공급에서의 한부모가족으로의 배점과 공공분양 신혼부부 특별공급에서 6세 이하의 자녀를 둔 한부모가족입니다. 공공분양 신혼부부 특별공급에서의 한부모가족은 단순히 이혼이나 사별 등으로 자녀를 혼자 키우는 경우에 해당합니다. 하지만, 다자녀 특별공급에서의 한부모가족이라고 함은 여성가족부 장관이 정하는 한부모가족으로 5년이 경과된 자를 말하는 것으로 단순히 혼자 자녀를 키우고 있는 경우와는 다릅니다. 아파트 청약 시 세부적인 사항은 읽지 않고 단순히 한부모라는 것만 보고 청약하는 분들이 다수 있어서 여기의 감점으로 인해 부적격 처리되는 경우가 다수 있습니다.
4. 무주택기간의 경우 민간분양의 일반공급과 달리 만 19세부터 산정하는 것인데, 민간분양처럼 만 30세부터 무주택기간을 산정하는 경우가 많습니다. 주택을 소유한 적이 없다면 대부분 만점을 받는 항목입니다.
5. 해당 시·도 거주기간 점수 배점 시 지역의 요건을 잘 확인하여 주민등록초본을 통해 거주지역 점수를 확인하여야 합니다. 수도권의 경우 수도권 전체를 해당 시·도로 보기 때문에 이 항목에서도 대부분 만점을 받는 항목입니다.
6. 민간분양의 일반공급에서는 배우자의 청약통장을 합산할 수 있지만, 다자녀 특별공급에서는 적용되지 않습니다.

ㄷ. 자녀수

배점이 같은 경우 자녀수가 많은 자가 우선합니다.

일반적인 가정의 경우 부부 사이의 자녀가 부부와 같은 등본에 있지 않은 경우에도 자녀수로 산정이 가능합니다. 다만, 이혼이나 재혼한 경우에는 조금 다릅니다. 이혼·재혼의 경우 공급신청자의 자녀는 공급신청자 또는 배우자와 같은 등본에 있어야 자녀수에 포함이 가능하고, 재혼의 경우 공급신청자의 배우자의 자녀는 공급신청자와 같은 등본에 있는 경우에 한해 자녀수에 포함이 가능하다는 것은 기획직원 대부분 알고 있습니다. 그런데, 이것은 법에서는 정하는 바가 없습니다.

신혼부부에서 자녀수 산정 시 신혼부부 주택 특별공급 운영지침에 명시하는 바가 있지만, 다자녀 특별공급은 주공칙 또는 운용지침에서 정하는 바가 없고, 국토교통부에서 발간하는 『2024 주택청약 FAQ』 256번에 답변으로만 있을 뿐입니다. 그래서 입주자모집공고문에는 다자녀 특별공급에 자녀수 산정방법을 필수로 추가하여 기재하는 것을 권합니다.

ㄹ. 청약자의 나이

자녀수가 같은 경우 청약자의 나이가 제일 많은 자를 당첨자로 선정합니다.

예전에는 감점이 되어 최저 당첨자와 비교를 하여 생년월일이 조금 늦은 경우에는 청약홈으로 확인하여 최저 당첨된 자의 다음 청약자에 대한 생년월일을 문의하여 그보다 빠르면 적격으로 처리하는 업무처리 방식도 있었습니다. 하지만, 지금은 『2024 주택청약 FAQ』 265번을 참고하여 재산정한 점수가 생년월일이 최저점인 자보다 빠른 경우에 정당당첨자로 인정하고 있습니다.

다. 유의사항

ㄱ. 다자녀 특별공급에서 당첨이 유리한 케이스

다자녀 특별공급 배점기준표에서 무주택기간이나 해당 시·도 거주기간은 만 19세부터 산정하다 보니 변별력이 떨어지며, 세대구성이나 입주자 저축 가입기간은 배점이 낮아서 이 또한 크게 변별력을 주지 못합니다.

그리고, 자녀수 배점의 경우에도 4명 이상은 동일한 점수가 산정이 되는 관계로 특별하게 자녀수가 많은 경우에도 당첨에 유리한 것은 아닙니다. 어느 모 사업장의 경우 자녀 6명임에도 다자녀 특별공급으로 당첨되지 못한 적이 있었습니다.

다자녀 특별공급에서 다른 분들보다 특별하게 더 점수를 받는 방법은 영유아 자녀수 점수를 더 받는 것입니다. 그런데, 이 점수를 받을 수 있는 경우에는 신혼부부 특별공급에 청약이 가능한 경우도 있어서 부부 중 한 명은 다자녀 특별공급으로, 한 명은 신혼부부 특별공급으로 청약하는 것도 당첨확률을 높이는 방법입니다.

ㄴ. 외국인 여부

민간분양 일반공급 1순위 가점제나 세대원 적용 시 등에는 외국인 자녀는 포함이 되지 않지만, 자녀수 산정에는 외국인 여부는 영향을 주지 않습니다. 다만, 가족관계증명서를 통해 자녀임은 증명하여야 합니다. (『2024 주택청약 FAQ』 257번)

ㄷ. 해외에 체류 중인 직계존비속

민간분양 일반공급 1순위 가점제에서 부양가족 산정 시에는 장기간 해외에 체류 중인 직계존비속은 부양가족으로 산정하지 못하기 때문에 출입국사실증명원을 제출하여 해외체류기간을 증빙합니다. 하지만, 다자녀 특별공급의 경우 자녀나 세대구성 배점을 위해 출입국사실증명원까지 제출하지 않습니다. 그리고 해당 시·도 거주기간 배점 산정 시에도 90일을 초과하여 체류 중인 기간도 거주기간 배점에 영향을 주지 않습니다.

ㄹ. 귀화인

최근에 외국인이 귀화하여 대한민국 국적을 취득하는 경우가 많습니다. 이 경우 해당 시·도 거주기간 배점 산정 시에 외국인등록사실증명을 통해 증명이 가능하면 귀화 전에 거주한 기간도 합산이 가능합니다.

5. 신혼부부 특별공급

　신혼부부 특별공급은 2008년 7월 2일 신설된 특별공급으로 처음에는 혼인기간 중에 자녀를 출산한 경우에 한해 청약자격을 주었으나 민간분양에서는 2018년 5월 4일 개정부터 자녀 출산 유무와 상관없이 혼인기간 7년 이내의 신혼부부이면 청약이 가능하게 되었습니다.

가. 청약 기본자격

> 제41조(신혼부부 특별공급) ① **85제곱미터 이하의 민영주택**을 건설하여 공급하는 사업주체는 그 건설량의 23퍼센트의 범위에서 연간 주택건설계획량 등을 고려하여 국토교통부장관이 정하여 고시하는 비율에 해당하는 수의 주택을 제1호 각 목의 요건을 제3항 각 호에서 정하는 바에 따라 갖춘 사람에게 제2호 각 목의 순위에 따르거나 추첨의 방법으로 **한 차례에 한정**하여 <u>1세대 1주택의 기준</u>으로 특별공급할 수 있다.
> 1. 공급요건
>   가. 입주자모집공고일 현재 **혼인기간**(「가족관계의 등록 등에 관한 법률」제15조제1항제3호에 따른 혼인관계증명서의 신고일을 기준으로 산정한다. 이하 같다)이 **7년 이내일 것**
>   나. 삭제 〈2018. 5. 4.〉
>   다. **무주택세대구성원일 것**
>   라. 해당 세대의 **월평균 소득**이 다음의 어느 하나에 해당할 것
>   1) 전년도 도시근로자 가구당 월평균 소득의 140퍼센트(배우자가 소득이 있는 경우에는 160퍼센트로 한다) 이하일 것

> 2) 전년도 도시근로자 가구당 월평균 **소득**의 140퍼센트(배우자가 소득이 있는 경우에는 160퍼센트로 한다)를 **초과하는 경우**로서 세대원이 소유하는 **부동산의 가액의 합계**가 「국민건강보험법 시행령」 별표 4 제3호에 따른 재산등급 중 29등급에 해당하는 재산금액의 하한과 상한을 산술평균한 금액 **이하일 것**. 이 경우 부동산 가액의 산정방법은 국토교통부장관이 정하여 고시한다.
>
> ④ **국민주택**을 건설하여 공급하는 사업주체는 그 건설량의 30퍼센트의 범위에서 연간 주택건설계획량 등을 고려하여 국토교통부장관이 정하여 고시하는 비율에 해당하는 수의 주택을 제1호 각 목의 요건을 제6항 각 호에서 정하는 바에 따라 갖춘 사람에게 제2호 각 목의 순위에 따른 방법으로 한 차례에 한정하여 1세대 1주택의 기준으로 특별공급할 수 있다.
>
> 1. 공급요건
>
> 가. 입주자모집공고일 현재 혼인기간이 7년 이내일 것
>
> 나. 무주택세대구성원일 것
>
> 다. 해당 세대의 월평균 소득이 다음 어느 하나에 해당할 것
>
> 1) 전년도 도시근로자 가구당 월평균 소득의 140퍼센트(배우자가 소득이 있는 경우에는 160퍼센트로 한다) 이하일 것
>
> 2) 전년도 도시근로자 가구당 월평균 소득의 140퍼센트(배우자가 소득이 있는 경우에는 160퍼센트로 한다)를 초과하는 경우로서 세대원이 소유하는 부동산 가액의 합계가 「국민건강보험법 시행령」 별표 4 제3호에 따른 재산등급 중 29등급에 해당하는 재산금액의 하한과 상한을 산술평균한 금액 이하일 것. 이 경우 부동산 가액의 산정방법은 국토교통부장관이 정하여 고시한다.

여기에서는 주공칙 제41조에 의한 민영주택과 국민주택의 신혼부부 특별공급 청약 기본자격만 기술하였습니다.

우리나라는 지금 정책적으로 출산율을 높이기 위해 여러 정책을 내놓고 있으며, 아파트 청약에서도 신혼부부에게 많은 혜택을 주고 있습니다. 그래서 주공칙에서 정한 신혼부부 외에도 다양한 공급방법이 있습니다.

공공분양의 신혼부부 특별공급에서는 일반형과 선택형, 나눔형이 있으며, 그 외에도 신혼희망타운 제도가 있습니다.

신혼부부 특별공급 체크리스트(모두 YES인 경우 청약가능)

순번	구분	선택
1	청약 가능지역에 거주하고 있습니까?	☐ YES ☐ NO
2	청약통장 요건이 충족되십니까?	☐ YES ☐ NO
3	혼인기간이 7년 이내입니까? (예비신혼부부나 한부모가족은 제외)	☐ YES ☐ NO
4	세대원 전원이 주택을 소유하지 않은 무주택자입니까? (출산특례 제외)	☐ YES ☐ NO
5	세대원 중에 특별공급 당첨되었던 자가 없습니까? (혼인 전 배우자 당첨 제외, 혼인특례 및 출산특례 제외)	☐ YES ☐ NO
6	세대원 중 혼자만 청약하였습니까? (부부 중복청약 제외)	☐ YES ☐ NO
7	재당첨제한에 적용중인 세대원이 없습니까? (비규제지역 민간분양 제외, 혼인 전 배우자 당첨 제외)	☐ YES ☐ NO
8	(민영주택, 국민주택의 경우) 소득기준 또는 자산기준을 충족합니까?	☐ YES ☐ NO
9	(공공분양의 경우) 소득기준과 자산기준(자동차 포함)을 모두 충족합니까?	☐ YES ☐ NO
10	(신혼희망타운의 경우) 소득기준과 총자산(금융자산 포함)기준을 모두 충족합니까?	☐ YES ☐ NO

ㄱ. 혼인기간 7년 이내는 혼인신고일부터 산정합니다. 다만, 동일인과 재혼한 경우는 이전 혼인기간을 포함하기 때문에 혼인기간 산정은 상세본으로 발급받은 혼인관계증명서로 판단하여야 합니다. 민간분양의 신혼부부 특별공급의 경우에는 입주자모집공고일까지 혼인신고가 된 경우에 한해 청약이 가능하지만, 공공분양의 신혼부부 특별공급과 신혼희망타운의 경우의 경우에는 예비혼인부부나 한부모가족의 경우에도 청약이 가능합니다.

공공분양에서의 예비신혼부부는 입주 전에 혼인신고가 진행되어야 하지만, 신혼희망타운의 예비신혼부부는 공고일 1년 이내에 혼인사실을 증명하여야 합니다.

ㄴ. 신혼부부 특별공급도 예전에는 모집공고일에만 주택을 소유하지 않으면 청약이 가능하였지만, 2018년 12월 11일 개정이 되어 혼인기간 중에 주택을 소유하면 청약이 불가하도록 개정이 되었습니다. 이 규정은 2025년 3월 31일 폐지되어 예전처럼 모집공고일 현재 주택을 소유하고 있지 않다면 신혼부부 특별공급에 청약이 가능합니다.

ㄷ. 2024년 3월 25일 개정된 사항으로 배우자가 혼인신고 전 특별공급에 당첨된 경우라도

신혼부부 특별공급에 청약이 가능합니다.

2025년 3월 31일 개정으로 인해 청약자 본인이 혼인신고 전에 특별공급에 당첨된 적이 있어도 신혼부부 특별공급에 청약이 가능하며, 2024년 6월 19일 이후 출생한 자녀(태아 또는 2024년 6월 19일 이후 출생한 사람을 입양한 경우 포함)가 있는 경우에는 추가적으로 한 번 더 신혼부부 특별공급에 청약하는 것이 가능합니다.

ㄹ. 예전에는 소득기준을 충족하지 못하는 고소득자의 경우 신혼부부 특별공급에 청약 자체를 하실 수 없었으나 2021년 11월 16일 개정되어 민간분양의 신혼부부 특별공급의 경우 소득기준을 충족하지 못하는 경우에도 부동산자산이 3.31억원이 넘지 않는다면 추첨 30%에 청약하는 것이 가능합니다.

ㅁ. 민간분양의 신혼부부 특별공급의 경우 소득과 자산 요건 중에 하나만 충족하여도 청약이 가능하지만, 공공분양이나 신혼희망타운의 경우에는 소득과 자산요건을 모두 충족하여야 합니다. 그리고 신혼희망타운의 경우에는 총자산을 충족하여야 하는 것으로 자동차, 임대차 보증금, 예금 및 주식 같은 자산도 포함하여 조건을 충족하지 못하는 경우 청약자격이 안됩니다.

나. 당첨자 선정방법

신혼부부의 경우 주공칙을 적용받는지 공공주택 특별법을 적용받는지에 따라 당첨자 선정방법이 달라집니다.

ㄱ. 민영주택과 국민주택의 신혼부부 특별공급 당첨자 선정순서

① 소득구분 → ② 순위 → ③ 지역 → ④ 미성년 자녀수 → ⑤ 추첨

① 소득구분

단계	소득구분	내용
1단계	신생아 우선공급 (25%)	입주자모집공고일 현재 2세 미만(2세가 되는 날을 포함한다)의 자녀가 있는 분으로서, 세대의 월평균소득이 전년도 도시근로자 가구원수별 월평균소득의 100% 이하인 분 - 부부 모두 소득이 있는 경우 120% 이하, 단 부부 중 1인의 소득은 100% 이하여야 함.
2단계	신생아 일반공급 (10%)	입주자모집공고일 현재 2세 미만(2세가 되는 날을 포함한다)의 자녀가 있는 분으로서, 세대의 월평균소득이 전년도 도시근로자 가구원수별 월평균소득의 100% 초과 140% 이하인 분 - 부부 모두 소득이 있는 경우 120% 초과 160% 이하, 단 부부 중 1인의 소득은 140% 이하여야 함.
3단계	우선공급 (25%)	세대의 월평균소득이 전년도 도시근로자 가구원수별 월평균소득의 100% 이하인 분 - 부부 모두 소득이 있는 경우 120% 이하, 단 부부 중 1인의 소득은 100% 이하여야 함.
4단계	일반공급 (10%)	세대의 월평균소득이 전년도 도시근로자 가구원수별 월평균소득의 100% 초과 140% 이하인 분 - 부부 모두 소득이 있는 경우 120% 초과 160% 이하, 단 부부 중 1인의 소득은 140% 이하여야 함.
5단계	추첨공급	세대의 월평균소득이 전년도 도시근로자 가구원수별 월평균소득의 140% 초과하나 - 부부 모두 소득이 있는 경우 160% 초과, 부동산가액 3억 3,100만원 이하인 분

※ 각 단계별 낙첨자는 다음 단계 공급대상에 포함되나, 2단계 신청자 중 낙첨자는 3단계 공급대상에 포함되지 않고, 4단계 공급대상에 포함됨.
※ 1단계 및 2단계에서 경쟁이 있는 경우 ② 순위를 고려하지 않고 ③ 지역 → ④ 미성년 자녀수 → ⑤ 추첨의 순서에 따라 선정
※ 5단계에서 경쟁이 있는 경우 순위와 관계없이 해당지역 거주자에게 우선공급하고, 경쟁이 있는 경우 추첨으로 선정

② 순위

순위	내용
1순위	현재 혼인관계에 있는 배우자와의 혼인기간 중 자녀를 출산(태아, 입양자녀 포함)하여 미성년 자녀가 있는 분
2순위	1순위에 해당하지 않는 분

※ 자녀가 없는 경우 신혼부부 2순위에 해당하여 1~4단계에서는 당첨이 되기 어려워 추첨 30%에서 당첨자 선정을 기대하여야 합니다. 그래서 자녀가 없는 신혼부부의 경우 추첨으로 당첨자를 선정하는 생애최초 특별공급으로 청약을 하는 것도 방법이 될 수 있습니다. 부부 중복청약이 허용이 되기 때문에 분산하여 청약하는 방법도 가능합니다.

③ 지역

해당지역 우선 공급하는 경우와 대규모택지를 구분하여 합니다.

④ 미성년 자녀수

다자녀 특별공급에서의 자녀수 산정방법과 동일합니다.

⑤ 추첨

자녀수가 같은 경우 추첨을 통해 당첨자를 선정합니다. 인기 아파트의 경우 자녀 2명에서 추첨이 진행되는 경우가 대부분이기 때문에 이 경우에도 생애최초 특별공급과 분산하는 것이 당첨확률을 높이는 방법이 될 수 있습니다.

ㄴ. 공공주택의 신혼부부 특별공급과 신혼희망타운 당첨자 선정방법

공공주택의 신혼부부 특별공급은 일반형과 선택형, 나눔형으로 구분이 됩니다.
일반형과 선택형은 당첨자 선정방법이 동일하지만, 나눔형은 신혼희망타운과 당첨자 선정방식이 동일합니다.

① 일반형과 선택형

소득 → 순위 → 지역 → 가점 → 추첨.
소득을 기준으로 우선공급 70%, 잔여공급 20%, 추첨 10%로 구분이 되며, 같은 소득구간에서는 자녀 유무를 통해 1순위와 2순위로 구분이 됩니다. 다만, 추첨 10%에서는 순위 구분이 없기 때문에 자녀가 없는 2순위도 당첨기회를 노려 볼 수 있습니다.

같은 순위에서는 해당지역 거주자에게 우선공급(대규모택지는 지역배분)합니다.

같은 지역 경쟁 시에는 13점 만점의 가점 순으로 당첨자를 선정합니다. 다만, 우선공급에서만 점수 경쟁을 하는 방식이라서 점수가 낮은 분은 일반공급 20%에서 당첨기회를 노려 볼 수 있습니다. 이후 점수가 같은 경우에는 추첨으로 당첨자를 선정합니다.

신혼부부 특별공급 가점항목(일반형과 선택형)

	가점기준			비 고
		기준	점수	
가.	가구 소득	해당 세대의 월평균소득이 전년도 도시근로자 가구당 월평균 소득의 80% 이하인 경우	1	본인 및 배우자가 모두 소득이 있는 경우 100%
		해당없음	0	
나.	자녀의 수	3명 이상	3	미성년자인 자녀를 말하며, 태아를 포함
		2명	2	
		1명	1	
		0명	0	
다.	해당 주택 건설지역 연속 거주기간	3년 이상	3	해당주택건설지역에 거주하는 기간을 말하며, 해당 지역에 거주하지 않는 경우는 0점 ※ 주택이 건설되는 특별시·광역시·특별자치시·특별자치도 또는 시·군의 행정구역을 말함
		1년 이상 3년 미만	2	
		1년 미만	1	
		해당없음	0	
라.	주택청약 종합저축 납입 횟수	24회 이상	3	'청약통장 순위(가입)확인서'의 납입인정 횟수를 말함
		12회 이상 24회 미만	2	
		6회 이상 12회 미만	1	
마.	혼인기간 (신혼부부에 한함)	3년 이하	3	예비신혼부부, 한부모가족은 선택 불가
		3년 초과 5년 이하	2	
		5년 초과 7년 이하	1	
		7년 초과	0	
바.	자녀의 나이 (한부모가족에 한함)	2세 이하(만 3세 미만)	3	가장 어린 자녀의 나이 기준으로 하되, 태아인 경우 '자녀의 나이' 가점을 선택할 수 없음. 신혼부부·예비신혼부부는 선택 불가
		2세 초과 4세 이하(만 5세 미만)	2	
		4세 초과 6세 이하(만 7세 미만)	1	
		해당없음	0	

※ 예비신혼부부의 경우 자녀수, 혼인기간, 자녀의 나이 점수를 받을 수 없기 때문에 7점을 넘기는 것이 어려워 인기 아파트라면 1단계 우선공급에서는 당첨을 기대하기 어려워 잔여공급이나 추첨에서 당첨을 기대하여야 합니다.

② 나눔형과 신혼희망타운

1단계 우선공급 30%, 2단계 잔여공급 60%, 추첨 10%로 단계별로 당첨자를 선정하며 같은 단계에서는 해당지역 거주자에게 우선공급(대규모택지는 지역배분)합니다. 같은 지역에서는 단계별로 가점이 높은 순대로 당첨자를 선정하며, 점수가 같은 경우에는 추첨으로 당첨자를 선정합니다. 추첨 10%에서는 점수배점이 없지만, 해당지역 거주자에게 우선공급하는 규정은 적용되며, 같은 지역에서는 추첨으로 당첨자를 선정합니다.

신혼부부 특별공급 가점항목(나눔형과 신혼희망타운)
- 1단계 우선공급 가점

배점항목	평가요소	점수	비고
(1) 가구소득	① 70% 이하	3	• 본인 및 배우자가 모두 소득이 있는 경우 80% 이하
	② 70% 초과 100% 이하	2	• 본인 및 배우자가 모두 소득이 있는 경우 80% 초과 110% 이하
	③ 100% 초과	1	• 본인 및 배우자가 모두 소득이 있는 경우 110% 초과
(2) 해당 시·도 연속 거주기간	① 2년 이상	3	• 시는 특별시·광역시·특별자치시 기준이고, 도는 도·특별자치도 기준 • 공고일 현재 인천광역시에 주민등록표등본상 계속해서 거주한 기간을 말하며, 해당 지역에 거주하지 않은 경우 0점 • 10년/25년 이상 장기복무군인으로 청약하는 자도 해당 지역에 실제로 거주하지 않는 경우 0점
	② 1년 이상 2년 미만	2	
	③ 1년 미만	1	
	④ 미거주	0	
(3) 주택청약 종합저축 납입인정 횟수	① 24회 이상	3	• 입주자저축(청약저축 포함) 가입 확인서 기준
	② 12회 이상 23회 이하	2	
	③ 6회 이상 11회 이하	1	

- 2단계 잔여공급 가점

배점항목	평가요소	점수	비고
(1) 미성년 자녀수	① 3명 이상	3	• 태아(입양) 포함
	② 2명	2	
	③ 1명	1	
	④ 0명	0	
(2) 무주택 기간	① 3년 이상	3	• 신청자격별 검증 대상에 해당하는 모든 분이 계속하여 무주택인 기간으로 산정하되, 신청자가 30세가 되는 날(신청자가 30세가 되기 전에 혼인한 경우에는 혼인관계증명서상 최초 혼인신고일)부터 산정. ※ 공고일 현재 30세 미만이면서 혼인한 적이 없는 분은 가점대상이 아니므로 해당없음(0점) 선택
	② 1년 이상 3년 미만	2	
	③ 1년 미만	1	
	④ 해당없음	0	
(3) 해당 시·도 연속 거주기간	① 2년 이상	3	• 시는 특별시·광역시·특별자치시 기준이고, 도는 도·특별자치도 기준 • 공고일 현재 인천광역시에 주민등록표등본상 계속해서 거주한 기간을 말하며, 해당 지역에 거주하지 않은 경우 0점 • 10년/25년 이상 장기복무군인으로 청약하는 자가 해당 지역에 실제로 거주하지 않을 경우 0점
	② 1년 이상 2년 미만	2	
	③ 1년 미만	1	
	④ 미거주	0	
(4) 주택청약 종합저축 납입인정 횟수	① 24회 이상	3	• 입주자저축(청약저축 포함) 가입 확인서 기준
	② 12회 이상 23회 이하	2	
	③ 6회 이상 11회 이하	1	

다. 유의사항

ㄱ. 신혼부부 특별공급에서 가장 중요한 것은 소득산정 방법입니다. 이것은 하나의 파트로 정리하여야 혼동이 없기 때문에 Ⅲ. 일정에 따라 실무자가 알아야 하는 사항(7. 소득 및 자산)을 참고하여 주시기 바랍니다.

ㄴ. 특별공급이기 때문에 외국인이 청약하실 수는 없습니다. 하지만, 외국인 배우자를 둔 경우에는 제한이 없습니다. 다만, 외국인 배우자도 소득을 산정하여야 하고 주택소유현황을 조회하여야 합니다. 즉, 외국인 등록번호가 없는 문제로 소득을 증빙할 수 없거나 주택소유현황을 조회하지 못하는 경우에는 부적격 처리될 수 있습니다.(『2024 주택청약 FAQ』 200번 참고)

ㄷ. 재혼의 경우 현재 배우자와의 사이에서 태어난 자녀(임신 포함)가 있어야 1순위에 해당합니다.

ㄹ. 부부 모두 근로소득 또는 사업소득이 있는 경우에 맞벌이 인정하는 것으로 근로소득 또는 사업소득이 아닌 다른 소득만 있는 경우에는 맞벌이가 아닌 외벌이로 청약을 하여야 합니다.

6. 생애최초 특별공급

생애최초 특별공급은 2009년 8월 27일 부동산대책으로 2009년 9월 28일에 신설되었습니다. 2009년 당시에는 국민주택에서만 적용되는 것으로 혼인 중이거나 미혼의 자녀가 있는 경우에 한해 청약이 가능하였으나, 2020년 9월 29일부터 민영주택까지 확대되었습니다. 이후 21년 11월 16일부터 민간분양의 생애최초 특별공급에 한해 미혼도 생애최초 특별공급에 청약이 가능하게 되었으며, 2024년 3월 25일부터 국민주택에서도 미혼이 생애최초 특별공급에 청약이 가능하게 되었습니다. 다만, 공공분양의 경우에는 아직 미혼이 생애최초 특별공급에 청약하는 것은 불가합니다.

가. 청약 기본자격

제43조(생애최초 주택 구입자 특별공급) ① 사업주체는 건설하여 공급하는 **국민주택**을 그 건설량의 25퍼센트의 범위에서 입주자모집공고일 현재 **생애 최초(세대에 속한 모든 자가 과거 주택을 소유한 사실이 없는 경우로 한정**한다. 이하 이 조에서 같다)로 주택을 구입하는 자로서 다음 각 호의 요건을 제2항 각 호에서 정하는 바에 따라 갖춘 사람에게 **한 차례에 한정**하여 **1세대 1주택의 기준**으로 **추첨의 방법으로 입주자를 선정**하여 특별공급할 수 있다. 이 경우 **단독세대주나 세대주와 같은 세대별 주민등록표에 등재되어 있는 사람(세대원은 제외한다)에게는 전용면적이 60제곱미터 이하인 주택으로만 특별공급**할 수 있다.
1. **제27조제1항의 1순위**에 해당하는 무주택세대구성원으로서 **저축액이 선납금을 포함하여 600만원 이상**인 자
2. 입주자모집공고일 현재 다음 각 목의 어느 하나에 해당하는 사람
  가. **혼인 중이거나 자녀가 있는 사람**
  나. **가목에 해당하지 않는 사람으로서 제4호에 해당하는 사람**

3. **입주자모집공고일 현재 근로자 또는 자영업자**[과거 1년 내에 **소득세**(「소득세법」 제19조 또는 제20조에 해당하는 소득에 대하여 납부하는 것을 말한다. 이하 이 조에서 같다)를 **납부한 자를 포함**한다. 이하 이 조에서 같다]로서 **5년 이상 소득세를 납부한 자**. 이 경우 해당 소득세납부의무자이나 소득공제, 세액공제, 세액감면 등으로 납부의무액이 없는 경우를 포함한다.

4. 해당 세대의 월평균 소득이 다음 각 목의 어느 하나에 해당할 것

    가. 전년도 도시근로자 가구당 **월평균 소득**[4명 이상인 세대는 가구원수(주택공급신청자의 직계존속은 1년 이상 같은 주민등록표에 올라 있는 경우만 가구원수에 포함한다)별 가구당 월평균 소득을 말한다. 이하 이 조에서 같다]의 **130퍼센트 이하일 것**

    나. 전년도 도시근로자 가구당 월평균 **소득의 130퍼센트를 초과하는 경우**로서 세대원이 소유하는 **부동산의 가액의 합계**가 「국민건강보험법 시행령」 별표 4 제3호에 따른 재산등급 중 29등급에 해당하는 재산금액의 하한과 상한을 산술평균한 **금액 이하일 것**. 이 경우 부동산 가액의 산정방법은 국토교통부장관이 정하여 고시한다.

③ 사업주체는 건설하여 공급하는 **85제곱미터 이하의 민영주택**을 그 건설량의 19퍼센트(공공택지 외의 택지에 건설하여 공급하는 경우에는 9퍼센트를 말한다)의 범위에서 입주자모집공고일 현재 **생애 최초로 주택을 구입하는 자**로서 다음 각 호의 요건을 제4항 각 호에서 정하는 바에 따라 갖춘 사람에게 **한 차례에 한정**하여 1세대 1주택의 기준으로 **추첨의 방법으로 입주자를 선정**하여 특별공급할 수 있다. 이 경우 **단독세대주나 세대주와 같은 세대별 주민등록표에 등재되어 있는 사람(세대원은 제외한다)에게는 전용면적이 60제곱미터 이하인 주택으로만 특별공급**할 수 있다.

1. **제28조제1항의 1순위**에 해당하는 무주택세대구성원인 자
2. 입주자모집공고일 현재 다음 각 목의 어느 하나에 해당하는 사람

    가. **혼인 중이거나 자녀가 있는 사람**

    나. **가목에 해당하지 않는 사람으로서 제4호에 해당하는 사람**

3. **입주자모집공고일 현재 근로자 또는 자영업자**로서 **5년 이상 소득세를 납부한 자**. 이 경우 해당 소득세 납부의무자이나 소득공제, 세액공제, 세액감면 등으로 납부의무액이 없는 경우를 포함한다.

4. 해당 세대의 월평균 소득이 다음 각 목의 어느 하나에 해당할 것

    가. 전년도 도시근로자 가구당 **월평균 소득의 160퍼센트 이하일 것**

    나. 전년도 도시근로자 가구당 **월평균 소득의 160퍼센트를 초과하는 경우**로서 세대원이 소유하는 **부동산의 가액의 합계**가 「국민건강보험법 시행령」 별표 4 제3호에 따른 재산등급 중 29등급에 해당하는 재산금액의 하한과 상한을 산술평균한 **금액 이하일 것**. 이 경우 부동산 가액의 산정방법은 국토교통부장관이 정하여 고시한다.

특별공급 중에 가장 많이 부적격 처리가 되는 것이 생애최초 특별공급입니다. 이것은 단순히 처음 주택 구입하는 경우에 해당하면 생애최초 특별공급에 청약이 가능하다고 생각을 하는데, 청약 중에 청약 기본자격이 가장 까다로운 것이 생애최초 특별공급입니다.

생애최초 특별공급 체크리스트(모두 YES인 경우 청약가능)

순번	구분	선택
1	청약 가능지역에 거주하고 있습니까?	□ YES □ NO
2	청약통장 1순위 요건이 충족되십니까?	□ YES □ NO
3	모집공고일 현재 세대원 전원이 주택을 소유하지 않은 무주택자입니까?	□ YES □ NO
4	세대원 모두 주택을 소유한 적이 없습니까? (혼인신고 전 배우자 처분주택 제외)	□ YES □ NO
5	세대원 중 혼자만 청약하였습니까? (부부 중복청약 제외)	□ YES □ NO
6	세대원 중에 특별공급 당첨되었던 자가 없습니까? (혼인 전 배우자 당첨 제외)	□ YES □ NO
7	재당첨제한에 적용중인 세대원이 없습니까? (비규제지역 민간분양 제외, 혼인 전 배우자 당첨 제외)	□ YES □ NO
8	근로자 또는 자영업자입니까? (최근 1년 내에 소득세를 납부한 자 포함)	□ YES □ NO
9	5년 이상 소득세를 납부한 자가 맞습니까?	□ YES □ NO
10	(규제지역) 세대주입니까?	□ YES □ NO
11	(규제지역) 세대원 중 과거 5년 내 당첨된 자가 없습니까?	□ YES □ NO
12	(민영주택, 국민주택의 경우) 소득기준 또는 자산기준을 충족합니까?	□ YES □ NO
13	(공공분양의 경우) 소득기준과 자산기준(자동차 포함)을 모두 충족합니까?	□ YES □ NO
14	(공공분양의 경우) 혼인 중이거나 미혼의 자녀가 있습니까?	□ YES □ NO

ㄱ. 생애최초 특별공급의 경우 청약하려는 아파트에 따라 청약통장의 요건이 다릅니다.

아파트의 종류에 따라 민영주택과 국민주택으로 요건이 달라지는 것도 있지만, 국민주택이나 공공분양에서는 "저축액이 선납금을 포함하여 600만원 이상"이라는 조건이 충족되어야 합니다. 저축액은 한 번에 채울 수 있는 것이 아니기 때문에 꾸준한 관리가 필요합니다.

그리고, 지역에 따라 1순위 청약통장의 요건이 달라지듯이 생애최초 특별공급의 청약통장 요건도 지역에 따라 달라집니다.

ㄴ. 생애최초 특별공급은 본인뿐만 아니라 세대원 전원이 주택을 소유한 적이 없어야 합니다. 예전에는 배우자가 혼인신고 전에 처분한 주택으로 인해 피해를 보는 사례가 많았으나 2024년 3월 25일 개정으로 인해 이후부터는 혼인신고 전에 배우자가 처분한 주택의 영향을 받지 않습니다.

ㄷ. 생애최초 특별공급은 모집공고일 현재 근로자 또는 자영업자이어야 한다는 조건이 있습니다. 생애최초 특별공급에서 부적격을 많이 받는 경우에 이에 해당합니다. 특히, 결혼 후 일을 그만둔 전업주부가 청약하였다가 부적격 처리가 되는 경우가 많습니다. 다만, 예외규정이 있어서 최근 1년 내에 소득세를 납부한 자를 포함하고 있습니다. 즉, 최근 1년 내에 하루만 일을 하여도 소득세 납부 증빙만 가능하면 되기 때문에 미리 준비한다면 이 요건은 채울 수 있습니다.

ㄹ. 5년 이상 소득세 납부의 경우 최근 5년을 보는 방식이 아니라서 과거 언제의 것이라도 상관없습니다. 물론 연속할 필요도 없으며, 청약하는 해도 포함이 됩니다. 그리고 각 해에 하루만 일을 한 경우에도 인정이 되는 방식이라서 20대의 사회초년생의 경우에 재학 시절에 아르바이트한 것을 통해 소득세 납부한 것을 찾아보아야 합니다. 그리고 미성년 시절 납부한 것도 인정이 되기 때문에 미성년 시절에 아르바이트한 것으로도 증빙 가능합니다.

ㅁ. 1순위 조건이 필요하다는 것은 앞에서 이야기한 바가 있습니다. 그런데, 투기과열지구나 청약과열지역 같은 규제지역의 경우 1순위에 추가적인 제한이 있습니다. 세대주만이 규제지역에서 1순위 청약이 가능하며, 5년 내 당첨된 이력(세대원 포함)이 있는 경우에도 청약이 제한됩니다.

ㅂ. 공공분양은 미혼이 생애최초 특별공급에 청약할 수 없으며, 국민주택과 민영주택은 미혼이 생애최초 특별공급에 청약하는 것이 가능하나 추첨 30%에만 청약이 가능하며, 단독세대인 자(같은 등본에 직계존속이 없는 경우)는 전용면적 60제곱미터 이하의 생애최초 특별공급으로만 청약이 가능한 것입니다.

나. 당첨자 선정방법

생애최초 특별공급의 경우 청약 기본자격은 청약방법 중 가장 까다로운 반면에 당첨자 선정방법은 추첨으로 당첨자를 선정하기 때문에 가장 단순한 방식입니다. 다만, 소득구간과 거주지역에 따라 당첨확률이 달라지는 부분이 있습니다.

ㄱ. 민영주택과 국민주택의 생애최초 특별공급 당첨자 선정순서

① 소득구분 → ② 지역 → ③ 추첨

① 소득구분

단계	소득구분	내용	
1단계	신생아 우선공급 (15%)	입주자모집공고일 현재 2세 미만(2세가 되는 날을 포함한다)의 자녀가 있는 분으로서, 세대의 월평균소득이 전년도 도시근로자 가구원수별 월평균소득의 130% 이하인 분	
2단계	신생아 일반공급 (5%)	입주자모집공고일 현재 2세 미만(2세가 되는 날을 포함한다)의 자녀가 있는 분으로서, 세대의 월평균소득이 전년도 도시근로자 가구원수별 월평균소득의 130% 초과 160% 이하인 분	
3단계	우선공급 (35%)	세대의 월평균소득이 전년도 도시근로자 가구원수별 월평균소득의 130% 이하인 분	
4단계	일반공급 (15%)	세대의 월평균소득이 전년도 도시근로자 가구원수별 월평균소득의 130% 초과 160% 이하인 분	
5단계	추첨공급	혼인 중이거나 미혼인 자녀가 있는 분	세대의 월평균소득이 전년도 도시근로자 가구원수별 월평균소득의 160% 초과하나, 부동산가액 3억 3,100만원 이하인 분
		1인 가구	세대의 월평균소득이 전년도 도시근로자 가구원수별 월평균소득의 160% 이하이거나, 부동산가액 3억 3,100만원 이하인 분

※ 각 단계별 낙첨자는 다음 단계 공급대상에 포함되나, 2단계 신청자 중 낙첨자는 3단계 공급대상에 포함되지 않고, 4단계 공급대상에 포함됨.

② 지역

해당지역 우선 공급하는 경우와 대규모택지를 구분하여 합니다.

ㄴ. 공공주택의 생애최초 특별공급 당첨자 선정방법

지역 요건을 우선으로 하며, 경쟁 발생 시 다음과 방법으로 당첨자를 선정합니다. 그리고 국민주택이나 민영주택의 생애최초 특별공급에서는 만 2세 미만의 자녀가 있는 경우 신생아 우선공급이나 신생아 일반공급으로 청약하여 당첨에 유리할 수 있습니다. 하지만, 공공분양에서는 신생아 특별공급을 진행하기 때문에 공공분양의 생애최초 특별공급에서는 별도로 신생아 우선공급과 신생아 일반공급 규정을 두지 않고 있습니다.

① 1단계 우선공급

입주자모집공고일 현재 무주택세대구성원 전원의 월평균소득이 전년도 도시근로자 가구당 월평균소득 100%(본인 및 배우자가 모두 소득이 있는 경우 120%) 이하인 자를 대상으로 주택형별 공급량의 70%(소수점 이하는 올림)를 우선공급하며, 경쟁이 있는 경우 추첨의 방법으로 당첨자를 선정합니다.

② 2단계 잔여공급

입주자모집공고일 현재 무주택세대구성원 전원의 월평균소득이 전년도 도시근로자 가구당 월평균소득의 130%(본인 및 배우자가 모두 소득이 있는 경우 140%) 이하인 자 및 1단계 우선공급 낙첨자 전원을 대상으로 주택형별 공급량의 20%(소수점 이하는 올림)를 잔여공급하며, 경쟁이 있는 경우 추첨의 방법으로 당첨자를 선정합니다.

③ 3단계 추첨

입주자모집공고일 현재 무주택세대구성원 전원의 월평균소득이 전년도 도시근로자 가구당 월평균소득의 130% 이하(본인 및 배우자가 모두 소득이 있는 경우 200%) 이하인 자 및 2단계 잔여공급 낙첨자 전원을 대상으로 잔여물량에 대하여 추첨의 방법으로 당첨자를 선정합니다.

다. 유의사항

ㄱ. 생애최초 특별공급에서 "소득세를 납부한 자"에 말하는 소득세는 근로소득 또는 사업소득을 통해 발생한 소득세를 말하는 것으로 임대소득이나 기타소득은 포함이 되지 않습니다. 다만, 기타소득일지라도 근로를 제공하여 발생한 소득임을 근로계약서, 위촉장 또는 임명장, 연구용역 등에 참여하였음을 알 수 있는 서류 등으로 증빙한다면 이는 근로소득으로 인정될 수 있습니다. 대표적으로 대학원생이 받은 연구비 등이 이에 해당합니다. (『2024 주택청약 FAQ』 244번 참고)

ㄴ. 미혼의 자녀가 없는 자가 혼인 중으로 청약하였다면 당첨자의 혼인관계증명서의 혼인신고일을 필히 확인하여야 합니다. 결혼은 하였으나 혼인신고를 진행하지 않은 부부가 모집공고일 이후 혼인신고하는 경우가 있기 때문에 꼭 확인하여야 합니다. 반대로 배우자가 없이 미혼의 자녀가 있는 경우에는 그 자녀가 만 18세 이상인 경우 자녀의 혼인관계증명서를 필히 확인하여 미혼인지 확인하여야 합니다.

ㄷ. 소득이 발생을 하였으나 소득공제, 세액공제, 세약감면 등으로 납부의무액이 없는 경우에도 소득세를 납부한 것으로 인정합니다.

ㄹ. 농업종사자의 경우 비과세소득으로 처리되는 것 때문에 소득세 신고를 성실히 하지 않는 경우가 많아 소득세 납부 증빙에 어려움을 겪는 경우가 있습니다. 다만, 『2024 주택청약 FAQ』 248번에서 농업경영체 등록확인서를 통해 근로자 또는 자영업자로 인정하

고 있어서 이를 이용하여 증빙을 하여야 합니다.

ㅁ. 외국인의 경우에도 귀화 전에 납부한 소득세 이력을 포함할 수 있습니다.(『2024 주택청약 FAQ』249번 참고)

ㅂ. 5년 이상 소득세 납부 증빙: 근로소득자의 경우 소득세를 급여에서 공제를 바로 하기 때문에 별다른 증빙이 필요 없지만, 사업자등록증이 있는 종합소득자의 경우에 결정세액이 0원인 경우에는 감면 등을 받은 것으로 보아 소득세를 납부한 것으로 인정되어 소득금액증명만으로 증빙이 되나, 결정세액에 금액이 있는 경우에는 납부내역증명을 받아 소득세를 납무하였는지 추가 확인이 필요합니다. 사업자등록이 없는 종합소득자의 경우(원천징수로 소득세를 납부한 자, 분양상담사가 이에 해당함) 소득금액증명원에 결정세액이 있어도 납부내역증명서에는 '납부할 내역이 없습니다'라는 문구가 있습니다. 이것은 소득세가 발생을 하였으나 원천징수의무자가 공제한 3.3%를 먼저 납부하고, 5월 종합소득세 신고를 통해 7월에 과납분에 대해 환급을 받는 방식이라서 직접 소득세를 납부한 적이 없기 때문에 납부한 내역이 조회되지 않는 것입니다. 이 경우 "종합소득세 과세표준확정신고 및 납부계산서"를 발급받아 납부해야 하는 소득세(결정세액의 합계, 28번)을 기 납부(기납부세액, 32번)하여 추가적으로 납부할 세액(납부(환급)할 총 세액, 33번)이 0 또는 -인 경우(환급받은 액수만큼 마이너스 처리됨)에는 소득세를 납부한 것으로 봅니다.(『2024 주택청약 FAQ』243번 참고)

7. 노부모부양 특별공급

　노부모부양 특별공급은 만 65세 이상 직계존속을 3년 이상 부양하고 있는 자에게 주어지는 혜택입니다. 특별공급 중에서 공급비율이 가장 작은 청약이지만, 반대로 청약자수도 많지 않아서 청약경쟁률도 낮아 청약자격만 된다면 당첨확률이 높은 청약방법입니다.

가. 청약 기본자격

> 제46조(노부모 부양자에 대한 특별공급) ① 사업주체는 건설하여 공급하는 주택을 그 건설량의 3퍼센트의 범위에서 입주자모집공고일 현재 **65세 이상의 직계존속(배우자의 직계존속을 포함한다)**을 **3년 이상 계속하여 부양(같은 세대별 주민등록표상에 등재되어 있는 경우에 한정**한다)하고 있는 자로서 다음 각 호의 요건을 모두 갖춘 자에게 한 차례에 한정하여 1세대 1주택의 기준으로 특별공급할 수 있다.
> 1. 제27조 및 제28조에 따른 **제1순위에 해당하는 자**일 것
> 2. **무주택세대구성원(세대주에 한정**하며, **피부양자의 배우자도 무주택자**이어야 하고 **피부양자의 배우자가 주택을 소유하고 있었던 기간은 무주택기간에서 제외**한다. 이하 이 조에서 같다)일 것

　노부모부양 특별공급은 주택을 소유하지 않은 만 65세 이상의 직계존속을 피부양자로 모시는 경우에 주어지는 혜택인데, 무주택자이어야 하는 범위에 등본을 달리하는 피부양자의 배우자를 포함함에 주의가 필요합니다. 예를 들어서 만 65세의 어머니를 같은 등본에 3년 이상 모시고 살았는데, 다른 등본에 있는 아버지가 주택을 소유하고 있다면 피분양자의 배우자가 주택을 소유하고 있기 때문에 노부모부양 특별공급에는 청약하실 수 없는 것입니다.

노부모부양 특별공급 체크리스트(모두 YES인 경우 청약가능)

순번	구분	선택
1	청약 가능지역에 거주하고 있습니까?	☐ YES ☐ NO
2	청약통장 1순위 요건이 충족되십니까?	☐ YES ☐ NO
3	모집공고일 현재 세대원 전원이 주택을 소유하지 않은 무주택자입니까?(피부양자의 배우자 포함, 출산특례 제외)	☐ YES ☐ NO
4	세대원 중 혼자만 청약하였습니까? (부부 중복청약 제외)	☐ YES ☐ NO
5	세대원 중에 특별공급 당첨되었던 자가 없습니까? (출산특례 제외)	☐ YES ☐ NO
6	재당첨제한에 적용중인 세대원이 없습니까? (비규제지역 민간분양 제외)	☐ YES ☐ NO
7	세대주입니까?	☐ YES ☐ NO
8	만 65세 이상 직계존속을 3년 이상 계속하여 같은 등본에 있습니까?	☐ YES ☐ NO
9	(규제지역) 세대원 중 과거 5년 내 당첨된 자가 없습니까?	☐ YES ☐ NO

ㄱ. 노부모부양 특별공급은 1순위 조건을 충족하여야 하기 때문에 수도권은 1년 이상, 수도권 외의 지역은 6개월 이상 된 청약통장 요건이 필요하지만, 규제지역에 노부모부양 특별공급에 청약하는 경우 2년 이상 된 청약통장이 필요하고, 5년 내 당첨된 이력(세대원 포함)이 있는 경우에도 청약이 제한됩니다.

ㄴ. 3년 이상 부양의 조건은 청약자와 직계존속이 계속하여 3년 이상 같은 주민등록표등본에 있는 경우인데, 세대주 요건은 입주자모집공고일 기준으로 판단하는 것으로 세대주에 3년 이상의 요건을 필요로 하지 않습니다.

나. 당첨자 선정방법

② 제1항에 따라 특별공급을 할 때 제1순위에서 경쟁이 있는 경우에는 다음 각 호의 구분에 따른다.
  1. 국민주택의 경우: 제27조제2항의 공급방법에 따를 것
  2. 민영주택의 경우: 가점제를 적용하되, 가점제 점수가 같은 경우에는 주택청약종합저축 가입기간이 긴 사람을 우선하여 선정하며, 주택청약종합저축 가입기간이 같은 경우에는 추첨의 방법에 따를 것

노부모부양자 특별공급은 일반공급 1순위와 당첨자 선정방법이 동일하다고 보시면 됩니다. 국민주택의 경우에는 인정금액이 많은 순으로 당첨자로 선정되는 방식이며, 민영주택의 경우 가점 순으로 당첨자를 선정한다는 것입니다. 다만, 민영주택의 일반공급 가점제와 차이점이 두 가지 있습니다.

첫째, 무주택기간 산정 시 민영주택 일반공급 가점제는 세대원 전원이 주택을 소유하지 않을 때 청약자와 그 배우자의 무주택기간으로 산정하지만, 노부모부양 특별공급의 가점에서 무주택기간은 청약자 부부와 피부양 직계존속 및 그 배우자의 무주택기간으로 산정하는 방식입니다.

둘째, 청약통장 가입기간 점수 산정 시 민영주택 일반공급 가점제에서는 배우자의 청약통장을 통해 3점의 점수를 도움받을 수 있지만, 노부모부양 특별공급에서는 배우자 청약통장 점수가 합산되지 않습니다.

다. 유의사항

ㄱ. 직계존속이라고 함은 가족관계등록부를 기준으로 판단하기 때문에 생모일지라도 가족관계증명서에 등재되지 않은 경우 노부모부양 특별공급에 청약하실 수 없습니다. 다만, 친생자관계부존재확인소송을 통해 가족관계등록부를 정정하여 직계존속으로 인정되는 경우 정정 이전부터 거주한 기간을 포함하여 부양한 기간을 산정할 수 있습니다. (『2024 주택청약 FAQ』 267번 참고)

ㄴ. 노부모부양 특별공급에서는 만 60세 이상 부모님의 주택을 무주택으로 봐주는 규정이 적용되지 않습니다.

ㄷ. 직계존속 중 한 분만 같은 등본에 모시고 있는 경우 직계존속의 가족관계증명서를 확인하여 배우자 유무를 확인하여야 합니다. 이 경우 재혼을 통해 계모나 계부가 주택을 소유한 경우에도 노부모부양 특별공급 청약자격에 부합하지 못합니다.

ㄹ. 청약자가 양가의 직계존속을 모두 모시고 있는 경우 추가로 주의할 사항이 있습니다.

예를 들어서 양가의 어머님들만 모시고(두 분 모두 3년 이상 등재된 것으로 가정함), 청약자의 아버지와 배우자의 아버지는 등본을 모두 달리하는 경우 청약자의 아버지는 주택을 소유하고 있지 않지만, 배우자의 아버지는 주택을 소유한 경우에는 노부모부양 특별공급 요건을 만족하는 직계존속 중 한 명만을 피부양자로 볼 수 있기 때문에 피부양자가 아닌 직계존속의 배우자가 주택을 소유한 것은 무주택 및 무주택기간에 영향을 주지 않습니다. (『2024 주택청약 FAQ』 270번 참고)

8. 그 외 특별공급

지금까지 언급한 특별공급 외에도 추가적인 특별공급 몇 가지가 있습니다. 대표적으로 신생아 특별공급과 청년 특별공급, 이전기관 종사자 특별공급 등이 있습니다.

가. 신생아 특별공급

저출산 대책으로 신설된 특별공급으로 국민주택에 한해서만 진행됩니다. 민간분양의 신혼부부나 생애최초 특별공급에서의 신생아 우선공급과 다름에 주의가 필요합니다.

> 제35조의3(국민주택의 신생아 특별공급) ① 사업주체(공공주택사업자만 해당한다)는 그가 건설하여 공급하는 국민주택을 입주자모집공고일 현재 2세 미만(2세가 되는 날을 포함한다)의 자녀가 있는 무주택세대구성원에게 한 차례에 한정하여 1세대 1주택의 기준으로 특별공급할 수 있다. [본조신설 2024. 3. 25.]

신생아 우선공급의 경우에도 배우자가 혼인신고 전에 당첨된 이력의 영향을 받지 않기 때문에 배우자가 혼인신고 전에 생애최초 특별공급에 당첨된 경우에도 영향을 받지 않습니다. 그리고 신생아 특별공급은 공공주택의 종류에 따라 일반형(20% 공급)과 선택형(30% 공급), 나눔형(35% 공급)으로 구분하여 공급합니다.

소득기준으로 우선공급(70%), 일반공급(20%), 추첨(10%)으로 당첨자가 선정되며, 같은 구간에서는 해당지역 거주자가 우선(대규모택지는 지역 배분)하며, 같은 지역에서는 배점으로 당첨자를 선정하는데, 일반형과 선택형은 10점 만점(가구소득 1점, 미성년 자녀수 3점, 해당 주택건설지역 연속 거주기간 3점, 종합저축 납입횟수 3점) 방식이며, 나눔형은 12점 만점(가구소득 3점, 미성년 자녀수 3점, 해당 주택건설지역 연속 거주기간 3점, 종합저축 납입횟수 3점) 방식으로 당첨자를 선정합니다.

나. 청년 특별공급

1인 가구의 증가로 인해 상대적으로 당첨에 불리한 청년계층의 주택마련 기회 확대를 위해 도입된 방식입니다.

청년 특별공급의 경우 국민주택에 한해 공급되기 때문에 민영주택에서는 해당사항이 없습니다.

> 제35조의2(국민주택의 청년 특별공급) ① 사업주체(공공주택사업자로 한정한다)는 그가 건설하여 공급하는 국민주택을 입주자모집공고일 현재 청년(19세 이상 39세 이하인 사람으로서 혼인 중이 아니며 과거 주택을 소유한 사실이 없는 사람으로 한정한다)인 무주택자에게 한 차례에 한정하여 1인 1주택의 기준으로 특별공급할 수 있다. 이 경우 청년이 속한 세대의 다른 세대원이 주택을 소유한 경우에도 청년을 무주택자로 본다. [본조신설 2022. 12. 29.]

신생아 특별공급과 달리 청년 특별공급의 경우에는 일반 공공분양에서는 공급하지 않으며, 선택형과 나눔형에서 전용면적 60제곱미터 이하의 주택에서 15%를 공급하는 방식입니다.

만 39세 이상의 혼인 중이 아닌 자로 과거 주택소유 사실이 없는 무주택자가 조건입니다. 즉, 무주택자 조건이기 때문에 같은 등본에 있는 부모님이 주택을 소유한 것은 문제가 되지 않습니다. 소득도 본인만을 기준으로 산정합니다. 다만, 부모님 자산은 부모님(등본을 달리하는 경우에도 포함)을 포함하여 10억 3,500만원을 넘으면 안 됩니다. 즉, 본인의 자산이 많은 경우나 부모님의 자산이 많은 경우에는 제한을 하여 부모님의 도움을 받기 어려운 청년층에 공급하는 방식이라고 보시면 됩니다.

당첨자 선정방식은 우선공급 1단계 30%와 잔여공급 2단계로 구분이 되며, 모집공고일 현재 근로자 또는 자영업자(최근 1년 내 소득세를 납부한 자 포함)로서 5년 이상 소득세를 납부한 자이어야 우선공급으로 청약하는 것이 가능합니다. 같은 구간에서는 해당지역 거주자에게 우선공급(대규모택지의 경우 지역 배분)하며, 같은 지역에서는 가점(소득 3점, 해당 시·도 거주기간 3점, 청약통장 납입회차 3점, 소득세 납부한 기간 3점)으로 당첨자를 선정합니다.

다. 이전기관 종사자 특별공급

도청이전 신도시, 혁신도시, 산업단지 등으로 소속 기관이 이전함에 따라 종사자들의 주거안정을 위해 공급하는 방식입니다. (세종에도 공급을 하였지만, LH사태로 인해 2021년 7월 5일 관련 규정을 삭제하여 더 이상 공급하지 않습니다)

이전기관 종사자 특별공급의 경우 원하지 않는 주거이전으로 주택을 공급하여야 하는 문제가 있기 때문에 해당 주택건설지역에 주택을 소유하지 않는다면 다른 지역에 주택을 소유한 것은 문제가 되지 않습니다.

당첨자를 선정한 후 소속기관의 확인서를 통해 청약자격을 증빙하는 방식이기 때문에 소속기관이 이전기관 종사자 특별공급에 청약가능한 대상인지 미리 확인이 필요합니다.

이전기관 종사자 특별공급은 다른 특별공급과 구분을 하여야 하는 것이 무작위 당첨이 적용되지 않으며, 예비입주자의 경우 별도로 운영되기 때문에 예비입주자 동호수 추첨이 특별공급 예비입주자, 이전기관 종사자 특별공급 예비입주자, 일반공급 예비입주자로 구분하여 진행이 됩니다.

9. 일반공급

   청약통장 요건만 충족하면 누구나 가능한 청약입니다. 즉, 청약통장 요건만 충족하면 누구나 청약이 가능하기 때문에 일반공급은 청약 신청자격을 별도로 설명할 것이 없습니다. 다만, 국민주택이 경우 무주택세대구성원을 요건으로 하며, 입주자모집공고일만을 기준으로 산정하는 것이 아니라 입주 시까지도 무주택세대구성원을 유지하여야 합니다.

제4조(주택의 공급대상) ② 국민주택 또는 제3조제2항제1호에 따른 주택의 공급대상은 다음 각 호의 어느 하나에 해당하는 날부터 입주할 때까지 무주택세대구성원이어야 한다. 다만, 입주자로 선정되거나 사업계획상의 입주대상자로 확정된 후 결혼 또는 상속으로 무주택세대구성원의 자격을 상실하게 되는 자와 공급계약 후 입주할 수 있는 지위를 양수한 자는 그러하지 아니하다.
 1. 제27조에 따라 일반공급하는 주택은 입주자모집공고일

   국민주택의 경우 입주하기 전에 주택소유현황을 한 번 더 조회하기 때문에 당첨 이후 소유한 분양권이 문제가 되어 입주를 하지 못하는 경우도 있습니다. 공공분양에서도 이 규정을 적용하였으나 이제는 더 이상 이 규정을 적용하지 않습니다.

   일반공급은 청약통장 요건을 충족하면 누구나 청약이 가능하지만, 규제지역의 경우에는 그러하지 않아서 다음의 규정을 충족하는 자에 한해 청약이 가능합니다.

제27조(국민주택의 일반공급) 제1항 제1호
다. 투기과열지구 또는 청약과열지역: 다음의 요건을 모두 충족하는 자
 1) 주택청약종합저축에 가입하여 2년이 지난 자로서 매월 약정납입일에 월납입금을 24회 이상 납입하였을 것
 2) 세대주일 것
 3) 무주택세대구성원으로서 과거 5년 이내 무주택세대구성원 전원이 다른 주택의 당첨자가 되지 아니하였을 것

제28조(민영주택의 일반공급) 제1항 제1호
다. 투기과열지구 또는 청약과열지역: 다음의 요건을 모두 충족하는 자
 1) 주택 청약종합저축에 가입하여 2년이 지난 자로서 별표 2의 예치기준금액에 상당하는 금액을 납입하였을 것
 2) 세대주일 것
 3) 과거 5년 이내 다른 주택의 당첨자가 된 자의 세대에 속한 자가 아닐 것
 4) 2주택(토지임대주택을 공급하는 경우에는 1주택을 말한다) 이상을 소유한 세대에 속한 자가 아닐 것

그리고, 공공분양의 일반공급에서는 면적에 따라 차이가 있는데, 전용면적 60제곱미터 이하의 주택형은 소득기준과 부동산 및 자동차 소유에 관한 자산보유기준을 충족하여야 합니다.

가. 국민주택의 일반공급 당첨자 선정방법

일반공급은 당첨자 선정방법이 중요합니다.

제27조(국민주택의 일반공급)
② 제1항제1호에 따른 제1순위에서 경쟁이 있으면 다음 각 호의 순차별로 공급한다.
 1. 40제곱미터를 초과하는 주택의 공급순차
  가. 3년 이상의 기간 무주택세대구성원으로서 저축총액이 많은 자
  나. 저축총액이 많은 자

> 2. 40제곱미터 이하인 주택의 공급순차
>
> 가. 3년 이상의 기간 무주택세대구성원으로서 납입횟수가 많은 자
>
> 나. 납입횟수가 많은 자
>
> ④ 다음 각 호의 어느 하나에 해당하는 경우에는 추첨의 방법으로 입주자를 선정한다.
>
> 1. 제1항제2호에 따른 제2순위에서 경쟁이 있는 경우
> 2. 제2항제1호 각 목에 따른 순차 안에서 저축총액이 동일하거나 같은 항 제2호 각 목에 따른 순차 안에서 납입횟수가 동일하여 경쟁이 있는 경우

ㄱ. 최근에 40제곱미터 이하의 주택은 거의 공급하지 않습니다. 즉, 40제곱미터 초과 주택의 당첨자 선정방법을 알면 됩니다. 무주택기간 3년 이상인 무주택세대구성원 중에서 저축총약이 많은 순으로 당첨자를 선정하고, 여기서 공급세대수 대비 청약자 수가 더 적은 경우에는 모집공고일 현재 무주택세대구성원인 자 중에서 저축총약이 많은 자 순으로 당첨자를 선정합니다. 이 방식은 국민주택의 노부모부양자 특별공급에서 당첨자를 선정하는 방식과 동일하여 매달 10만원씩 꾸준히 넣은 분이 당첨에 유리한 방식입니다. (2024년 11월 납입분부터는 25만원)

ㄴ. 저축총액이 많은 순으로 당첨자를 선정하는 이 방법을 "순차제"라고 표현합니다.

ㄷ. 무주택기간 산정에 대해서는 서류 검수 파트에서 다시 한번 정리할 예정입니다.

ㄹ. 2순위에서 경쟁이 있는 경우에는 추첨으로 당첨자를 선정합니다.

ㅁ. 공공분양은 방식이 다르기 때문에 주의가 필요합니다. 공공분양의 일반공급은 1단계 신생아 우선공급(50%), 2단계 우선공급(1순위자)(30%), 3단계 추첨공급(20%)으로 당첨자를 선정합니다. 추첨(20%)에서는 1순위 요건을 갖추지 못하거나 저축총액이 낮은 자도 당첨이 될 수 있기 때문에 조건이 좋지 못한 분들에게도 청약을 독려하여야 합니다.

나. 민영주택의 일반공급 당첨자 선정방법

제28조(민영주택의 일반공급)

② 사업주체는 제1순위에서 85제곱미터 이하인 민영주택의 입주자를 선정하는 경우 같은 순위에서 경쟁이 있으면 그 순위에 해당하는 자에게 일반공급되는 주택 중 다음 각 호(제1호나목 및 제2호나목의 경우는 시장·군수·구청장이 별도로 정하여 공고한 경우만 해당한다)의 구분에 따른 비율에 해당하는 수(소수점 이하는 올림한다)의 주택은 가점제를 우선적으로 적용하여 입주자를 선정하고, 그 나머지 수의 주택은 추첨의 방법으로 입주자를 선정하여야 한다.

1. 60제곱미터 이하인 민영주택: 다음 각 목의 구분에 따른 비율

가. 수도권에 지정된 공공주택지구(개발제한구역에서 해제된 면적이 해당 지구면적의 50퍼센트 이상인 경우로 한정한다), 투기과열지구 및 청약과열지역에서 입주자를 선정하는 경우: 40퍼센트

나. 그 밖의 지역에서 입주자를 선정하는 경우: 40퍼센트 이하의 범위에서 시장·군수·구청장이 정하여 공고하는 비율

2. 60제곱미터 초과 85제곱미터 이하인 민영주택: 다음 각 목의 구분에 따른 비율

가. 수도권에 지정된 공공주택지구(개발제한구역에서 해제된 면적이 해당 지구면적의 50퍼센트 이상인 경우로 한정한다), 투기과열지구 및 청약과열지역에서 입주자를 선정하는 경우: 70퍼센트

나. 그 밖의 지역에서 입주자를 선정하는 경우: 40퍼센트 이하의 범위에서 시장·군수·구청장이 정하여 공고하는 비율

④ 사업주체는 제1순위에서 85제곱미터를 초과하는 민영주택의 입주자를 선정하는 경우 같은 순위에서 경쟁이 있으면 추첨의 방법으로 입주자를 선정하여야 한다. 다만, 다음 각 호의 구분에 따른 비율에 해당하는 수(소수점 이하는 올림한다)의 주택은 가점제를 우선적으로 적용하여 입주자를 선정하고, 그 나머지 수의 주택은 추첨의 방법으로 입주자를 선정하여야 한다.

1. 공공건설임대주택의 입주자를 선정하는 경우: 100퍼센트
2. 수도권에 지정된 공공주택지구(개발제한구역에서 해제된 면적이 해당 지구면적의 50퍼센트 이상인 경우로 한정한다): 80퍼센트 이하에서 시장·군수·구청장이 정하여 공고하는 비율
3. 투기과열지구: 80퍼센트
4. 청약과열지역에서 입주자를 선정하는 경우: 50퍼센트

⑦ 사업주체는 제2항 및 제4항 단서에 따라 가점제를 적용하여 가점제 점수가 같은 경우에는 주택청약종합저축 가입기간이 긴 사람을 입주자로 선정하며, 주택청약종합저축 가입기간이 같은 경우에는 추첨의 방법에 따르며, 가점제를 적용하는 주택의 입주자로 선정되지 못한 자에 대해서는 별도의 신청절차 없이 추첨제를 적용하는 주택의 추첨 대상자에 포함하여 입주자를 선정하여야 한다.

⑧ 사업주체는 투기과열지구, 청약과열지역, 수도권 및 광역시에서 제2항부터 제7항까지의 규정에 따라 추첨의 방법으로 입주자를 선정하는 주택수보다 추첨 대상자가 많으면 다음 각 호의 순서에 따라 입주자를 선정해야 한다.
1. 제2항 및 제4항 단서에 따라 추첨의 방법으로 공급되는 주택수의 75퍼센트(소수점 이하는 올림한다)를 무주택세대구성원에게 공급한다.
2. 나머지 주택(제1호에 따라 무주택세대구성원에게 공급하고 남은 주택을 포함한다)은 무주택세대구성원과 1주택을 소유한 세대에 속한 사람을 대상으로 공급한다.
3. 제1호와 제2호에 따라 공급한 후 남은 주택은 제1순위에 해당하는 사람에게 공급한다.
⑨ 제2순위에서 경쟁이 있는 경우에는 추첨의 방법으로 입주자를 선정하여야 한다.

ㄱ. 민영주택 일반공급 1순위는 가점제와 추첨제로 구분하여 당첨자를 선정하며, 지역과 면적에 따라 가점제 비율이 다르며, 가점제의 비율은 주공칙 제28조 제2항 및 제4항에서 정하고 있습니다.

ㄴ. 가점제는 아파트 청약에서 가장 부적격이 많이 발생하는 청약방법입니다. 특별공급의 경우 청약자격이 복잡한 부분이 있어서 모집공고문이나 안내문을 꼼꼼히 보고 청약하는 분들이 많지만, 일반공급 청약 시에는 유의사항을 꼼꼼히 보지 않고 청약하는 경우가 많아서 부적격 처리가 되는 비율이 더 높습니다.

ㄷ. 가점제에서 무주택기간은 서류검수 파트를 참고하여 주시고, 부양가족수는 사람 파트를 확인 바랍니다.

ㄹ. 청약자 본인의 청약통장 가입점수는 자동 산정되기 때문에 별도로 산정할 필요가 없습니다. 하지만, 배우자의 청약통장은 직접 입력하는 방식으로 배우자의 청약통장 종류가 무엇인지 상관없이 1년이 되지 않은 청약통장은 1점, 2년이 되지 않은 청약통장은 2점, 2년 이상인 청약통장은 3점의 도움을 받을 수 있습니다. 다만, 배우자의 청약통장을 합산하여도 최대점은 17점을 넘을 수는 없습니다. 그리고 배우자의 청약통장을 합산한 경우 청약통장 순위확인서를 제출하여 증빙을 하여야 하기 때문에 중도 해지한 청약통장은 합산 대상이 되지 않습니다.

ㅁ. 추첨제에서 당첨자를 선정하는 방법은 지역마다 차이가 있습니다. 예전에는 추첨은 지

역 및 주택소유와 상관없이 동등한 자격으로 청약이 가능하여 주택을 소유한 자도 추첨제로 당첨되는 경우가 많았으나 2018년 12월 11일 개정으로 인해 수도권, 광역시 및 규제지역의 경우에는 무주택자에게 75% 우선공급하고 잔여 물량은 무주택 낙첨자와 1주택을 소유한 세대에 속한 자에게 공급하는 방식입니다.

ㅂ. 2순위에서 경쟁이 발생하는 경우에는 추첨으로 당첨자를 선정합니다.

3장

일정에 따라 실무자가 알아야 하는 사항

1. 주택공급

지금까지는 청약의 방법에 따라 공부하였다면 지금부터는 실무자로서 청약일정에 따라 알아야 하는 사항을 알아보는 시간을 가지도록 하겠습니다.

주택을 공급하는 방법에 알고자 한다면 주택은 무엇인지와 공급은 무엇인지부터 알아야 합니다.

주택공급에 관한 규칙 제1조부터 알고 넘어가도록 하겠습니다.

> 제1조(목적) 이 규칙은 「주택법」 제54조(제1항제2호나목은 제외한다), 제54조의2, 제56조, 제56조의2, 제56조의3, 제60조, 제63조, 제63조의2, 제64조 및 제65조에 따라 주택 및 복리시설을 공급하는 조건·방법 및 절차 등에 관한 사항을 규정함을 목적으로 한다.

즉, 주공칙은 주택뿐만 아니라 복리시설에 대한 공급방법도 규정하는 법입니다.

여기서 청약을 위한 주택의 구분을 한 번 더 알아보겠습니다.

국민주택과 민영주택(주택법 제2조)

> 5. "국민주택"이란 다음 각 목의 어느 하나에 해당하는 주택으로서 국민주택규모 이하인 주택을 말한다.
>   가. 국가·지방자치단체, 「한국토지주택공사법」에 따른 한국토지주택공사(이하 "한국토지주택공사"라 한다) 또는 「지방공기업법」 제49조에 따라 주택사업을 목적으로 설립된 지방공사(이하 "지방공사"라 한다)가 건설하는 주택
>   나. 국가·지방자치단체의 재정 또는 「주택도시기금법」에 따른 주택도시기금(이하 "주택도시기금"이라 한다)으로부터 자금을 지원받아 건설되거나 개량되는 주택
> 6. "국민주택규모"란 주거의 용도로만 쓰이는 면적(이하 "주거전용면적"이라 한다)이 1호(戶) 또는 1세대당 85제곱미터 이하인 주택(「수도권정비계획법」 제2조제1호에 따른 수도권을 제외한 도시지역이 아닌 읍 또는 면 지역은 1호 또는 1세대당 주거전용면적이 100제곱미터 이하인 주택을 말한다)을 말한다. 이 경우 주거전용면적의 산정방법은 국토교통부령으로 정한다.
> 7. "민영주택"이란 국민주택을 제외한 주택을 말한다.

청약에서는 주택을 민영주택과 국민주택으로만 나눌 수 없습니다. 이는 국민주택이 "국가, 지방자치단체, LH 및 지방공사가 건설하는 주거전용면적 85제곱미터 이하의 주택"과 "국가나 지방자치단체의 재정 또는 주택도시기금(구 국민주택기금)을 지원받아 건설·개량하는 주거전용면적 85제곱미터 이하의 주택"으로 다시 구분을 하여야 하기 때문입니다.

앞의 내용으로는 이해가 쉽지 않을 수 있어서 예를 들도록 하겠습니다. 서울 마곡지구의 경우와 동탄신도시를 예로 들면 이해가 쉬울 것입니다. 마곡지구는 SH가 사업시행자인 도시개발사업지이며, 동탄은 LH가 공급한 공공택지입니다. 두 군데의 경우 청약에서 차이가 있는 것이 동탄에서 공급하는 공공주택은 공공주택 특별법 시행규칙을 적용하여 청약을 진행하지만, 마곡지구에서 공급하는 주택은 공공주택 특별법 시행규칙이 적용되지 않습니다. 아직도 잘 이해가 되지 않을 수 있습니다. 구체적인 청약방법 하나를 더 설명하면 이해가 쉬워질 것입니다. 동탄에서 공급하는 공공분양에서 신혼부부 특별공급은 13점 만점 방식으로 당첨자를 선정하는 방식을 적용하지만, 마곡지구의 경우 소득, 순위, 지역, 자녀수 순으로 하여 순차적으로 당첨자를 선정하는 방식(주공칙 제41조 제5항 및 제6항)입니다.

공급이라는 표현에 대해 추가적으로 알아보도록 하겠습니다.

> 제2조(정의) 이 규칙에서 사용하는 용어의 뜻은 다음과 같다.
> 1. "공급"이란 「주택법」(이하 "법"이라 한다) 제54조의 적용대상이 되는 주택 및 복리시설을 분양 또는 임대하는 것을 말한다.

즉, 공급은 소유권을 가지는 분양주택과 빌려서 사용하는 임대주택으로 구분합니다. 즉, 주공칙은 꼭 분양주택만을 규정하는 것이 아니라 임대주택에도 적용하는 부분이 있습니다. 다만, 공공분양처럼 별도의 공공주택 특별법 시행규칙에서 정하는 청약방법이 있듯이 임대주택의 경우 별도의 청약규정이 있는 것이라서 주택공급에 관한 규칙에서 일부 규정만 적용하는 것입니다.

한 가지 더 알아야 하는 것이 복리시설 즉, 단지내상가의 경우에도 주공칙을 적용하여 공급하여야 합니다.

> 제62조(복리시설의 공급) ① 사업주체는 법 제15조에 따라 사업계획 승인을 받은 복리시설 중 근린생활시설 및 유치원 등 일반에게 공급하는 복리시설의 입주자를 모집하는 경우에는 입주자모집 5일 전까지 제20조제1항제2호의 서류를 갖추어 시장·군수·구청장에게 신고해야 한다.
> ② 제1항에 따른 공급대상자의 모집 시기 및 조건에 관하여는 제15조, 제16조 및 제18조를 준용한다.

다만, 주의할 사항이 있습니다. 주상복합의 경우 상가는 주공칙을 따르는 것이 아니라 「건축물의 분양에 관한 법률」(이하 "건분법"이라고 함)을 적용받아 분양을 진행합니다. 건분법은 주택 외의 건축물을 분양하는 절차를 규정하는 법률입니다.

또 다른 점이 있는 것이 아파트의 경우 분양승인이라는 절차를 거쳐야 하지만, 상가의 경우 분양신고를 하여 행정청이 수리를 하여야 하는 행정절차상의 용어 차이도 있습니다.

한 가지 더 팁을 드리면, 분양에 대한 정의입니다. 분양이라는 단어는 「건축물의 분양에 관한 법률」 제2조에서 정의하고 있습니다.

> 2. "분양"이란 분양사업자가 건축하는 건축물의 전부 또는 일부를 2인 이상에게 판매하는 것을 말한다.

즉, 나누어 파는 경우에 해당하는 것으로 단지내상가를 개인 또는 하나의 법인이 통으로 가져가는 경우("통매"라고 표현하기도 함)에는 분양의 절차를 따르지 않아도 됩니다.

다시 아파트로 돌아와서 이야기를 계속하도록 하겠습니다.
가끔 주변에서 질문을 하는 것인데, 30세대가 넘지 않는 공동주택인데 주공칙을 적용하여야 하는지 질문을 합니다. 그러면서, 이에 대한 규정이 어디 있는지 질문을 받는 경우가 있습니다. 이에 대해 알고 가는 시간을 가지겠습니다.

> 제3조(적용대상) ① 이 규칙은 사업주체(「건축법」제11조에 따른 건축허가를 받아 주택 외의 시설과 주택을 동일 건축물로 하여 법 제15조제1항에 따른 호수 이상으로 건설·공급하는 건축주와 법 제49조에 따라 사용검사를 받은 주택을 사업주체로부터 일괄하여 양수한 자를 포함한다. 이하 제15조부터 제26조까지, 제28조부터 제32조까지, 제50조부터 제53조까지, 제56조, 제57조, 제59조부터 제61조까지에서 같다)가 **법 제15조**에 따라 **사업계획 승인**(「건축법」제11조에 따른 건축허가를 포함한다)**을 받아 건설하는 주택 및 복리시설의 공급에 대하여 적용**한다.

간단히 정리하면 주택법 제15조에 따른 사업계획승인을 받는 주택에 적용한다는 것입니다.

> 주택법 제15조(사업계획의 승인) ① 대통령령으로 정하는 호수 이상의 주택건설사업을 시행하려는 자 또는 대통령령으로 정하는 면적 이상의 대지조성사업을 시행하려는 자는 다음 각 호의 사업계획승인자(이하 "사업계획승인권자"라 한다. 국가 및 한국토지주택공사가 시행하는 경우와 대통령령으로 정하는 경우에는 국토교통부장관을 말하며, 이하 이 조, 제16조부터 제19조까지 및 제21조에서 같다)에게 사업계획승인을 받아야 한다. 다만, 주택 외의 시설과 주택을 동일 건축물로 건축하는 경우 등 대통령령으로 정하는 경우에는 그러하지 아니하다.

> 주택법 시행령 제27조(사업계획의 승인) ① 법 제15조제1항 각 호 외의 부분 본문에서 "대통령령으로 정하는 호수"란 다음 각 호의 구분에 따른 호수 및 세대수를 말한다.
> 2. **공동주택: 30세대**(리모델링의 경우에는 증가하는 세대수를 기준으로 한다). 다만, 다음 각 목의 어느 하나에 해당하는 공동주택을 건설(리모델링의 경우는 제외한다)하는 경우에는 50세대로 한다.

즉, 주택법 시행령까지 넘어가서야 30세대의 기준을 찾을 수 있습니다.

그런데, 간혹 기준을 20세대라고 하는 분들이 있습니다. 2014년 6월 11일 개정으로 30세대가 된 것이라서 그 전의 규정을 알던 분은 20세대가 기준인 것으로 아는 분도 있습니다.

실무자 입장에서 한 가지 더 알아야 하는 것이 있습니다.

재건축 및 재개발(이하 "정비사업"이라고 함)을 통해 공급하는 주택에는 조합원의 분양대상자의 법적 분쟁 등을 대비하여 일부 세대는 분양하지 않고 남겨주는 보류지라는 것이 있습니다. 간혹 보류지를 30세대 이상 정한 일부 조합이 있는데, 정비사업이 어느 정도 진행된 뒤 보류지를 공급할 때 잔여물량이 30세대가 넘는 경우에는 주공칙을 적용하여 청약의 과정을 거쳐야 합니다. 즉, 보류지라고 하여 세대수와 상관없이 무조건 청약을 거치지 않고 공급하면 안 된다는 것입니다.

주공칙을 적용하는 것에도 예외는 있습니다.

> 제3조(적용대상) ② 제1항에도 불구하고 다음 각 호의 주택을 공급하는 경우에는 해당 호에서 정하는 규정만을 적용한다. 다만, 다음 각 호의 주택을 해당자에게 공급하고 남은 주택(제4호, 제6호 및 제6호의2는 제외한다)이 법 제15조제1항에 따른 호수 이상인 경우 그 남은 주택을 공급하는 경우에는 그렇지 않다.
> 8. 다음 각 목의 주택: 제22조, 제54조, 제57조
>   가. 공공사업의 시행에 따른 이주대책용으로 공급하는 다음의 주택
>   1) 공공사업의 시행자가 직접 건설하는 주택
>   2) 공공사업의 시행자가 다른 사업주체에게 위탁하여 건설하는 주택
>   3) 공공사업의 시행자가 조성한 택지를 공급받은 사업주체가 건설하는 주택
>   4) 공공사업의 시행자로부터 택지를 제공받은 이주대책대상자가 그 택지에 건설하는 주택

9. 법 제2조제20호에 따른 도시형 생활주택으로 건설하는 주택[『주택법 시행령』(이하 "영"이라 한다) 제10조제2항 단서에 따라 도시형 생활주택과 도시형 생활주택 외의 주택을 하나의 건축물로 함께 건축하는 경우로서 도시형 생활주택 외의 주택이 법 제15조제1항에 따른 호수 미만에 해당하는 경우에는 도시형 생활주택 외의 주택을 포함한다]: 제15조, 제16조, 제18조, 제19조제1항, 제20조부터 제22조까지, 제32조제1항 및 제59조

③ 제1항에도 불구하고 다음 각 호의 주택을 공급하는 경우에는 이 규칙을 적용하지 아니한다. 다만, 제2호에 따른 주택을 건설하여 관사나 숙소로 사용하지 아니하는 경우에는 그러하지 아니하다.

이주대책대상자에게 공급하는 주택과 도시형생활주택의 경우에는 주공칙의 일부 규정만 적용받고, 청약의 과정 등은 적용받지 않습니다.

2. 입주자모집 시기에 관한 사항

입주자를 모집할 수 있는 시기는 주공칙 제15조에서 정하고 있습니다.

제15조(입주자모집 시기) ① 사업주체(영 제16조에 따라 토지소유자 및 등록사업자가 공동사업주체인 경우에는 등록사업자를 말한다. 이하 이 조에서 같다)는 **다음 각 호의 요건을 모두 갖춘 경우**에는 **착공과 동시**에 입주자를 모집할 수 있다.

1. **주택이 건설되는 대지**(법 제15조제3항에 따라 입주자를 공구별로 분할하여 모집한 주택 또는 이 규칙 제28조제10항제2호에 따라 입주자를 분할하여 모집한 주택에 입주자가 있는 경우에는 그 입주자가 소유한 토지를 제외한다. 이하 이 조에서 같다)의 **소유권을 확보할 것**(법 제61조제6항에 따라 주택이 건설되는 대지를 신탁한 경우를 포함한다. 이하 이 조에서 같다). 다만, 법 제22조 및 제23조에 따른 매도청구소송(이하 이 호에서 "매도청구소송"이라 한다) 대상 대지로서 다음 각 목의 어느 하나에 해당하는 경우에는 법 제49조에 따른 사용검사 전까지 해당 주택건설 대지의 소유권을 확보하여야 한다.
   가. 매도청구소송을 제기하여 법원의 승소 판결(판결이 확정될 것을 요구하지 아니한다)을 받은 경우
   나. 소유자 확인이 곤란한 대지에 대하여 매도청구소송을 제기하고 법 제23조제2항 및 제3항에 따른 감정평가액을 공탁한 경우
   다. 사업주체가 소유권을 확보하지 못한 대지로서 법 제15조에 따라 최초로 사업계획승인을 받은 날 이후 소유권이 제3자에게 이전된 대지에 대하여 매도청구소송을 제기하고 법 제23조제2항 및 제3항에 따른 감정평가액을 공탁한 경우
2. 다음 각 목의 어느 하나에 해당하는 기관으로부터 「주택도시기금법 시행령」 제21조제1항제1호에 따른 분양보증(이하 "분양보증"이라 한다)을 받을 것
   가. 「주택도시기금법」 제16조에 따른 주택도시보증공사
   나. 「보험업법」 제2조제5호에 따른 보험회사(같은 법 제4조제1항제2호라목의 보증보험을 영위하는 보험회사만 해당한다) 중 국토교통부장관이 지정하는 보험회사

상기 내용을 요약하면 해당 주택건설 부지의 소유권을 확보하고 분양보증은 받은 상태에서 착공이 되어야 분양을 할 수 있다는 것입니다. 세부적인 것은 뒤에서 더 설명을 드리겠습니다.

가. 착공과 동시

착공은 공사를 시작한다는 뜻으로 분양승인 신청 시 착공계를 제출하는 방식으로 증빙을 합니다. 착공계의 경우 시공사에서 진행하는 업무로서 착공준비가 완료된 뒤 시공사에서 지자체에 신고하는 방식입니다. 예전에는 착공계가 문제가 되어 분양승인을 받지 못한 사례가 거의 없었으나 최근 사업장 중에는 석면 철거 및 민원 등의 문제로 착공계를 받지 못하여 분양일정을 연기한 사업장도 일부 있었습니다.

나. 소유권 확보

소유권 확보에 대해서는 시행사가 진행하여야 할 업무이기 때문에 분양대행사 및 분양 관련 직원들이 관여할 사항이 없습니다. 다만, 법 규정은 알고 있어야 합니다.

아파트를 건설하는 기초가 되는 땅에 문제가 발생하면 공사가 중지될 수도 있고 이로 인해 수분양자들에게 막대한 피해가 발생할 수 있습니다. 이러한 문제로 소유권이 확보되어야 분양할 수 있도록 제한한 것입니다. 그런데, 소유권 확보에 대해 예외사항을 두어 소유권을 완전히 확보하지 못한 경우에도 소유권을 확보한 것으로 간주하는 3가지 규정을 두고 있습니다.

ㄱ. 매도청구소송을 제기하여 법원의 승소 판결(판결이 확정될 것을 요구하지 아니한다)을 받은 경우

매도청구소송이라는 것을 알려면 수용이라는 것도 아는 것이 좋습니다. 이 두 가지를 비교하는 것에 가장 좋은 예는 정비사업입니다. 정비사업의 대표적인 것이 재건축과 재개발입니다. 정비사업의 경우 주민 동의가 필수적인 부분인데, 재개발이나 재건축에 동의하지 않는 분은 어느 사업지에나 있을 수 있습니다. 그럼, 반대하는 분이 있다면 사업진행을 위해 해당 물건을 확보하여야 합니다. 그런데, 재건축과 재개발은 절차가 다릅니다.

재개발의 경우 기반시설을 확충하는 사업으로 공익성을 가진 사업형태입니다. 그래서 동의하지 않는 분은 「공익사업을 위한 토지 등의 취득 및 보상에 관한 법률」에 의거하여 수용에 의하여 소유권을 확보하는 방식입니다. 하지만, 재건축의 경우에는 재개발과 같은 공익성이 없기 때문에 소송의 방법을 통해 소유권을 확보하여야 합니다. 그런데, 우리나라 소송은 3심제라는 특수성이 있습니다. 즉, 대법원까지 소송을 끌면 판결을 확정하는 데 너무 많은 시간이 소요된다는 것입니다. 이러한 점을 방지하기 위해 "판결이 확정될 것을 요구하지 아니한다"라는 단서를 두어 지방법원에서만 승소를 하여도 소유권을 확보한 것으로 봐주는 방식입니다.

ㄴ. 소유자 확인이 곤란한 대지에 대하여 매도청구소송을 제기하고 법 제23조제2항 및 제3항에 따른 감정평가액을 공탁한 경우

건물에 있는 대지의 경우 그 토지의 소유자는 대부분 쉽게 찾을 수 있습니다. 하지만, 지목이 도로로 되어 있는 대지 중 사도의 소유자 일부는 찾지 못하는 경우가 종종 있습니다. 이런 경우 법원에 감정평가액을 공탁하여 두는 방법으로 소유권을 확보하는 것이 가능합니다.

ㄷ. 사업주체가 소유권을 확보하지 못한 대지로서 법 제15조에 따라 최초로 사업계획승인을 받은 날 이후 소유권이 제3자에게 이전된 대지에 대하여 매도청구소송을 제기하고 법 제23조제2항 및 제3항에 따른 감정평가액을 공탁한 경우

예를 들어 앞의 "ㄱ"의 경우에 해당하는 경우 이를 회피할 목적으로 소유권을 3자에게 소유권 이전한 경우에는 이 규정을 적용하여 감정평가액을 공탁하는 방법으로 소유권을 확보하는 것이 가능합니다.

다. 분양보증

법에서는 두 군데의 보증회사가 명시되어 있지만, 실제로 분양보증은 주택도시보증공사에서만 받을 수 있다고 보시면 됩니다.

지금은 주택도시보증공사(HUG)라고 하지만, 처음에는 1993년 주택사업공제조합으로 설립이 되었고, 이후 1999년에 대한주택보증주식회사로 변경된 뒤 2015년 7월 1일부터는 주택 외 다른 업무의 보증까지 확대되며 주택도시보증공사로 설립되었습니다.

분양보증이 주택도시보증공사를 통해서만 받을 수 있는 특수성 때문에 고분양가 관리지역에서는 분양가를 제한받는 경우가 있어서 분양보증을 받지 못하여 분양승인을 받지 못하는 경우가 종종 있었습니다.

분양보증에 대해 오해 또는 혼동을 하는 경우가 있는데, 아파트 분양 과정에서는 크게 두 번의 보증을 받습니다.

아파트 분양 시 수분양자의 보호를 위한 분양보증과 중도금 대출 시 대출 은행의 보호를 위해 대출보증이 있습니다.

ㄱ. 분양보증

보증사고가 발생하면 주택도시보증공사가 지정하는 자로 사업주체가 변경됩니다. 계약자의 경우 납부한 계약금과 중도금에 대해 환급을 받을지와 변경된 사업주체가 공사하는 아파트로 분양을 받을지 중에 결정합니다.

분양보증의 약관은 입주자모집공고와 계약서에 명시되어 있으며, 가장 중요한 부분은 보증 이행 대상이 아닌 채무에 대한 내용입니다. 대표적인 것으로 선납분에 대한 것은 돌려받을 수 없는 금액입니다. 선납이라고 하여 정해진 중도금 납부일보다 먼저 납부하여 할인을 받는 것을 말하는데, 이것은 보증이행 대상이 되지 않습니다. 계약한 회사가 대형 건설사라서 안정성이 보인다면 선납을 하는 것이 전혀 문제가 되지 않을 것입니다.

분양보증에 대한 자세한 내용은 주택도시보증공사 홈페이지(기업보증 → 분양보증)에서 더 자세한 내용을 찾을 수 있습니다.

ㄴ. 대출보증

분양보증의 경우 주택도시보증공사를 통해서만 가능하지만, 대출보증은 한국주택금융공사(HF)에서도 진행하고 있습니다.

보증사고가 발생하는 경우 입주예정자가 받은 대출금을 주택도시보증공사 또는 한국주택금융공사가 상환하는 방식입니다. 그리고 무조건 대출보증을 받을 수 있는 것은 아니라서 세대당 2건까지만 중도금 대출 보증을 받을 수 있습니다. 다만, 규제지역의 경우에는 세대당 1건까지만 중도금 대출 보증을 받을 수 있습니다.

예전에는 분양가격에 따라 보증서 발급이 되지 않는 경우도 있었지만, 2023년 3월 20일 이후 보증 신청의 경우 분양가에 대한 제한이 없으며, 대출한도도 폐지되었습니다.

주택도시보증공사 홈페이지(개인보증 → 주택구입자금보증)에서 더 자세한 내용을 찾을 수 있습니다.

라. 후분양

대부분의 민간분양은 선분양을 하는 경우가 대부분입니다. 반면에 국민주택이나 공공분양의 경우 후분양하는 경우가 많습니다. 그리고 경우에 따라서 민간분양도 후분양하는 경우가 있으며, 다음 요건을 충족하는 경우에는 분양보증을 받지 않고도 분양하는 것이 가능합니다.

> ② 사업주체는 제1항제1호의 요건은 갖추었으나 같은 항 제2호의 요건을 갖추지 못한 경우에는 해당 주택의 사용검사에 대하여 제1호 각 목의 요건을 모두 갖춘 등록사업자(「건설산업기본법」 제9조에 따라 일반건설업 등록을 한 등록사업자 또는 영 제17조제1항에 적합한 등록사업자를 말한다) 2 이상의 연대보증을 받아 이를 공증을 받으면 제2호 각 목의 구분에 따른 건축공정에 달한 후에 입주자를 모집할 수 있다.
> 1. 등록사업자의 요건
>   가. 시공권이 있는 등록사업자로서 전년도 또는 해당 연도의 주택건설실적이 100호 또는 100세대 이상인 자일 것

나. 전년도 또는 해당 연도의 주택건설실적이 100호 또는 100세대 이상인 자 중에서 자본금 및 주택건설실적 등을 고려하여 특별자치시장·특별자치도지사(관할 구역 안에 지방자치단체인 시·군이 없는 특별자치도의 도지사를 말한다)·시장·군수·구청장(이하 "시장·군수·구청장"이라 한다)이 인정하는 자일 것

다. 「독점규제 및 공정거래에 관한 법률」 제2조에 따른 사업주체의 계열회사가 아닐 것

2. 건축공정의 기준

가. 아파트의 경우: 전체 동의 골조공사가 완료된 때

나. 연립주택, 다세대주택 및 단독주택의 경우

　1) 분양주택: 조적공사가 완성된 때

　2) 공공임대주택: 미장공사가 완성된 때

마. 분양시기 제한

벌칙으로 인해 분양시기를 제한받는 경우가 있습니다. 이 경우에는 사실상 선분양은 어렵다고 보아야 합니다.

③ 제1항 및 제2항에도 불구하고 법 제54조제1항제2호가목에 따라 사업주체 또는 시공자가 영 별표 1 또는 「건설산업기본법 시행령」 별표 6에 따른 영업정지처분을 받았거나 「건설기술 진흥법 시행령」 별표 8에 따른 벌점을 받은 경우에는 별표 4에서 정한 기준에 따른 건축공정에 달한 후에 입주자를 모집할 수 있다. 다만, 제2항에 따른 입주자모집 시기가 별표 4에서 정한 기준에 따른 입주자모집 시기보다 더 늦은 경우에는 제2항에 따른다.

부실공사의 문제를 후분양을 통해 해결이 가능하다는 시각으로 부실시공으로 영업정지 처분이나 벌점을 받으면 선분양을 어렵게 한 제도로 2018년 9월 18일에 신설된 조항입니다.

3. 입주자모집 조건에 관한 사항

주공칙 제16조에서는 입주자모집의 조건을 명시하고 있는데, 대지의 소유권을 확보하고 있으나 저당권·가등기담보권·가압류·가처분·전세권·지상권 및 등기되는 부동산임차권 등의 제한물권이 있는 경우 사업지체가 될 수 있으므로 수분양자의 보호를 위해 앞서 언급한 제한물권을 말소하여야 입주자를 모집할 수 있게 하고 있습니다.

이 경우에도 말소과정에서 소송이 발생하는 경우 소유권 확보와 마찬가지로 판결이 확정될 것을 요구하지 않습니다. 그리고 지역조합의 경우에는 소유권을 확보하지 못한 상태에서 사용승낙만 받아 둔 경우라면 입주자를 모집하기 전에는 소유권을 확보하도록 하고 있습니다.

제16조(입주자모집 조건) ① 사업주체는 주택이 건설되는 대지의 소유권을 확보하고 있으나 그 대지에 저당권·가등기담보권·가압류·가처분·전세권·지상권 및 등기되는 부동산임차권 등(이하 "저당권등"이라 한다)이 설정되어 있는 경우에는 그 저당권등을 말소해야 입주자를 모집할 수 있다. 다만, 다음 각 호의 어느 하나에 해당하는 경우는 그렇지 않다.

1. 사업주체가 영 제71조제1호 또는 제2호에 따른 융자를 받기 위하여 해당 금융기관에 대하여 저당권등을 설정한 경우
2. 저당권등의 말소소송을 제기하여 법원의 승소 판결(판결이 확정될 것을 요구하지 아니한다)을 받은 경우. 이 경우 사업시행자는 법 제49조에 따른 사용검사 전까지 해당 주택건설 대지의 저당권등을 말소하여야 한다.
3. 다음 각 목의 어느 하나에 해당하는 구분지상권이 설정된 경우로서 구분지상권자의 동의를 받은 경우
   가. 「도로법」 제28조에 따른 구분지상권
   나. 「도시철도법」 제12조에 따른 구분지상권
   다. 「철도의 건설 및 철도시설 유지관리에 관한 법률」 제12조의3에 따른 구분지상권

② 사업주체는 대지의 사용승낙을 받아 주택을 건설하는 경우에는 입주자를 모집하기 전에 해당 대지의 소유권을 확보하여야 한다. 다만, 다음 각 호의 어느 하나에 해당하는 경우에는 그러하지 아니하다.
1. 대지의 소유자가 국가 또는 지방자치단체인 경우
2. 사업주체가 공공사업의 시행자와 택지분양계약을 체결하여 해당 공공사업으로 조성된 택지를 사용할 수 있는 권원을 확보한 경우

4. 입주자모집 절차에 관한 사항

가. 공개모집 방법

주공칙에서는 공개모집의 방법으로 입주자를 모집하여야 한다고 정의하고 있습니다.

> 제19조(입주자모집 방법) ① 사업주체는 공개모집의 방법으로 입주자를 모집하여야 한다.

이 규정의 경우 확대하여 해석되는 경우에는 아주 큰 위력을 발휘하는 부분이 있습니다. 지금은 예비입주자 공급 후 잔여물량이 발생하는 경우 무순위 청약을 진행합니다. 하지만, 무순위 청약이 법제화되기 전인 2018년 12월 11일 전에는 예비입주자 공급 후 잔여물량은 해당사업체에서 내집마련 등의 다양한 방법으로 입주자를 모집하였습니다. 이 과정에서 선착순이라고 하여 줄을 세워 분양하는 경우도 있었는데, 일부 지자체에서는 이에 대해 공개모집의 방법에 해당하지 않는다고 하여 줄세우기를 금지하는 공문을 발송하는 경우도 있었습니다.

나. 분양승인

아파트 분양을 하기 위해서는 해당 지자체로부터 분양승인의 절차가 진행된 후에야 입주자를 모집할 수 있습니다.

> 제20조(입주자모집 승인 및 통보) ① 사업주체(제18조 각 호의 사업주체는 제외한다)는 입주자를 모집하려면 다음 각 호의 서류를 갖추어 시장·군수·구청장의 승인을 받아야 한다. 이 경우 시장·군수·구청장은 「전자정부법」 제36조제1항에 따른 행정정보의 공동이용을 통하여 토지 등기사항증명서를 확인해야 한다.
> 1. 입주자모집공고안
> 2. 제15조 및 제17조에 따른 보증서·공증서·건축공정확인서 및 대지사용승낙서(해당하는 자만 제출한다)
> 3. 제50조의2제1항에 따른 교육의 수료를 증명하는 서류(법 제54조의2제2항에 따른 분양대행자에게 제50조의2제1항에 따른 업무를 대행하게 하는 경우만 해당한다)
> ② 제18조 각 호의 사업주체는 입주자를 모집하려면 입주자모집내용을 국토교통부장관 및 주택청약업무수행기관에 통보하여야 한다.

분양승인을 받기 위해서는 미리 분양승인 신청을 하여야 하는데, 제1항에서는 분양승인 신청을 위한 필수적인 서류에 대해 기재가 되어 있습니다. 그리고 제2항에 따라 국가 등은 분양승인의 절차를 거치지 않는 대신 입주자모집공고를 국토교통부장관 및 주택청약업무수행기관에 통보하도록 하고 있습니다. 예를 들어서 LH에서 공급하는 주택은 분양승인이라는 절차를 진행하지 않고도 아파트 공급하는 것이 가능하다는 것입니다. 물론, 분양보증 또한 받을 필요가 없습니다.

> 제18조(입주자모집 요건의 특례) 다음 각 호의 어느 하나에 해당하는 사업주체는 제15조 및 제16조에도 불구하고 입주자를 모집할 수 있다.
> 1. 국가, 지방자치단체, 한국토지주택공사, 지방공사 또는 「공공주택 특별법 시행령」 제6조제1항에 따른 공공주택사업자
> 2. 제1호에 해당하는 자가 단독 또는 공동으로 총지분의 50퍼센트를 초과하여 출자한 부동산투자회사

분양승인 신청을 받은 지자체는 이에 대해 검토 후 승인 여부를 결정하여야 합니다.

> 제20조(입주자모집 승인 및 통보) ③ 제1항에 따른 신청을 받은 시장·군수·구청장은 다음 각 호의 사항을 확인해야 한다.
> 1. 사업주체나 시공자가 제15조제3항에 해당하는지 여부. 이 경우 법 제85조에 따른 협회 또는 「건설산업기본법 시행령」 제10조에 따른 건설산업종합정보망을 통하여 확인하여야 한다.
> 2. 제16조제1항제3호 각 목에 따른 구분지상권자의 동의 여부(제1항 각 호 외의 부분 후단에 따라 확인한 토지 등기사항증명서에 제16조제1항제3호 각 호에 따른 구분지상권이 설정되어 있는 경우만 해당한다)
> ④ 제1항 및 제2항에 따른 승인이나 통보는 국토교통부장관이 지정하는 전자정보처리시스템을 통하여 할 수 있다.
> ⑤ 시장·군수·구청장은 제1항에 따른 신청을 받으면 신청일부터 5일 이내에 승인 여부를 결정하여야 한다. 다만, 법 제57조에 따른 분양가상한제 적용주택의 경우에는 10일 이내에 결정하여야 하며, 부득이한 사유가 있으면 5일의 범위에서 연장할 수 있다.

벌칙 사항이 있어서 분양에 문제가 없는지를 건설산업종합정보망을 통해 확인하도록 하고 있습니다. 그리고 분양승인의 서류제출 등의 과정은 국토교통부장관이 지정하는 전자정보처리시스템을 통해 진행할 수 있다고 명시하고 있습니다. 국토교통부장관이 지정하는 전자정보처리시스템이라는 것은 세움터를 말하는 것이며, 세움터를 통해 분양승인 서류를 제출할 수 있다고 명시는 되어 있으나 강행사항은 아니고 임의규정이라서 담당 주무관에 따라 달라집니다. 세움터 업로드 업무는 설계사무실이 가장 잘하는 업무이나 최근에 일부 현장에서는 분양대행사 직원이 진행하는 경우가 종종 있습니다. 시스템 업로드 자체가 어려운 것은 아니나 담당 공무원이 열어 주는 시간에만 가능한 것 등 몇 가지 제약이 있습니다. 그리고 한번 올린 것은 삭제가 되지 않기 때문에 신중히 자료를 업로드하여야 합니다.

분양승인 결정 여부는 신청일로부터 5일이지만, 분양가 상한제 적용주택의 경우 10일의 기간이 주어지기 때문에 이에 대해 숙지하여 분양승인을 신청하여야 합니다.

다. 분양승인 절차 및 신청서류

분양승인을 받는 업무의 경우 대부분의 현장에서는 시행사 직원 또는 시공사 직원이 진행하는 경우가 대부분입니다. 하지만, 규모가 작은 시행사나 시공사의 경우 별도의 분양승인 업무를 담당하는 직원이 없이 분양담당이 분양승인 업무까지 진행하는 경우가 있습니다. 이러한 경우에는 분양대행사 또는 기획직원이 분양승인 업무를 진행하여야 하는 경우가 있습니다. 이런 경우를 대비해서 분양승인 절차를 알고 있는 것이 좋습니다.

ㄱ. 분양승인 담당자 확인

해당지역에서 최근에 진행한 사업자의 모집공고문을 확인하여 승인청 및 승인청 업무 담당부서를 확인하여야 합니다. 대부분의 경우 주택과나 건설과로 명칭된 곳에서 분양승인 업무를 진행하는 경우가 많습니다. 주의할 점이 있는 것이 있는데, 재개발이나 재건축이 많이 진행되는 지역의 경우 재개발이나 재건축 등의 정비사업에서 일반분양을 통해 분양승인을 받는 경우에는 주택과가 아닌 도시정비과에서 진행하는 경우가 있습니다. 이 경우에 최근에 분양승인을 진행한 경우에는 담당 공무원도 분양승인에 대해 업무를 진행한 바가 있기 때문에 원활한 진행이 되지만, 최근에 재개발과 재건축을 통한 일반분양이 많지 않았다면 분양승인 업무에 대해 도움을 드려야 할 것이 많아집니다.

ㄴ. 최초 담당자 방문(모집공고일로부터 1개월 전)

해당 지자체의 홈페이지에서 담당을 확인한 후 방문합니다. 개략적인 분양일정에 대해 알려드리고, 그 일정이 분양승인 받는 것에 문제가 없는지 확인하는 것이 좋습니다. 공무원은 결제의 과정으로 진행되는 일이 많은데, 담당들의 휴가 또는 출장 등으로 부재인 경우를 미리 확인하는 것이 좋습니다. 그리고 최근 분양승인 받은 사업장의 신청서류 목록 샘플을 받아야 합니다. 주공칙에서 분양승인 신청 시 필요한 서류 목록은 기재가 되어 있지만, 이것은 필수서류일 뿐이며, 그 외에도 지자체에서 요구하는 서류가 있을 수 있으므로 원하는 바를 미리 체크하는 것이 좋습니다.

ㄷ. 기관추천 물량 협의

최초 담당자 방문 시에 처리하면 좋은 업무가 있습니다. 기관추천 특별공급의 물량을 협의하여 두는 것이 좋습니다. 이에 대한 것은 기관추천 특별공급 부분에서 확인하여 주시기 바랍니다. 그리고 경제자유구역 특별공급을 진행하는 사업장이라면 이에 대한 것도 협의하여 두는 것도 좋습니다.

ㄹ. 분양승인 신청서류 작정

분양승인을 진행하는 담당자는 수분양자를 대신하여 해당 사업이 안전한 것인지 확인하는 것입니다. 그래서 해당 사업주체가 이상이 없는지도 확인하기 위해 추가적인 서류를 확인합니다. 다음의 경우 샘플일 뿐이며, 지자체마다 상이할 수 있습니다.

입주자 모집승인신청 서류목록(샘플)

구분	제출 서류	확인	비고
1	입주자모집공고(안)	○	
2	분양계약서(안)	○	
3	발코니확장계약서(안)	○	
4	주택분양보증서	○	
5	착공신고필증	○	
6	건축공정확인서	○	
7	분양대행자 교육수료증	○	
8	토지 등기사항증명서	○	
9	사업개요, 단지배치도, 단위세대평면도 및 동호수 배치도	○	
10	사업자등록증	○	

11	주택건설사업자등록증	○	
12	법인등기부등본	○	
13	법인인감증명서	○	
14	국세및지방세완납증명서	○	
15	마감재목록표	○	
16	견본주택 내부영상물	○	별첨(USB)
17	카탈로그	○	

① 입주자모집공고문은 하나의 파트로 다뤄야 하므로 입주자모집공고 파트를 참고하여 주시기 바랍니다.

② 분양계약서(안)의 경우 기존의 계약서에서 수정을 하는 부분이나 관련 법규의 개정을 반영하여야 하며, 공정거래위원회의 표준계약서[경로: 정보공개>표준계약서>[제10001호] 아파트표준공급계약서 ('23.12.6. 개정)]의 변경이 있으면 이를 따라야 합니다.

③ 발코니확장계약서의 경우 기존의 발코니확장계약서에서 현장명 외 수정할 것이 별로 없습니다.

④ 분양보증서는 한번만 출력이 가능하기 때문에 프린터 이상 유무를 확인 후 출력하는 것을 권합니다.

⑤ 착공신고는 시공사 업무로서 시공사에게 사본을 받되 원본대조필 도장을 받은 것으로 사용하여야 합니다.

> 제16조(입주자모집 조건)
> ③ 사업주체는 입주자를 모집하려는 때에는 시장·군수·구청장으로부터 제15조에 따른 착공확인 또는 공정확인을 받아야 한다.

⑥ 건축공정확인서는 필히 감리자의 도장이 날인된 것을 사용하여야 합니다.

> 제17조(건축공정확인서의 발급) 영 제47조제1항에 따른 감리자(이하 "감리자"라 한다)는 제16조제3항 및 제60조제6항에 따른 건축공정확인서를 사업주체로부터 해당 공정의 이행을 완료한 사실을 통보받은 날부터 3일 이내에 발급하여야 한다.

⑦ 2019년 4월 23일 주택법에서 다음과 같은 규정이 신설되었습니다.

> 주택법 제54조의2(주택의 공급업무의 대행 등) ① 사업주체는 주택을 효율적으로 공급하기 위하여 필요하다고 인정하는 경우 주택의 공급업무의 일부를 제3자로 하여금 대행하게 할 수 있다.
> ② 제1항에도 불구하고 사업주체가 입주자자격, 공급 순위 등을 증명하는 서류의 확인 등 국토교통부령으로 정하는 업무를 대행하게 하는 경우 국토교통부령으로 정하는 바에 따라 다음 각 호의 어느 하나에 해당하는 자(이하 이 조에서 "분양대행자"라 한다)에게 대행하게 하여야 한다.
> 1. 등록사업자
> 2. 「건설산업기본법」 제9조에 따른 건설업자로서 대통령령으로 정하는 자
> 3. 「도시 및 주거환경정비법」 제102조에 따른 정비사업전문관리업자
> 4. 「부동산개발업의 관리 및 육성에 관한 법률」 제4조에 따른 등록사업자
> 5. 다른 법률에 따라 등록하거나 인가 또는 허가를 받은 자로서 국토교통부령으로 정하는 자
> ③ 사업주체가 제2항에 따라 업무를 대행하게 하는 경우 분양대행자에 대한 교육을 실시하는 등 국토교통부령으로 정하는 관리·감독 조치를 시행하여야 한다. [본조신설 2019. 4. 23.]

분양대행자에 대해 법적인 요건을 두어 제2항이 요건을 갖춘 자에 한해 분양대행이 가능하도록 하였습니다. 또한 제3항에 의거하여 분양대행자 교육을 수료한 자에 한해 해당 업무가 가능하게 하여 이를 확인하기 위해 교육수료증을 제출하도록 하고 있습니다.

⑧ 토지 등기사항증명서의 경우 해당 사업주체에서 준비하여야 담당 공무원의 일을 줄일 수 있습니다. 다만, 재개발 일반분양의 경우 등 첨부하여야 할 등기사항증명서의 양이 방대한 경우 다음에 근거하여 담당 공무원과 협의하는 것을 권합니다. 구법에서는 등기사항증명서는 필수로 제출하여야 하는 서류였지만, 2016년 12월 30일 개정으로 인해 다음과 같이 개정된 것입니다.

> 제20조(입주자모집 승인 및 통보) ① 사업주체(제18조 각 호의 사업주체는 제외한다)는 입주자를 모집하려면 다음 각 호의 서류를 갖추어 시장·군수·구청장의 승인을 받아야 한다. 이 경우 시장·군수·구청장은 「전자정부법」 제36조제1항에 따른 행정정보의 공동이용을 통하여 토지 등기사항증명서를 확인해야 한다.

⑨ 해당 주택사업의 개략적인 부분의 안내를 위해 사업개요와 기타 아파트 관련 자료를 제출합니다.

⑩~⑭ 사업주체가 이상이 없는지 확인하기 위해 필요한 서류라고 보시면 됩니다.

⑮ 마감재 목록표와 설계도면을 견본주택에 비치하여야 하는지에 대한 근거가 무엇인지 묻는 경우가 있습니다. 설계도면의 경우 출력본을 견본주택에 비치하며, 마감재 목록표는 홈페이지에 공개하는 편입니다.

> 주택법 제60조(견본주택의 건축기준)
> ③ 견본주택에는 마감자재 목록표와 제15조에 따라 사업계획승인을 받은 서류 중 평면도와 시방서(示方書)를 갖춰 두어야 하며, 견본주택의 배치·구조 및 유지관리 등은 국토교통부령으로 정하는 기준에 맞아야 한다.

⑯ 소비자는 실제 주택을 보지 못하고 견본주택을 보고 해당 주택을 판단할 수밖에 없습니다. 그래서 담당 공무원은 수분양자를 대신하여 해당 견본주택을 보고 문제가 없는지 판단하여야 할 책임이 있는 있습니다. 분양승인 전에 미리 견본주택에 방문하여 이상한 점이 없는지 확인하는 경우가 있고, 이때에는 여러 시정요구가 있을 수 있습니다. 몇 가지 예를 들면 보일러실에 보일러가 부착위치만 표시된 것을 보고 보일러 샘플을 부착하여 소비자가 직접 볼 있도록 시정요구한 바도 있고, 발코니 확장 부분 표시가 미비한 것을 시정요구한 바도 있었습니다.

견본주택 내부를 촬영한 영상본을 제출하는 경우 USB에 저장하여 제출하는 방식을 사용합니다.

⑰ 소비자에게는 카탈로그를 통해 해당 주택을 소개합니다. 이에 대해 담당 공무원이 수분양자를 대신하여 이상이 없는지 미리 확인하는 것이라고 보시면 됩니다. 다만, 카탈로그 제출을 요구하는 지자체도 있지만, 필수는 아니기 때문에 요구하지 않는 경우 제출할 필요는 없습니다.

5. 입주자모집공고 작성

 입주자모집공고(이하 "공고"라고 함)는 기획팀 내에서도 경험이 많은 팀장급 또는 차장급 정도의 직원이 작성하는 경우가 대부분입니다. 이것은 말 그대로 경험이 필요하기 때문입니다. 하지만, 요령만 있고 이 책을 통해 지식을 얻는다면 경험을 충분히 대체하여 과장급이나 대리급도 충분히 모집공고를 작성할 수 있을 것으로 사료됩니다.

가. 초안작성

 현재 청약홈에는 샘플공고가 업로드되어 있기 때문에 청약 파트는 샘플공고만 보고 작성을 하여도 충분합니다. 지금부터 초안작성 시 필요한 요령을 알려 드리도록 하겠습니다.

ㄱ. 청약일정 작성

① 청약일정의 구분

 청약일정은 모집공고일, 청약일, 당첨자 발표일, 서류접수기간, 계약기간으로 구분됩니다.
 통상적으로 모집공고일은 금요일이 진행하는 경우가 많고, 청약일은 공고일로부터 10일 후부터 진행되며, 특별공급, 일반공급 1순위, 일반공급 2순위로 구분이 되어 총 3일의 청약일정이 진행됩니다.

② 특별공급의 청약일정

특별공급의 경우 보통 하루의 일정으로 진행됩니다. 하지만, 예외가 있어서 일부 특별공급은 2일의 청약일정을 가지는 경우가 있으니 주의가 필요합니다. 예를 들어서 산업단지 이전 기관종사자 특별공급이 이에 해당합니다.

반대로 공급규모가 적은 소규모 아파트에서는 승인청과 협의하여 특별공급을 진행하지 않는 경우도 있습니다. (사례: e편한세상 부평 그랑힐스(보류지) 2024년 4월 19일 모집공고)

③ 청약일정 단축

최초 청약에 해당하는 특별공급은 공고일로부터 10일 후에 진행되지만, 법에서는 공고일을 청약일로부터 10일 전에 진행하여야 한다고 규정하고 있습니다. 그런데, 단서조항이 있어서 공고일로부터 5일 후에 청약을 진행할 수 있으며, 이에 대해서는 기관추천 특별공급에서 설명한 바가 있습니다. 주의할 점은 추천일정에 명단 회신일을 당기는 것에는 문제가 발생할 수 있기 때문에 기관추천 공문 발송 전에 승인청과 공고일 단축에 대한 협의가 진행되어야 합니다. 반대로 원하는 일정에 분양승인을 받지 못하는 경우에 청약일정 유지를 위하여 공고일 단축을 협의하는 경우도 있습니다.

④ 투기과열지구나 청약과열지역의 청약일정

투기과열지구나 청약과열지역의 경우 다음 규정에 의거하여 일반공급 1순위는 2일에 걸쳐 청약이 진행됩니다.

제19조(입주자모집 방법)
④ 다음 각 호의 어느 하나에 해당하는 지역에서 공급되는 주택의 입주자를 모집하는 경우(제34조에 따라 입주자를 모집하는 경우는 제외한다)로서 제27조제1항제1호 또는 제28조제1항제1호에 따른 제1순위

> 청약 신청을 접수하는 경우에는 해당 주택건설지역에 거주하는 자와 그 밖의 지역에 거주하는 자의 청약 신청 접수일을 각각 다른 날로 정하되, 해당 주택건설지역에 거주하는 자의 청약 신청 접수일이 그 밖의 지역에 거주하는 자의 청약 신청 접수일보다 우선하도록 해야 한다.
> 1. 투기과열지구
> 2. 청약과열지역

당첨되지 않을 대상인 기타지역 일반공급 1순위 청약자의 청약일정을 분리함에 따라 해당지역에서 마감이 되면 기타지역의 일반공급 1순위 청약을 받지 않는 방법으로 청약경쟁률을 과대포장하지 못하게 막기 위해 2017년 7월 3일에 신설된 조항입니다. 이 규정은 해당지역 거주자에게 우선공급하는 규제지역에서만 적용되는 것으로서 규제지역일지라도 주공칙 제34조를 적용받아 지역분배를 하는 경우에는 적용되지 않습니다. 즉, 규제지역의 경우 대규모 택지라면 기존처럼 일반공급 1순위는 해당지역과 기타지역이 하루에 청약합니다.

⑤ 일반공급의 청약일정

일반공급의 경우 선순위 청약이 마감되면 후순위 청약을 접수하지 않는 것이 원칙입니다. 즉, 규제지역의 일반공급 1순위에서 해당지역으로 마감되면 기타지역은 청약접수를 하지 않으며, 1순위에서 마감되면 2순위 청약은 진행되지 않습니다. 간혹 선순위에서 마감이 되었는데, 왜 후순위의 청약이 진행되는지 질문을 받는 경우가 있습니다. 이것은 두 가지를 알아야 합니다.

첫째, 마감이라는 것을 정확히 이해하지 못하였기 때문입니다. 예를 드는 것이 편할 것입니다.

예를 들어서 100세대를 하나의 주택형으로 일반공급하는 경우라면 당첨자 100명과 추가로 예비입주자 500명이 필요합니다. 즉, 해당 주택에 일반공급 1순위에 500명만 청약을 하였다면 예비입주자 100명이 모자라기 때문에 청약이 마감된 것이 아닙니다.

둘째, 이 경우 같은 100세대 공급에 700명이 청약을 하였는데도 2순위 청약이 진행되는 경우가 있습니다. 이것은 공공분양의 일반공급입니다. 공공분양의 일반공급 물량의 80%는 주공칙에서 정하는 바에 따라 당첨자를 선정하지만, 나머지 물량은 추첨으로 당첨자를 선정합니다. 여기서 추첨에는 제한이 없기 때문에 2순위 청약자에게도 기회가 주어져야 하기 때문에 선순위 청약에서 마감이 되어도 후순위 청약이 진행되는 것입니다. 예전에는 공공분양에서도 1순위 마감이 있었으나 추첨 방식이 생기면서 2순위까지도 청약이 진행되는 것으로 변경이 되었습니다. 민간분양의 경우 선순위에서 공급세대수의 100% 이상 청약이 진행되면 2순위는 당첨될 수 없으나 공공분양의 일반공급은 저축액 순으로 당첨자를 선정하고 남은 주택의 추첨에서는 순위와 상관없이 당첨자를 선정하기 때문에 저축액이 낮아도 추첨 20%의 당첨확률을 노리고 청약을 진행하여야 합니다.

⑥ 당첨자 발표일 & 서류접수일정

당첨자 발표일과 서류접수일정은 서로 연결하여 판단하여야 합니다. 통상적으로 당첨자발표가 되면 다음 날부터 서류를 접수하면 되지 않을까 생각할 수 있습니다. 이것은 하수의 생각입니다.

서류접수를 원활히 하기 위해서는 당첨자의 세대원명단, 주택소유현황 및 청약제한사항이 조회가 되어야 합니다. 즉, 이러한 것이 조회되지 않은 상태에서 서류를 접수받는 경우 정확한 서류검수가 이루어지지 않기 때문에 부적격인 자를 놓치거나 같은 일을 두 번 하여야 하는 번거로움이 발생할 수 있습니다.

이러한 일이 생기지 않게 하기 위해서는 당첨자의 세대원명단, 주택소유현황 및 청약제한사항이 어떤 방식으로 조회가 되는지 알면 도움이 될 것입니다.

당첨자 발표일 하루 전에는 청약홈에서 당첨자 추첨이 진행됩니다. 이를 통해 당첨자가 선정되면 이를 통해 행정안전부를 통해 당첨자와 같은 등본에 있는 세대원명단이 조회가 됩니다. 그리고 국토교통부를 통해 당첨자 및 세대원에 대한 주택소유현황이 조회가 됩니다. 마지막으로 주택청약업무수행기관인 청약홈을 통해 당첨자 및 세대원에 대한 청약제한사항이 조회가 됩니다. 그런데, 이 일정이 매일 이루어지는 것은 아니라서 사업주체에는 일주일에 3

회 정도 돌려받는 일정이 있습니다. 월요일, 화요일, 목요일 3회에 돌려받는 방식이라서 당첨자 발표일은 월요일, 화요일, 목요일로 정하는 것이 편한 부분이 있습니다.

예를 들어 수요일에 당첨자 발표를 하는 경우 목요일에 세대원명단, 주택소유현황 및 청약제한사항이 조회되기 때문에 최소한 금요일 이후부터 서류접수일정을 잡아야 합니다. 즉, 수요일에 당첨자 발표가 되어도 목요일에 세대원 명단 등을 받기 전에는 서류검수에 어려움이 생기기 때문에 금요일부터 서류접수하기 때문에 목요일 하루를 허비한다는 것입니다.

서류접수일정을 잡는 것에도 세 가지 요령이 추가로 필요합니다.

첫째, 예비입주자 서류를 언제 받을지도 고려하여야 합니다. 현장 컨디션에 따라 당첨자와 같이 받을 수도 있고, 일정을 분리할 수도 있고, 정당계약을 모두 마친 후 다시 예비입주자 서류접수를 다시 진행할 수 있습니다.

매우 인기 있는 아파트라면 사업주체가 갑이고, 예비입주자가 을입니다. 어떤 방식으로도 가능하니 비용을 적게 들이는 형태로 진행하여도 무방합니다. 그런데, 일정 단축을 통해 인건비 절감으로 분양대행 수익을 극대화하기 위해서는 정당 계약일 이전에 예비입주자의 서류도 모두 접수받아야 합니다.

둘째, 세대원 파트에서 분리세대에 대해 설명한 바가 있습니다. 등본을 달리하는 배우자 및 세대원에 대한 주택소유현황 및 청약제한사항을 역으로 요청을 하여야 합니다. 대체로 목요일에 당첨자 발표를 하면 11일 후인 다다음주 월요일부터 계약을 진행하는 경우가 대부분입니다. 즉, 분리세대는 계약 전주 목요일에 요청을 하여 금요일에는 돌려받아야 계약을 진행하는 것에 무리가 없습니다. 이 일정을 위해서는 정당당첨자에 대해서는 수요일까지 서류접수를 마치고, 예비입주자의 경우 며칠 더 여유를 두는 것도 가능합니다.

셋째, 서류접수를 예약제로 운영할지 예약 없이 운영할지도 고려하여야 합니다. 2020년 코로나 사태로 인해 밀접접촉을 피하라는 조치에 의해 예약제를 통해 서류접수 및 계약이 이루어졌습니다. 이후에도 예약제를 운영하는 경우도 있지만, 예약제를 운영하지 않는 경우가 많습니다. 예약제를 운영하는 경우 업무처리에 깔끔한 처리가 가능하다는 장점이 있습니다. 하지만, 인건비가 더 많이 소요되고, 당첨자들을 압박하지 못한다는 단점이 있어서 예약제를 운영하지 않는 경우가 많습니다. 참고로 예약제로 운영하지 않는 방법은 밀어내기 방식이라고 표현하기도 합니다.

⑦ 계약일정

계약일정은 다음의 규정에 의거하여 일정을 정합니다.

> 제59조(주택의 공급계약)
> ② 제1항에 따른 공급계약은 제25조제4항 전단에 따른 입주자 및 예비입주자 선정사실 공고일부터 11일이 경과한 후 3일 이상의 기간을 정하여 해당 기간 동안에 체결하여야 한다.

청약홈 일정 계산기를 통하면 계약 개시일이 공휴일이 아닌 평일부터 진행이 되도록 설정이 되어 있습니다.

예를 들어서 다음과 같이 1월 8일 수요일에 당첨자 발표가 진행되는 경우 청약홈 일정계산기에서는 1월 20일부터 1월 22일까지 계약이 가능한 일정으로 안내합니다. 하지만, 사업주체의 상황상 하루라도 일정을 빨리 소화하여야 하는 경우 1월 19일 일요일부터 계약을 진행하는 것이 가능합니다. (검단신도시 파밀리에 엘리프 2024년 12월 20일 입주자모집공고 참고)

일	월	화	수	목	금	토
1/5	1/6	1/7	1/8	1/9	1/10	1/11
			당첨자 발표			서류접수
1/12	1/13	1/14	1/15	1/16	1/17	1/18
서류접수	서류접수	서류접수	서류접수			
1/19	1/20	1/21	1/22	1/23	1/24	1/25
	청약홈 일정계산기상의 계약기간					
검단신도시 파밀리에 엘리프 계약기간						

ㄴ. 청약홈 샘플공고를 통해 초안작성

청약홈에서는 주공칙이 개정될 때마다 수도권 규제지역, 수도원 외 비규제지역, 계약취소주택, 사후 무순위의 샘플 입주자모집공고를 제공하고 있습니다.

샘플 입주자모집공고는 금융결제원 아파트투유가 전산정보처리기관(현재는 주택청약업무수행기관으로 한국부동산원 청약홈이 담당하고 있음)이던 시절에 2016년 11월 3일 부동산 대책으로 조정대상지역 신설되며 청약에 대해 규제사항이 많아져 이 당시 최초 공급한 주택의 입주자모집공고문을 샘플로 제공한 것이 시작입니다. 이후 주공칙에 개정될 때마다 최초 공급하는 주택의 입주자모집공고문을 샘플로 제공을 하였습니다. 2020년 금융결제원에서 한국부동산원(당시에는 한국감정원)으로 전산정보처리기관이 변경이 된 후에도 동일한 방식으로 진행이 되었으나 2024년 3월 25일 개정 시 한국부동산원 청약홈에서는 자체적으로 샘플 입주자모집공고문을 제공하였습니다. 기존의 불필요한 내용을 정리하고 청약의 자격과 당첨자 선정방법 등을 도식화 및 정리하여 일반인이 보아도 이해가 쉽게 작성이 되어 과장급 이하의 기획직원도 입주자모집공고 초안을 작성하는 것이 어렵지 않게 되었습니다.

다만, 현장에 따라 샘플 입주자모집공고문을 사용하는 방법이 다릅니다. 일반적인 경우 샘플 입주자모집공고문을 그대로 사용하는 경우가 대부분입니다. 하지만, 청약법규를 많이 아는 직원 및 대행사는 샘플 입주자모집공고문을 그대로 사용하지 않습니다. 예를 들어 샘플 입주자모집공고문에 다자녀 특별공급 파트에 자녀수 산정방법이 기재되어 있지 않습니다. 다자녀 특별공급에서 자녀수에 대해 주공칙 또는 운영지침에서 규정하고 있는 것은 다음의 규정뿐입니다. (다자녀가구 및 노부모부양 주택 특별공급 운용지침 별표1 배점기준표)

> (1), (2): 주민등록표등본이나 가족관계증명서로 확인[이혼·재혼의 경우 자녀가 동일한 주민등록표상에 등재된 경우(공급신청자와 동일한 세대별 주민등록표상에 등재되어 있지 아니한 공급신청자의 배우자와 동일한 세대를 이루고 있는 경우도 포함)에 한함]

반면에 신혼부부 특별공급 운영지침에는 다음과 같은 규정이 있습니다.

> **신혼부부 주택 특별공급 운용지침 제7조(입주자 선정방법)**
> ⑥ 제3항의 자녀수는 공급신청자의 가족관계증명서에 등재된 직계비속은 포함하여 산정하되, 공급신청자가 재혼한 경우에는 다음 각 호에 해당하는 경우에 포함하여 산정한다.
> 1. 공급신청자의 직계비속(입양한 자녀를 포함한다. 이하 같다)인 미성년 자녀로 공급신청자와 동일한 세대를 이루고 있는 경우
> 2. 공급신청자의 직계비속인 미성년 자녀로 공급신청자의 배우자와 동일한 세대를 이루고 있는 경우
> 3. 공급신청자의 배우자가 이전 배우자와의 사이에서 출산한 미성년 자녀로 공급신청자와 동일한 세대를 이루고 있는 경우

두 가지 운용지침을 비교하면 공급신청자의 자녀는 동일합니다. 하지만, 재혼한 배우자의 자녀에 대해서는 신혼부부 특별공급 운영지칙에서는 공급신청자와 같은 등본에 있어야 한다고 규정하고 있지만, 다자녀 특별공급은 주공칙이나 운용지침에서 정하는 바가 없습니다.

그리고, 샘플 입주자모집공고문에는 신혼부부 특별공급 유의사항에는 자녀수 산정방법을 기재하여 두고 있지만, 다자녀 특별공급 파트에서 재혼한 배우자의 자녀가 자녀수 산정에 어떻게 적용되는지 규정하고 있지 않습니다. 물론, 국토교통부에서 발간하는 『주택청약 FAQ』 256번(2024년 발간 기준)에서 재혼배우자의 자녀는 청약신청자의 주민등록표에 등재되어야 다자녀 특별공급 시 자녀로 인정받을 수 있다고 답변하고 있습니다.

규정이 있는데도 굳이 입주자모집공고에 추가로 작성할 수 있는지에 대해 물어보실 수 있을 것입니다. 그러면, 반대로 이야기하면 법에 모두 있는데, 입주자모집공고문에는 일정만 적으면 될 것이 아니냐고 반문할 수 있습니다. 경력의 차이에 따라 입주자모집공고문에 대해 생각하는 바가 다릅니다. 경력이 짧은 직원들의 경우 입주자모집공고문은 소비자가 보는 용도로 작성된다고 생각을 합니다. 하지만, 경력이 많은 직원들은 입주자모집공고문은 방어용으로 만든다고 답변을 합니다. 후자가 꼭 정답은 아닙니다. 하지만, 업무를 하며 많은 민원을 겪다 보면 후자에 대한 부분을 무시할 수 없게 됩니다. 입주자모집공고문에 그 내용만 적어 두었다면 문제가 안 되었을 것이라고 후회하게 됩니다. 그래서 경력이 많은 직원들이 작성한 입주자모집공고문을 보면 방어적인 문구나 내용이 많아 입주자모집공고문의 분량이 더 많은 편입니다.

다시 다자녀 특별공급으로 돌아가서 이야기 드리면, 샘플 입주자모집공고문에는 자녀수 산정방법이 기재되어 있지 않지만, 별도로 추가로 자녀수 산정방법을 넣어 두는 것을 권합니다. 이 사항 외에도 추가적인 부분은 많습니다. 입주자모집공고를 작성하는 것에는 경험이 중요합니다. 즉, 다른 모집공고문을 많이 볼수록 경험이 쌓인다고 보시면 됩니다.

ㄷ. 현장에 맞는 내용으로 수정

샘플 입주자모집공고가 있지만, 대부분 해당지역의 최근 모집공고문이나 본인의 전 현장 모집공고를 베이스로 하여 모집공고를 작성하는 경우가 대부분입니다.

현장에 맞게 수정을 하여야 하는데, 놓치는 것이 종종 있어서 몇 가지 팁을 드리고자 합니다.

① 입주자모집공고일 및 기준일 작성

- 본 아파트의 최초 입주자모집공고일은 2024.12.20.(금)입니다.(청약자격조건의 기간, 나이, 지역우선 등의 청약자격조건 판단기준일입니다.)
- 본 입주자모집공고는 2024.12.18. 시행된 「주택공급에 관한 규칙」이 적용됩니다.

이 경우처럼 모집공고일전 관련법규가 개정될 때에는 추가적으로 주의가 더 필요합니다. 이런 경우에는 해당 법규 개정의 부칙을 꼭 확인하여야 합니다.

부 칙 〈국토교통부령 제1423호, 2024. 12. 18.〉
제1조(시행일) 이 규칙은 공포한 날부터 시행한다.
제2조(주택소유 여부 판정기준에 관한 경과조치) 이 규칙 시행 전에 입주자 모집공고를 한 경우에는 제2조제7호의3, 제23조제2항제9호, 제53조제9호 및 별표 1 제1호가목2)가)부터 다)까지 외의 부분 본문의 개정 규정에도 불구하고 종전의 규정에 따른다.

상기 부칙을 보면 모집공고일을 기준으로 규정을 적용하도록 되어 있습니다.

그 전의 다른 부칙을 예로 들어 보겠습니다.

> 제31조의2의 개정규정은 이 규칙 시행 이후 사전당첨자 모집승인이나 입주자 모집승인을 신청(제18조 각 호에 해당하는 사업주체의 경우에는 입주자 모집공고를 말한다)하는 경우부터 적용한다.

이 부칙의 경우 분양승인 신청시점의 규정을 적용받도록 되어 있기 때문에 개정된 법규를 따르는 것이 아니라 종전의 법규를 따르는 것입니다. 주택사업을 진행하는 지역이 규제지역으로 될 조짐이 보이거나 하는 경우에는 언제라도 분양신청할 준비를 하여 두어야 합니다. 이런 경우 모집공고문에는 소비자들이 혼동되지 않게 안내를 하여야 하는데, 예를 들어 2024년 12월 18일 개정 후 12월 20일에 모집공고를 하는데, 이것이 분양신청 기준이었다고 가정을 하고, 분양승인 신청을 12월 17일 진행하였다면 모집공고문에는 다음과 같이 기재하는 것이 좋습니다.

- 본 아파트의 최초 입주자모집공고일은 2024.12.20.(금)입니다.(청약자격조건의 기간, 나이, 지역우선 등의 청약자격조건 판단기준일입니다.)
- 본 입주자모집공고는 2024.11.01. 시행된 「주택공급에 관한 규칙」이 적용됩니다.
- **본 주택은 2024년 12월 17일 입주자모집 승인신청한 사업장으로 2024년 12월 18일 개정된 「주택공급에 관한 규칙」을 적용받지 않음에 주의 바랍니다.**

② 반복된 입주자모집공고일 삭제

최초 입주자모집공고일을 반복적으로 작성되어 있는 모집공고문이 많습니다.

모집공고일이 준비하던 일정에서 변경이 없다면 문제가 없지만, 변경이 된다면 일정을 수정하여야 합니다. 경험적으로 수정을 하나 누락하여 수정 모집공고문을 작성한 사례를 보았습니다.

가급적이면 불필요한 수정을 피하기 위해 반복적으로 모집공고일을 작성하지 않는 것을 권합니다.

③ 기본사항 작성

해당 주택의 요건에 맞게 작성하시면 됩니다. 다음의 그림은 주공칙만 정확히 알아도 작성이 되는데, 전매제한, 거주의무기간, 분양가 상한제는 주택법까지 알고 있어야 작성되는 부분이 있습니다. 주택유형이나 해당지역/기타지역은 지금까지의 과정으로 충분히 아실 수 있는 내용입니다. 규제지역, 재당첨제한, 전매제한, 거주의무기간 및 분양가상한제에 대해서는 별도의 파트로 설명할 예정입니다. (천안 모집공고 기준)

주택유형	해당지역	기타지역	규제지역 여부
민영	충청남도 천안시	충청남도, 대전광역시, 세종특별자치시	비규제지역

재당첨제한	전매제한	거주의무기간	분양가상한제 / 택지유형
없음	없음	없음	없음 / 민간택지

신청자격	특별공급					일반공급	
	기관추천	다자녀가구	신혼부부	노부모 부양자	생애최초	1순위	2순위
청약통장 자격요건	6개월 이상, 지역별/면적별 예치금 충족			1순위(6개월 이상, 지역별/면적별 예치금 충족)			가입
예치금	지역별 / 면적별 예치금 이상인 자						-
세대주 요건	-	-	-	필요	-	-	-
소득 또는 자산기준	-	-	적용	-	적용	-	-

※ 단, 기관추천 특별공급 중 장애인, 국가유공자 및 철거주택 소유자(도시재생 부지제공자)는 청약통장 불필요
※ 1순위: 입주자저축에 가입하여 가입기간이 6개월이 경과하고 지역별·면적별 예치금액 이상 납입한 분
※ 2순위: 입주자저축에 가입하였으나, 1순위에 해당되지 않는 분

④ 출입국사실증명 제출안내 부분 수정

샘플 입주자모집공고에는 출입국사실증명 제출안내에 대한 내용이 작성되어 있습니다. 이에 대해서는 출입국사실증명 파트를 참고하여 거주제한기간이 1년 이상인 경우, 거주제한기간이 있으나 거주제한기간이 1년이 되지 않는 경우 및 거주제한기간이 없는 경우를 구분하여 작성하여야 합니다.

⑤ 주택형 작성

일반적인 경우 주택형의 작성은 별다른 신경을 쓰지 않아도 됩니다만 특이한 경우에는 주택형을 어떻게 정리하는지가 변수가 있어서 나중에 후회하는 경우가 있습니다. 주택형 작성에 몇 가지 요령을 알려 드리도록 하겠습니다.

첫째, 하나의 단지가 아니라 다수의 단지를 한 번에 공급하는 경우에 각 단지를 당첨자 발표일을 달리하여 공급할 수도 있지만, 묶어서 같은 당첨자 발표일에 공급할 수도 있습니다. 그리고, 다수의 단지라고 하여도 하나의 주택관리번호로 한 번에 공급하는 것이 가능합니다. 예를 들어서 재개발을 통해 공급하는 주택이 이러한 경우가 많은데, 하나의 조합을 통해 공급한 주택이지만, 도시계획도로 등의 문제로 단지가 나누어져 2개 이상의 단지로 공급되는 아파트가 있어서 1단지와 2단지가 나누어지는 경우가 있습니다. 이 경우 두 개 단지의 컨디션이 동일하여 두 개 단지가 모두 인기 있는 경우는 드뭅니다. 결국에 떨어지는 단지가 생기는 수가 있는데, 이 경우 다른 주택관리번호를 받아 별도로 공급하는 경우 인기 없는 단지는 분양에 어려움을 겪을 수 있습니다. 이런 경우에는 하나의 주택관리번호로 한 번에 공급하는 것이 유리할 수 있습니다. 이 경우 단지별 공유면적이나 대지지분에 대해 오류가 없는지 필히 확인하여야 합니다.

둘째, 주택형이 비슷한 한 경우 설계에서는 84A1, 84A2 타입으로 사업계획승인 받는 경우가 많습니다. 하지만, 청약에서는 청약홈이 정한 방식을 따라야 하기 때문에 "084.1234A" 형식으로 하여 추가로 1이나 2를 더 추가하는 것이 불가합니다. 이 경우 다른 알파벳을 추가하여 주택형을 늘리는 방법도 있지만, 군청약이라고 하여 84A1 타입과 84A2 타입을 하나의 주택형으로 묶어서 청약하는 가능합니다. 이 경우 몇 가지 요령이 있습니다. 소수점 아래가 동일한 경우 그대로 사용하지만, 예를 들어 84A1 타입은 전용면적이 84.1234제곱미터이고, 84A2 타입은 전용면적이 84.5678제곱미터인 경우에는 주택형을 "084.0000A"라고 표기합니다.

그리고, 세종특별자치시의 경우 공급되는 주택이 다양한 타입을 구성하는 특징이 있다 보니 타입이 너무 많아 복잡한 부분이 있어서 군청약으로 묶는 경우도 있고, 청약홈의 시스템 상으로 주택형은 40개를 넘길 수 없기 때문에 타입이 40개가 넘는다면 일부 타입은 군청약으로 묶어서 주택형을 40개 이내로 줄여야 합니다.

셋째, 지금 당장은 필요 없는 것일 수 있으나 규제사항은 돌고 돌아 다시 재사용이 되는 경우가 많아서 세 번째 사항도 알고 있는 것이 좋습니다. 지금은 규정이 폐지되어 없는 규정이지만, 예전에는 투기과열지구에서는 분양가 9억원 이상이라면 특별공급 청약은 진행할 수 없었습니다.

> 제47조의2(특별공급 제외 주택) 사업주체는 제35조부터 제47조까지의 규정에도 불구하고 투기과열지구에서 공급되는 주택으로서 분양가격(제21조제3항제11호에 따른 분양가격을 말한다)이 9억원을 초과하는 주택은 특별공급할 수 없다. (2018년 5월 4일 신설되어 2023년 2월 28일 삭제됨)

고가의 주택에 대해 특별공급 진행하지 않았던 것인데, 일부의 경우에는 공급한 사례가 있습니다.

예를 들어서 84A 타입의 10층 이하는 분양가가 9억원이 넘지 않은 경우에는 10층 이하로만 하여 084.1234A 주택형으로 하여 특별공급을 진행하고, 11층 이상은 084.1234F 주택형으로 하여 법기준대로 특별공급 진행을 하지 않는 방식입니다.

몇몇 아파트가 특별공급을 진행하여야 하는 특별한 사정으로 이렇게 하나의 타입을 두 개의 주택형으로 공급한 사례도 있습니다.

정리하면 다른 단지의 동일한 타입을 하나의 주택형으로 공급하는 것이 가능하고, 같은 단지에서 비슷한 타입을 하나의 주택형으로 공급하는 것이 가능합니다. 반대로 하나의 타입을 두 개 이상의 주택형으로 나누어 공급하는 것도 가능합니다. 다만, 이것은 기관추천 특별공급의 추천요청 공문을 보내기 전에 결정을 하여야 하는 것으로 추천요청 이후에는 변경이 어렵기 때문에 분양준비 초기 과정에서 판단을 하여야 합니다.

⑥ 세대별 대지지분

전용면적, 주거 공유면적, 기타 공유면적은 사업주체로부터 받은 설계개요를 통해 작성하면 되지만, 설계개요에는 대지지분에 명시되어 있지 않습니다. 대지지분을 계산하는 것이 어려운 것은 아닙니다. 하지만, 분양대행사 입장에서 책임지지 못할 업무는 진행하지 않는 것을 권합니다. 즉, 설계업체 등을 통해 작성된 대지지분을 사업주체를 통해 받아 모집공고에 대지지분을 기입하는 것을 권합니다. 다만, 받은 것을 검증 없이 그대로 사용하면 안 됩니다.

일단, 주택형별로 대지지분이 비율이 동일한지는 검증이 필요합니다.

한 가지 더 주의할 점이 있습니다. 모집공고문에는 "각 세대별 대지지분은 주택형별 전용면적 비율에 따라 배분하였으며"라는 문구가 있는데, 대부분 이것을 그대로 사용합니다. 경력이 조금 있는 직원은 재개발이나 재건축에서 공급하는 아파트 모집공고라면 전용면적을 공급면적이라고 변경합니다. 그런데, 이렇게 업무한 직원에게 무엇을 기준으로 왜 전용면적을 공급면적으로 변경하였는지 질문하면 대답하지 못합니다. 이것은 재개발과 재건축의 경우 관리처분(당첨자 파트에서 재개발 절차는 조금 아실 수 있습니다)이라는 것을 거치며, 조합정관에서 이에 대해 조합원의 대지지분은 공급면적으로 나누어 가지는 것으로 정하기 때문입니다. 같은 아파트인데, 조합원은 공급면적에 따라 대지지분을 가져가는데, 일반분양 당첨자가 전용면적을 기준으로 대지지분을 가져갈 수 없기 때문에 조합원과 동일한 방식으로 공급면적에 따라 대지지분을 계산하여야 합니다.

⑦ 공급금액 및 납부일정

분양가는 공고초안에서는 작성되지 않습니다. 다만, 칸 작업은 미리 하는 것이 가능하여 층별 가격이나 라인별 차등 등을 미리 고려하여 작업하여 두는 것이 좋습니다.

납부일정은 사업주체에 받으나 검토 없이 그대로 기입하면 안 됩니다. 나중에 문제가 되는 경우 책임이 있는 것은 아니지만, 사업진행 속도에 영향을 주는 것이기 때문에 피해를 볼 수도 있습니다. 분양승인 업무도 담당하고 있다면 건축공정서도 확인하는 것을 권합니다.

중도금 납부시기는 다음의 규정에 근거합니다.

제60조(입주금의 납부)
④ 입주금은 다음 각 호의 구분에 따라 그 해당되는 시기에 받을 수 있다.
1. 청약금: 입주자 모집 시
2. 계약금: 계약 체결 시
3. 중도금: 다음 각 목에 해당하는 때
  가. 공공임대주택의 경우에는 건축공정이 다음의 어느 하나에 달할 것
   (1) 아파트의 경우: 전체 공사비(부지매입비를 제외한다)의 50퍼센트 이상이 투입된 때. 다만, 동별 건축공정이 30퍼센트 이상이어야 한다.
   (2) 연립주택, 다세대주택 및 단독주택의 경우: 지붕의 구조가 완성된 때
  나. 분양주택의 경우에는 다음의 기준에 의할 것
   (1) 건축공정이 가목(1) 또는 (2)에 달한 때를 기준으로 그 전후 각 2회(중도금이 분양가격의 30퍼센트 이하인 경우 1회) 이상 분할하여 받을 것. 다만, 기준시점 이전에는 중도금의 50퍼센트를 초과하여 받을 수 없다.
   (2) (1)의 경우 최초 중도금은 계약일부터 1개월이 경과한 후 받을 것
4. 잔금: 사용검사일 이후. 다만, 다음 각 목의 어느 하나에 해당하는 경우에는 전체입주금의 10퍼센트에 해당하는 금액을 제외한 잔금은 입주일에, 전체입주금의 10퍼센트에 해당하는 잔금은 사용검사일 이후에 받을 수 있되, 잔금의 구체적인 납부시기는 입주자모집공고 내용에 따라 사업주체와 당첨자 간에 체결하는 주택공급계약에 따라 정한다.
  가. 법 제49조제1항 단서에 따른 동별 사용검사 또는 같은 조 제4항 단서에 따른 임시 사용승인을 받아 입주하는 경우
  나. 법 제49조제1항 단서에 따른 동별 사용검사 또는 같은 조 제4항 단서에 따른 임시 사용승인을 받은 주택의 입주예정자가 사업주체가 정한 입주예정일까지 입주하지 아니하는 경우

주택형이 많은 경우 공급금액표가 페이지가 넘어가는 경우가 있어서 페이지 정리에 몇 가지 유용한 팁을 알면 도움이 됩니다. 이 책은 한글작성법까지 알려 드리는 것은 아니니 단축키로만 알려 드리니 세부적인 것을 검색하여 이에 대해 습득하시기 바랍니다. 그 외에도 한글 문서 작업 시 편한 단축키 몇 가지 더 정리하겠습니다.

a. 제목셀 반복: 기획직원이라면 엑셀에서 페이지 레이아웃에서 "행반복"은 아실 것입니다. 한글에서도 이와 같이 제목줄을 다음 페이지에 반복할 수 있습니다.
b. Ctrl+방향키, Alt+방향키: 칸을 늘리고 줄여 페이지를 정리할 수 있습니다.
c. 영역지정 후 H 또는 W: 높이나 넓이를 균등하게 작업하는 것에 용이합니다.
d. Ctrl+Enter: 한글에서 중간을 정리하면 다음 페이지에도 영향을 주게 되는데, 페이지 끝 나는 부분에서 Ctrl+Enter를 적용하면 그 페이지의 작업은 다음 페이지에 영향을 주지 않습니다.
e. Shift+Tab: 왼쪽 줄 들여쓰기 정리하는 것에 용이합니다. 다만, 이것은 표 안에서 적용되지 않기 때문에 표 안에서는 Ctrl+Shift+Tab으로 진행하여야 합니다.
f. 편집의 모양복사를 이용하시면 엑셀이나 파워포인트의 서식복사처럼 글자모양뿐만 아니라 문단모양을 한 번에 변경하는 것에 용이합니다.

⑧ 서류제출 안내

샘플에서는 배우자 청약통장 점수 합산을 위한 청약통장 가입확인용 순위확인서와 당첨사실 확인서만 안내하고 있으며, 나머지 부분은 샘플을 제시하고 있지 않습니다.

분양대행사의 역량에 따라 이 부분이 세심히 작성되는 경우도 있지만, 그러하지 않는 경우 다른 모집공고를 카피만 하다 보니 해당 아파트에 적용되지 않을 사항까지 기재되는 경우가 많습니다. 그리고 왜 필요한지에 대한 내용도 부족한 경우가 많습니다. 다음의 예시를 통해 조금 더 보완하시는 것을 권합니다. 양이 많은 관계로 몇 가지로 구분을 하여 설명하겠습니다. 그리고, 민간분양 기준으로 안내를 하오니 공공분양과는 다름에 주의 바랍니다.

a. 공통서류

구분	해당서류	대상	서류제출 시 발급유의사항
공통 서류	주민등록표등본	청약자	세대원의 성명 및 주민등록번호, 주소변동사항, 세대주와의 관계 등을 전체 포함으로 발급
	주민등록표초본		인적사항 변경 내용, 주소변동 사항, 세대주성명/관계 등을 전체 포함으로 발급
	가족관계증명서		청약자 및 무주택세대구성원과의 관계를 포함하여 "상세"로 발급
	혼인관계증명서		성명 및 주민등록번호(뒷자리포함)를 포함하여 "상세"로 발급
	출입국에 관한 사실증명		국내거주기간 확인 ※ 기록대조일: 생년월일~발급일(단, 기관추천 특별공급은 제외)
	인감증명서, 인감도장		또는 본인서명사실확인서 / 용도: 주택공급계약용 (본인 발급분)
	신분증		주민등록증 또는 운전면허증, 여권(단, 2020.12.21. 이후 신규발급분은 여권증명서 추가필요) 등 ※ 재외동포: 국내거소사실신고증 / 외국인: 외국인등록증
추가 서류	주민등록표등본	배우자	주민등록표등본에 배우자가 등재되어 있지 않은 경우
	복무확인서	청약자	수도권 외 지역에 거주하는 10년 이상 장기복무 군인이 기타지역(수도권)으로 당첨된 경우: 군복무기간(10년 이상)을 명시 수도권 외 지역에 거주하는 25년 이상 장기복무 군인이 해당지역(인천시)으로 당첨된 경우: 군복무기간(25년 이상)을 명시
기존주택 처분조건 당첨자	기존주택 처분 관련 서약서	청약자	「주택공급에 관한 규칙」제23조제2항제4호에 따른 서약서(별지 제6호서식)
대리인 접수 시	인감증명서, 인감도장	청약자	용도: 주택공급계약 위임용(본인 발급분)
	신분증, 인장	대리인	주민등록증 또는 운전면허증, 여권 등 (외국국적동포는 국내거소신고증, 외국인은 외국인등록증)

대부분의 경우 공통서류로는 주민등록표등본, 주민등록표초본, 가족관계증명서, 출입국사실증명서를 필수 공통서류로 받는 편입니다. 하지만, 개인적으로는 혼인관계증명서를 필수 서류로 넣는 것을 권합니다. 간혹 불필요한 서류까지 제출하게 하였다고 민원을 제기하는 분들이 있지만, 서류가 부족하여 보완요구하는 경우가 줄어들기 때문에 실보다는 득이 더 많다고 사료됩니다.

출입국사실증명의 경우 기관추천 특별공급 당첨자는 제출할 필요가 없습니다. 그리고 출입국사실증명에 대해 기록대조일을 보통 출생일부터 모집공고일까지 하여 발급받게 하는데, 이 경우 공고일 이후 입국 등으로 추가적인 판단을 더 쉽게 하기 위해서는 기록대조일을 발급일까지 하여 발급받는 것이 여러모로 용이합니다.

등본을 달리하는 배우자가 있는 경우 배우자의 주민등록표등본을 추가 제출하여야 합니다. 더 자세한 사항은 분리세대 파트를 참고 바랍니다.

복무확인서의 경우 4가지 형태로 안내가 구분될 수 있습니다. 수도권과 수도권 외로 구분이 되며, 다시 수도권은 투기과열지구와 투기과열지구가 아닌 곳으로, 수도권 외는 거주제한기간이 있는 곳과 거주제한기간이 없는 곳으로 구분이 됩니다.

수도권	투기과열지구	수도권 외 지역에 거주하는 10년 이상 장기복무 군인이 기타지역(수도권)으로 당첨된 경우: 군복무기간(10년 이상)을 명시
	비투기과열지구 (예시: 수원)	수도권 외 지역에 거주하는 10년 이상 장기복무 군인이 기타지역(수도권)으로 당첨된 경우: 군복무기간(10년 이상)을 명시 수도권 외 지역에 거주하는 25년 이상 장기복무 군인이 해당지역(수원시)으로 당첨된 경우: 군복무기간(25년 이상)을 명시
수도권 외	거주제한기간 有	10년 이상 장기복무 군인이 기타지역으로 당첨된 경우: 군복무기간(10년 이상)을 명시
	거주제한기간 無	10년 이상 장기복무 군인이 해당지역으로 당첨된 경우: 군복무기간(10년 이상)을 명시

인감증명서는 본인발급용으로만 제한을 하고 있습니다. 대리발급용 인감증명서를 통해 진행한 계약이 무효되면서 거의 대부분의 시공사들이 모두 본인 발급용 인감증명서로 제한하고 있습니다. 다만, 인감증명서가 인터넷으로도 출력이 가능해지면서 서류제출 시 인터넷 출력석을 준비하여 두는 것으로 서류접수에 편의를 제공하여 사업주체 입장에서는 미비서류를 줄일 수 있습니다.

신분증으로 여권을 제출하는 것이 가능하나 구여권은 주민등록번호가 모두 기재되어 있지만, 신여권은 주민등록번호가 모두 기재되어 있지 않기 때문에 여권증명서를 함께 구비하여야 신분증으로 활용할 수 있습니다.

b. 기관추천 특별공급 추가서류

모집공고문에는 해당 기관장의 추천서를 제출하도록 안내를 하지만, 추천 명단으로 갈음을 하기 때문에 공통서류만 제출(출입국사실증명서 제외)하며, 추가서류 제출은 없습니다.

c. 다자녀가구 특별공급 추가서류

구분	해당서류	대상	서류제출 유의사항
추가서류	한부모가족증명서	청약자	여성가족부의 「한부모가족 지원법」에 따라 한부모가족으로 지정된 지 5년이 경과된 경우
	임신증명서류 (임신진단서)	청약자 또는 배우자	출산증명서 또는 임신증명서류(임신진단서, 유산 낙태 관련 진단서 등) 제출
	입양관계증명서		입양의 경우
	가족관계증명서	배우자	배우자의 전혼자녀 또는 직계존속과의 관계를 확인하기 위한 경우
	주민등록표초본	직계존속	직계존속이 동일한 주민등록표등본에 3년 이상 계속하여 등재여부가 확인되지 않는 경우
	혼인관계증명서	직계비속	자녀가 만 18세로 미성년이며, 미혼임을 증명하기 위한 경우

별도로 배점표가 있는데, 모집공고문 제출서류에 포함하는 경우도 있고, 그러하지 않는 경우도 있습니다. 견본주택에 비치되어 있는 서류는 생략할 예정입니다. 그리고 임신증명 및 출산이행확인각서도 생략하였습니다.

청약자의 가족관계증명서로는 의붓자식과 배우자의 부모님을 확인할 수 없습니다. 이런 경우에 배우자의 가족관계증명서를 제출받아 관계를 확인하는 것이 가능합니다.

다자녀 특별공급에서의 자녀는 미성년자녀를 말하는 것으로 혼인을 하면 성년의제로 인해 성년으로 간주합니다. 그래서 혼인이 가능한 만 18세의 미성년 자녀는 혼인관계증명서를 제출하여 미혼임을 증명하여야 합니다.

혼인관계증명서를 필수로 하지 않고 다자녀 특별공급의 추가서류로 처리하는 경우에는 만 18세에 혼인신고하였음을 증명하기 위해 혼인관계증명서를 제출요구합니다.

d. 신혼부부 특별공급 추가서류

구분	해당서류	대상	서류제출 유의사항
공통 서류	건강보험자격득실확인서	청약자 및 만 19세 이상 세대원	※ 발급처: 정부24 또는 국민건강보험공단 / FAX 수신 가능
	소득증빙서류		배우자 분리세대의 경우 분리된 배우자와 동일한 주민등록표등본상에 등재된 세대원 전원 제출
추가 서류	임신증명서류 (임신진단서)	청약자 또는 배우자	출산증명서 또는 임신증명서류(임신진단서, 유산 낙태관련 진단서 등) 제출
	입양관계증명서		입양의 경우
	부동산 소유현황	청약자 및 세대원	소득기준은 초과하나, 부동산가액기준을 충족하는 조건으로 신청한 자
	가족관계증명서	배우자	배우자의 전혼자녀 또는 직계존속 관계를 확인하기 위한 경우
	주민등록표초본	직계존속	동일 주민등록표등본에 1년 이상 계속하여 등재되어 가구원수에 포함하기 위한 경우
	가족관계증명서	신생아	신생아 우선공급 또는 신생아 일반공급으로 청약한 경우

소득산정을 위한 서류와 부동산 소유현황은 별도로 다시 설명할 예정입니다.

소득산정을 위한 가구원수 산정 시 같은 주민등록표등본에 1년 이상 계속하여 등재되어 있는 경우에 직계존속을 가구원수로 산정할 수 있기 때문에 직계존속의 주민등록표초본이 필요합니다.

신생아 우선공급이나 신생아 일반공급으로 청약한 경우 신생아의 가족관계증명서를 제출하도록 하였습니다. 청약자의 가족관계증명서를 통해서도 충분히 확인이 가능합니다. 하지만, 신생아 우선공급 규정이 생긴 2024년 3월 25일 다음과 같이 개정이 되어 신생아를 기준으로 가족관계증명서를 제출하게 하는 것입니다. (생애최초 신생아 우선공급에서도 적용됨)

제23조(주택공급신청서 교부 및 신청서류)
② 주택의 공급신청을 하려는 자는 다음 각 호의 서류를 사업주체에게 제출해야 한다. 다만, 제2호, 제3호, 제5호 및 제7호부터 제9호까지의 규정에 따른 서류는 주택의 공급신청 시에 제출하지 않고 공급계약을 체결하기 전에 제출하게 할 수 있으며, 제2호의2에 따른 서류는 당첨된 날부터 공급계약을 체결하기 전까지 제출해야 한다.

2의2, 제35조의3, 제41조제3항제1호·제2호, 같은 조 제6항제1호·제2호, 제43조제2항제1호·제2호 및 같은 조 제4항제1호·제2호에 따라 당첨된 경우 그 특별공급의 요건이 되는 자녀(태아를 포함한다. 이하 같다)의 「가족관계의 등록 등에 관한 법률」에 따른 가족관계증명서(태아인 경우에는 임신진단서를 말한다)

e. 생애최초 특별공급 추가서류

구분	해당서류	대상	서류제출 유의사항
공통 서류	소득세납부 입증서류	청약자	청약자 본인의 소득세 납부사실을 입증하는 서류로서 최초 입주자모집공고일 이전의 5개년도 서류
	건강보험자격득실확인서	청약자 및 만 19세 이상 세대원	※ 발급처: 정부24 또는 국민건강보험공단 / FAX 수신 가능
	소득증빙서류		배우자 분리세대의 경우 분리된 배우자와 동일한 주민등록 표등본상에 등재된 세대원 전원 제출
추가 서류	임신증명서류 (임신진단서)	청약자 또는 배우자	출산증명서 또는 임신증명서류(임신진단서, 유산 낙태관련 진단서 등) 제출
	입양관계증명서		입양의 경우
	부동산 소유현황	청약자 및 세대원	소득기준은 초과하나, 부동산가액기준을 충족하는 조건으로 신청한 자
	가족관계증명서	배우자	배우자의 전혼자녀 또는 직계존속 관계를 확인하기 위한 경우
	주민등록표초본	직계존속	동일 주민등록표등본에 1년 이상 계속하여 등재되어 가구원수에 포함하기 위한 경우
	혼인관계증명서	직계비속	청약자가 동일 주민등록표등본상 만 18세 이상인 자녀를 미혼 자녀로 인정받고자 할 경우
	가족관계증명서	신생아	신생아 우선공급 또는 신생아 일반공급으로 청약한 경우

소득세 납부 입증서류, 소득증빙서류 및 부동산 소유현황은 별도로 다시 설명할 예정이며, 직계존속의 주민등록표초본과 신생아의 가족관계증명서가 필요한 사유는 신혼부부 특별공급과 동일합니다.

혼인 중인 경우 혼인관계증명서를 통해 모집공고일 전에 혼인신고가 진행되었는지 확인하고, 혼인 중이 아닌 상태에서 미혼의 자녀가 있는 경우로 그 자녀가 만 18세 이상인 경우에는 혼인관계증명서를 통해 미혼임을 확인하여야 합니다.

f. 노부모부양 특별공급 추가서류

구분	해당서류	대상	서류제출 유의사항
공통서류	주민등록표초본	직계존속	청약자와 동일한 주민등록표등본에 3년 이상 연속된 등재여부를 확인하기 위한 경우
	가족관계증명서		직계존속의 배우자를 확인하기 위한 경우
	출입국에 관한 사실증명		직계존속을 부양가족으로 인정받으려는 경우 ※ 기록대조일: 생년월일~발급일
추가서류	가족관계증명서	배우자	분리된 배우자의 주민등록표등본상에 직계존속이 존재하거나 재혼가정의 자녀를 부양가족으로 산정한 경우
	주민등록표초본	직계비속	만 30세 이상 직계비속이 동일한 주민등록표등본에 1년 이상 연속된 등재여부를 확인하기 위한 경우
	혼인관계증명서		만 18세 이상의 직계비속을 부양가족으로 인정받고자 하는 경우
	출입국에 관한 사실증명		직계비속을 부양가족으로 인정받으려는 경우 ※ 기록대조일: 생년월일~발급일

　노부모부양 특별공급의 기본조건인 3년 부양을 확인하기 위해 직계존속의 주민등록표초본과 가족관계증명서 및 출입국사실증명을 확인합니다. 피부양 직계존속이 배우자의 직계존속인 경우 배우자의 가족관계증명서를 통해 관계를 확인합니다.

　직계비속을 부양가족으로 산정한 경우에 출입국사실증명을 확인합니다. 나이에 따라서 만 18세 이상의 직계비속은 혼인관계증명서를 추가하고, 만 30세 이상인 경우 주민등록표초본을 추가로 확인하여야 합니다. 부양가족 산정에 세부적인 내용은 사람 파트에서 부양가족수 부분을 확인 바랍니다.

g. 가점제 추가서류

구분	해당서류	대상	서류제출 유의사항
추가 서류	가족관계증명서	배우자	분리된 배우자의 주민등록표등본상에 직계존속이 존재하거나 재혼가정의 자녀를 부양가족으로 산정한 경우
	청약통장 가입확인용 순위확인서		가점제 신청자 중 배우자의 청약통장가입기간 점수를 산입(1~3점)한 경우
	당첨사실 확인서		가점제 신청자 중 배우자의 청약통장가입기간 점수를 산입(1~3점)한 경우
	주민등록표초본	직계존속	청약자와 동일한 주민등록표등본에 3년 이상 연속된 등재여부를 확인하기 위한 경우
	가족관계증명서		직계존속의 배우자를 확인하기 위한 경우
	출입국에 관한 사실증명		직계존속을 부양가족으로 인정받으려는 경우 ※ 기록대조일: 생년월일~발급일
	주민등록표초본	직계비속	만 30세 이상 직계비속이 동일한 주민등록표등본에 1년 이상 연속된 등재여부를 확인하기 위한 경우
	혼인관계증명서		만 18세 이상의 직계비속을 부양가족으로 인정받고자 하는 경우
	출입국에 관한 사실증명		직계비속을 부양가족으로 인정받으려는 경우 ※ 기록대조일: 생년월일~발급일
대리인 접수 시	인감증명서, 인감도장	청약자	용도: 주택공급계약 위임용(본인 발급분)
	신분증, 인장	대리인	주민등록증 또는 운전면허증, 여권 등(외국국적동포는 국내거소신고증, 외국인은 외국인등록증)

　가점제 추가서류는 부양가족 산정을 위한 서류라고 보시면 됩니다.

　무주택기간 산정을 위해서 혼인관계증명서가 필요한 경우는 있으나 이에 대해서는 공통서류로 제출받는 것으로 안내하였기 때문에 추가서류로 안내할 필요가 없습니다. 청약통장 점수는 자동 산정이 되나 배우자의 청약통장 점수를 합산할 수 있기 때문에 이런 경우에는 배우자의 청약통장 가입확인용 순위확인서와 당첨사실 확인서가 필요합니다.

　부양가족 산정을 위해 직계존속과 직계비속의 주민등록표초본, 가족관계증명서 및 출입국사실증명이 필요합니다. 부양가족이 배우자의 직계존비속인 경우에는 배우자의 가족관계증명서를 통해 관계를 확인하여야 합니다.

h. 부적격 및 단신부임 소명서류

부적격 통보를 받은 세대의 해당서류	대상	서류제출 유의사항
주택 및 '분양권 등' 소유여부 확인방법 및 판정기준에 따른 해당 필요서류	해당 주택	- 건물등기사항증명서 또는 건축물대장등본 - 무허가건물확인서 - '소형·저가주택 등'임을 증명하는 서류 (주택공시가격 증명원 등) - 기타 무주택자임을 증명하는 서류
사업주체가 요구하여 인정하는 서류	해당자	- 해당 기관의 당첨사실 무효 확인서 등
단신부임 입증서류	청약자	- 국내기업·기관 소속 해외 주재원 및 출장자: 파견 및 출장명령서 등 - 해외 취업자 및 사업체 운영자: 현지 관공서에서 발급받은 사업, 근로 관련 서류, 취업, 사업비자 발급내역 등 - 근로자가 아닌 경우: ① 비자 발급내역 ② 계약서 또는 근로계약서 등 ※ 유학, 연수, 관광, 단순체류자의 경우 생업사정을 인정할 수 없으며, 생업관련 증빙서류 불가능 시 생업사정 불인정
출입국에 관한 사실증명	배우자 및 세대원	- 배우자 및 세대원이 생업 등으로 해외 체류 여부 확인 ※ 기록대조일: 생년월일~발급일
비자발급내역 및 재학증명서 등	해당자	- 여권 분실 및 재발급으로 체류국가 확인이 불가능한 경우 ※ 비자발급내역, 재학증명서 등 체류국가를 확인할 수 있는 서류를 통해 소명을 하여야 하며, 세대원이 당첨자(청약자)와 동일한 국가에 체류하지 않았다는 사실(국외 체류기간 연속 90일 미만)을 증명하지 못하는 경우에는 단신부임 인정 불가

※ 「주택공급에 관한 규칙」제4조제8항에 따라 세대원 중 주택공급신청자만 생업에 직접종사하기 위하여 국외에 체류하고 있는 경우에는 국내에 거주하고 있는 것으로 봄.(청약신청자에 **미성년 자녀의 경우 청약신청자와 동일한 세대를 구성하고 있지 않더라도 해외근무자 우선공급 예외규정 적용을 위한 세대원의 범위에 포함**)

단신부임으로 인해 세대원의 출입국사실증명을 제출하는 경우 미성년 자녀는 같은 등본에 등재되어 있지 않아 세대원 범위에 포함되지 않더라도 해외에 장기간 체류 중인 경우에는 단신부임 규정이 적용되지 않기 때문에 이에 대해 모집공고문에 필히 기재하는 것을 권합니다. 법에서 규정되지 않은 사항은 가급적 모집공고에 기재하여 방어하는 것을 권합니다.

i. 소득 증빙서류

해당자격		소득입증 제출서류	발급처
근로자	일반근로자	① 재직증명서 (휴직기간이 있는 경우 휴직기간을 명시하여 발급) ② 전년도 근로소득원천징수영수증 또는 전년도 소득금액증명 ※ 전년도 휴직기간이 있는 경우 : 전년도 갑종근로소득에 대한 소득세 원천징수증명서('매월신고 납부대상자확인'으로 발급)	① 해당직장 ② 해당직장/세무서(홈택스)
	신규취업자 또는 금년도 전직자	① 재직증명서 ② 금년도 월별 근로소득원천징수부 또는 갑종근로소득에 대한 소득세 원천징수증명서 ※ 근로기간이 1개월을 경과하지 못하여 근로소득원천징수부가 발급되지 않는 경우에는 본인과 동일한 직장의 동일 직급, 동일 호봉인 자의 전년도 근로자 원천징수영수증과 재직증명서를 제출받아 월평균소득을 추정	① 해당직장 ② 해당직장
	전년도 전직자	① 재직증명서 ② 전년도 근로소득원천징수영수증	① 해당직장 ② 해당직장
	근로소득원천징수영수증이 발급되지 않는 자 (건강보험자격득실확인서 상 직장가입자)	① 재직증명서 ② 전년도 소득금액증명	① 해당직장 ② 세무서(홈택스)
자영업자	일반과세자, 간이과세자, 면세사업자	① 전년도 소득금액증명 ② 사업자 등록증명	① 세무서(홈택스) ② 세무서(홈택스)
	신규사업자 등 소득입증서류를 제출할 수 없는 자	① 국민연금 연금산정용 가입내역확인서 또는 최초 입주자모집공고일 이전 최근의 부가가치세 확정신고서 ② 사업자 등록증명	① 국민연금관리공단 ①/② 세무서(홈택스)
	법인대표자	① 전년도 근로소득 원천징수영수증 ② 전년도 재무제표 ③ 재직증명서 ④ 사업자 등록증명 ⑤ 법인등기사항 전부증명서	①~③ 해당직장 ④ 세무서 ⑤ 등기소
보험모집인, 방문판매원		① 위촉증명서 또는 재직증명서 ② 전년도 사업소득 원천징수영수증 또는 전년도 소득금액증명 또는 간이지급명세서	① 해당직장 ② 해당직장/세무서
국민기초생활수급자		① 국민기초생활수급자 증명서	① 주민센터
일용직 근로자		① 전년도 소득금액증명 또는 일용근로소득에 대한 원천징수영수증	① 세무서/해당직장
전년도 또는 올해 소득이 있는 입주자모집공고일 현재 무직자		전년도 1월1일부터 입주자모집공고일 현재까지 총 소득을 입증할 수 있는 서류	상기 내용 참조
2024.01.01부터 입주자모집공고일 현재까지 무직자		① 사실증명 (신고사실 없음)	① 세무서(홈택스)

재직증명서를 제출 시 휴직기간이 있는 경우 휴직기간을 명시하여 발급받아야 하지만, 공무원 등의 경우에는 휴직기간을 명시하여 재직증명서를 발급받지 못합니다. 이런 경우 경력증명서를 첨부하여 휴직기간을 확인할 수 있습니다.

예전에는 사업자등록증을 제출하는 경우 사본을 제출받았지만, 최근에는 사업자등록증명을 제출받는 방식으로 진행합니다.

전년도부터 모집공고일까지 무직인 경우 "사실증명(신고사실 없음)"을 제출받고 있습니다. 그런데, 이것에는 사실 문제가 있습니다. 전년도의 사실증명은 7월 1일 이후 발급이 가능하기 때문에 그 전에 모집공고되는 아파트에서는 전년도의 사실증명을 받을 수 없습니다. 이런 경우 어쩔 수 없이 요식적으로 전전년도의 사실증명을 받을 수밖에 없습니다.

j. 자산 증빙서류

구분	금액	자산보유기준 세부내역		
부동산 (건물+ 토지)	3억 3,100 만원 이하	건축물	• 건축물가액은 해당 세대가 소유하고 있는 모든 건축물의 지방세정 시가표준액으로 하되, 없는 경우 지자체장이 결정한 시가표준액 적용	
			건축물 종류	지방세정 시가표준액
			주택 - 공동주택(아파트, 연립, 다세대)	공동주택가격(국토교통부)
			주택 - 단독주택	표준주택가격(국토교통부) 또는 개별주택가격(시·군·구청장)
			주택 외	지방자치단체장이 결정한 가액
		토지	• 토지가액은 지목에 상관없이 해당 세대가 소유하고 있는 모든 토지의 공시가격(표준지·개별공시지가)에 면적을 곱한 금액 ※ 단, 아래 경우는 제외 - 「농지법」 제2조 제1호에 따른 농지로서 같은 법 제49조에 따라 관할 시·구·읍·면의 장이 관리하는 **농지대장**에 같은 농업인과 소유자로 등재된 경우 - 「초지법」 제2조 제1호에 따른 초지로서 소유자가 「축산법」 제22조에 따른 축산업 허가를 받은 사람이며 축산업 허가증의 사업장 소재지와 동일한 주소인 경우 - 공부상 도로, 구거, 하천 등 공공용지로 사용되고 있는 경우 - 종중소유 토지(건축물을 포함) 또는 문화재가 건립된 토지 등 해당 부동산의 사용, 처분 등이 금지되거나 현저히 제한을 받는 경우로서 입주(예정)자가 구체적인 사실관계를 입증하는 경우 • 건축물가액에 토지가액이 포함되지 않는 비주거용 건축물(상가, 오피스텔 등)의 부속토지도 토지가액에 포함(개별공시지가 기준)	

이 표는 있는 그대로 사용하셔도 무방합니다. 다만, 안내문으로 작성하는 경우 농지대장이 예전 규정인 "농지원부"로 작성되어 있는 경우도 있으니 이것 정도만 확인하여도 됩니다.

k. 소득세납부 증빙서류

소득세납부 입증서류		확인사항 및 발급처
공통	5개년도 소득세 납부증명서류로 해당하는 서류 중 하나	- 소득금액증명 및 납부내역증명서[세무서(홈택스)] - 근로소득 원천징수영수증 또는 사업소득 원천징수영수증[해당직장] - 일용근로소득 지급명세서(원천징수영수증) 또는 소득금액증명[해당직장/세무서(홈택스)]
근로자		① 재직증명서[해당직장] ② 건강보험자격득실확인서[건강보험공단]
자영업자		① 사업자 등록증명[세무서(홈택스)] ② 건강보험자격득실확인서[건강보험공단]
근로자 또는 자영업자가 아닌 경우로 과거 1년 이내 소득세를 납부한 자		상기 공통 소득세 납부증명서류로 해당하는 서류 중 하나 + 건강보험자격득실확인서[건강보험공단]

나. 입주자모집공고문 세부내용 삽입

모집공고는 청약에 대한 안내만 있는 것이 아닙니다. 해당 주택의 모든 사항이 기재되는 것으로 상품에 대한 안내도 포함되기 때문에 시공이나 시행과의 협업이 중요합니다. 각 파트마다 작성 및 협조하여야 하는 대상이 다르며 주의할 사항이 몇 가지 있어서 이에 대한 요령이 필요합니다.

ㄱ. 옵션 작성

최근 경향을 보면 옵션이 다양해지는 경향을 보이고 있습니다.

몇 년 전의 경우에는 확장과 가전 등 옵션이 대부분이었지만, 최근에는 공간에 대한 옵션이 늘었습니다. 특히, 도급순위가 높은 대형 건설사들은 더 다양한 공간 옵션을 제공하고 있습니다.

그런데, 이러한 공간옵션에는 문제점이 있습니다.

가전옵션의 경우 대부분 개별로 선택이 가능하나 공간옵션은 개별로 선택이 어려운 경우가 있습니다.

다음과 같은 경우를 예로 들어 보겠습니다.

구분	옵션형	금액	비고
드레스룸 특화	1. 포켓도어 2. 디자인 파우더장 3. 디자인 시스템선반(조명 포함) 4. 천장형 제습기	천만원	

이와 같은 사항으로 모집공고문을 작성하여 분양승인에 들어갔는데, 분양승인 담당 공무원이 다음의 규정을 위반한 것이 아닌지 확인하는 경우가 있습니다.

> 제21조(입주자모집 공고)
> 14. 「공동주택 분양가격의 산정 등에 관한 규칙」 제4조제1항 각 호의 추가선택품목 비용. 이 경우 추가선택품목별로 구분해 비용을 표시해야 하며, 둘 이상의 추가선택품목을 한꺼번에 선택하도록 해서는 안 된다.

이 경우 분양승인 담당공무원과의 협의를 통해 다음과 같이 항목을 나누어야 하는 경우도 있습니다.

구분	옵션형	금액	비고
드레스룸 특화	1. 포켓도어	삼백만원	
	2. 디자인 파우더장	이백만원	
	3. 디자인 시스템선반(조명 포함)	삼백만원	
	4. 천장형 제습기	이백만원	

ㄴ. 친환경주택 성능 수준 작성

사업주체가 작성하는 내용으로 분양대행에서는 신경 쓸 필요가 없습니다. 다만, 한 가지는 확인하는 것을 권합니다. 친환경주택 성능 수준 중에 "고효율 가정용보일러 (다목)" 항목이 있습니다.

해당 아파트가 지역난방이라면 세대 내에는 보일러가 설치되지 않습니다. 즉, 해당주택이 지역난방이 적용되는 경우 "고효율 가정용보일러 (다목)" 항목이 "미적용"이 되어야 하는데, "적용"으로 기입되는 경우가 있으니 기획직원 또는 분양대행 직원이 확인하는 것을 권합니다.

ㄷ. 관리형 토지신탁 안내

해당 사업이 관리형 토지신탁 방식이라면 이에 대해 입주자모집공고문에 해당하는 내용을 삽입을 하여야 합니다. 다음과 같은 내용을 모집공고문에 삽입을 하는데, 이에 대해서는 초안을 분양대행 직원이나 기획직원이 작성을 하지만, 해당 신탁사의 확인을 필수로 거쳐야 합니다. 미리 확인을 거치치 않는 경우 분양승인을 앞두고 신탁사의 업무협조가 되지 않아 어려움을 겪을 수도 있습니다.

- 본 공급시설은 안정적인 진행을 위해 「신탁법」과 「자본시장과 금융 투자업에 관한 법률」에 따라 시행위탁자인 주식회사 일월(이하 '시행위탁자'라 함), 시행수탁자 ○○자산신탁(주)(이하 '수탁자'라 함) 및 시공사 ○○건설(주)(이하 '시공사'라 함) 간 체결한 관리형 토지신탁 계약(이하 '신탁계약'이라 함)방식으로 시행 및 공급하는 사업으로서 분양계약자는 다음 사항을 인지하여야 합니다.
1. 위 분양 건축물의 신축 및 분양사업은 "주식회사 일월"이 ○○자산신탁(주)에게 사업부지 및 시행을 신탁하여 진행하는 관리형 토지신탁사업으로, 실질적인 분양사업자는 "주식회사 일월"임을 "계약자"는 인지한다.
2. 본 계약의 각 규정에도 불구하고 "○○자산신탁(주)"는 관련 법률 및 본 분양계약상 매도인의 제반 의무(분양대금 반환, 지체상금 배상, 하자보수책임을 포함하며 이에 한하지 않는다)를 신탁재산의 한도 내에서만 부담하며, 이를 넘는 책임은 "주식회사 일월"이 부담한다.

3. "주식회사 일월"의 신탁계약상 위탁자의 지위가 양도되는 경우 "계약자"는 그 사실을 통지받은 시점에 양도에 동의한 것으로 본다.
4. "계약자"에게 위 분양목적물의 소유권이전이 완료되는 시점과 신탁계약이 종료되는 시점 중 빠른 시점에 본 계약상 매도인의 지위 및 수탁자가 부담하는 제반 권리의무는 계약변경 등 별도의 조치 없이 "주식회사 일월(지위의 승계가 있을 경우 그 승계인)"에게 면책적, 포괄적으로 승계되며, "계약자"는 이에 동의한다.
5. 분양대금은 토지비, 공사비, 금융기관 대출금 상환, 기타 사업비용 등으로 사용할 수 있다.

ㄹ. 설계 유의사항

설계 유의사항은 시공사 또는 사업주체에 받는 내용을 정리하는 것인데, 여기에는 방어적인 문구가 많이 기재되는 편입니다. 그리고 규모가 작은 시공사의 경우 담당이 세분화되어 있지 않아서 시공사 한두 명과 협의하여 설계 유의사항이 작성되기 때문에 협의과정이 간단한 경우도 있지만, 대형 건설사의 경우 각 파트마다 담당자가 달라 설계 유의사항 작성에 절차가 복잡한 경우가 있습니다.

모집공고문을 작성하는 직원은 설계 유의사항에 대해 시공사나 사업주체가 주는 대로만 작성하는 경우가 있는데, 개인적으로는 받은 설계 유의사항에 대해 모형도 등을 통해 검증하는 것을 권합니다.

다른 파트에서 업무상 실수가 있는 경우 결과적으로 제일 힘들어지는 것을 필드에서 고객을 직접 상대하는 분양담당이기 때문입니다. 설계 유의사항은 고객들이 질의할 수 있는 사항들이 있기 때문에 이에 대해 미리 확인하는 차원에서도 확인하는 것이 중요합니다.

다. 제출용 입주자모집공고문 작성

ㄱ. 입주자모집공고문 체크리스트 작성

앞에서 한글문서에 대해 페이지 정리하는 법에 대해 간략히 설명한 바가 있습니다. 이에 따라 페이지 정리한 후 분양승인 담당 공무원이 검토하기 편하게 목록표를 다음과 같이 작성하여 같이 제출하는 것이 좋습니다.

○○○ 아파트 입주자모집공고 필수 기재사항 체크리스트

연번	공고내용	페이지	비고
1	사업주체명, 시공업체명, 연대보증인 및 사업주체의 등록번호 또는 지정번호	55P	
2	감리회사명 및 감리금액	55P	
3	주택의 건설위치 및 공급세대수(특별공급 및 단체공급이 있는 경우에는 공급방법별로 세대수를 구분하여야 한다)	9P	
4	입주자를 분할하여 모집하는 경우에는 분할 모집시기 및 분양시기 별 주택공급에 관한 정보	-	해당없음
5	제32조제1항에 따라 주택을 우선 공급하는 경우에는 그 대상 주택에 관한 정보	-	해당없음
	중략		
28	법 제22조 및 제23조에 따른 매도청구 진행상황	-	해당없음
29	제16조제1항제3호에 따른 구분지상권에 관한 사항	-	해당없음
29의2	「주택건설기준 등에 관한 규칙」 제6조의2에 따른 주차장 차로 및 출입구의 높이	50P	
30	그밖에 시장·군수·구청장이 필요하다고 인정하는 사항		○○시청 확인필요

승인청에 따라 제출하여야 하는 방식이 다르기 때문에 미리 확인하는 것이 좋습니다.

그리고, 청약홈에 제출하는 입주자모집공고문은 한글을 PDF로 변환하여 제출합니다.

ㄴ. 신문게시용 축약공고 작성

기존의 신문게시용은 모집공고는 너무 작은 글씨로 작성이 되어 보기가 매우 어려움이 있었으나 2019년 11월 1일 개정으로 다음과 같은 규정을 두었습니다.

> 제21조(입주자모집 공고)
> ③ 입주자모집공고에는 다음 각 호의 사항이 포함돼야 한다. 다만, **일간신문에 공고하는 경우에는 제1호부터 제9호까지, 제11호, 제23호, 제25호 및 제26호에 해당하는 사항 중 중요 사항만 포함**할 수 있되, **글자 크기는 9호 이상**으로 해야 한다.

축약공고에는 제1호부터 제9호까지, 제11호, 제23호, 제25호 및 제26호에 해당하는 사항 중 중요 사항만 포함할 수 있다고 규정되어 있는데, 지정된 글자 크기를 9호 이상으로 축약공고를 작성하면 신문지면 한 면으로 작성하는 것은 무리가 있습니다. 특히, 주택형이 다양한 경우에는 공급가격표가 많아지면서 지면을 더 많이 차지하게 됩니다. 이런 경우 불가피하게 일부 내용을 줄여서 작성할 수밖에 없습니다.

6. 청약홈

가. 연혁

종전의 금융결제원 아파트투유는 전산정보처리기관으로서 청약업무에서 전산정보만 처리하는 민간기관이었습니다.

2019년 청약시장이 과열되며, 청약 후 부적격 당첨되는 청약자가 많이 늘면서 이에 대해 보완을 위해 전산정보처리기관을 한국감정원 청약홈으로 변경하였습니다. 이후 한국감정원을 한국부동산원으로 변경하고, 전산정보처리기관을 주택청약업무수행기관으로 법제화하였습니다.

제7조의2(주택청약업무수행기관의 업무) ① 법 제56조의2에서 "국토교통부령으로 정하는 업무"란 다음 각 호의 업무를 말한다.

1. 제6조제2항에 따른 입주자저축 가입 여부 확인
2. 입주자저축 현황·실적 관리
3. 주택청약종합저축 가입(순위)증명서 발행
4. 제19조제5항에 따른 입주자모집 및 선정 대행
4의2. 사전당첨자 모집 및 선정 대행
5. 제24조제2항에 따른 청약접수 정보의 보관
5의2. 제24조의6제2항에 따른 사전청약접수 정보의 보관
6. 제50조제1항에 따른 청약접수, 입주자 선정 및 동·호수 배정 업무의 대행
7. 제52조(제52조의3에서 준용하는 경우를 포함한다)에 따른 입주대상자 자격 확인
8. 제52조의2(제52조의3에서 준용하는 경우를 포함한다)에 따른 입주자자격 및 공급 순위 등 정보의 사전제공
9. 제56조제3항에 따른 입주자자격 제한자 명단의 관리
10. 제57조 및 제57조의2에 따른 당첨자 및 사전당첨자 명단의 관리

> 11. 제58조 및 제58조의2에 따른 부적격 당첨자 및 사전당첨자 명단의 관리
> 12. 그 밖에 청약업무 수행을 위하여 국토교통부장관이 필요하다고 인정하여 고시하는 업무
> ② 국토교통부장관은 필요하다고 인정할 때에는 주택청약업무수행기관의 장에게 제1항 각 호의 사항을 보고하게 하거나 소속 공무원으로 하여금 그 사무소에 출입하여 필요한 검사를 하게 할 수 있다. [본조신설 2021. 2. 2.]

나. 청약홈 업무 순서

청약홈 업무는 기획직원에게는 필수업무라고 볼 수 있습니다. 특히, 청약홈 업무 경험자와 무경험자는 대우가 다릅니다. 그런데, 정작 청약홈 업무를 경험해 본 직원 입장에서는 어려운 업무가 아님을 알고 있습니다. 즉, 경험만 해 보면 누구나 어렵지 않게 진행이 가능한 업무입니다.

청약홈 업무처리 방법은 청약홈 사업주체 코너에 자세히 안내가 되어 있으니 업로드 방법에 대해서는 청약홈 자료를 확인 바랍니다. 다만, 청약홈 업무에도 노하우는 있어서 이에 대한 것으로 요약하도록 하겠습니다.

ㄱ. 모집공고일 및 당첨자 발표일정 예약

대략 모집공고일로부터 30일 전에 청약홈에 대략적인 일정을 확인합니다.

청약홈 업무를 진행하여 보지 않은 직원의 경우 청약홈에서 온라인서비스 이용 신청부터 진행을 하지만, 그 전에 청약홈 업무를 진행하여 본 경험이 있는 경우에는 그전의 청약홈 담당자를 통해 연락을 합니다.

여기서 요령이 있는 것이 있습니다.

평상시에는 상관이 없는데, 청약일정이 몰리는 시기가 있습니다. 예를 들어 법이 바뀔 예정인 시기에 그 법 규정을 피하기 위해 분양일정을 서두르는 현장들로 인해 일정들이 몰릴 수 있습니다. 그리고 연말에도 실적문제로 일정이 몰리는 경우도 있습니다. 그러면, 일정이 몰리는 것을 청약홈에서 소화가 되는지가 문제인데, 청약홈에서는 하루에 소화가능한 물량에

정해져 있기 때문에 일정이 몰리게 되면 분배를 할 수밖에 없습니다. 특히, 청약홈에서는 당첨자 추첨에 때문에 당첨자 발표일 일정을 분배할 수밖에 없습니다.

이렇게 일정이 몰릴 것으로 예상이 되면 최대한 빨리 청약홈에 컨택하여 일정 예약하는 것을 권합니다.

ㄴ. 온라인 이용신청

온라인 이용신청은 신규와 변경으로 구분이 됩니다. 신규는 말 그대로 새로 시작하는 경우에 진행하는 것이니 별다른 설명이 필요 없습니다. 변경에 대해 아는 것이 좋습니다. 온라인 이용신청은 현장에 부여하는 것이지만 실제로는 인증서를 등록한 자로 진행되기 때문에 업무담당자를 정하여야 합니다. 즉, 혹시라도 인사변동이나 현장이동이 예정되어 있는 직원으로 온라인 이용신청자로 하면 다시 변경을 하여야 하는 번거로움이 생기므로 계속 근무 예정인 자가 진행을 하여야 합니다.

온라인 이용신청자는 청약홈 담당자와 계속 업무진행을 하여야 합니다. 청약홈 업무라는 것이 진행을 해 보면 별거 아닌 것인데, 경험이 많은 직원들이 더 편할 수 있기는 합니다. 이는 청약홈 담당자와 업무진행에서 청약업무를 너무 모르는 직원이 담당하면 서로 커뮤니티에 어려움이 있을 수 있기 때문입니다.

온라인 이용신청 전에 인증서 만료기간을 확인하는 것을 권합니다. 기간이 만료되어 인증서 기간을 연장하거나 갱신하는 경우에는 온라인 변경신청을 하여야 하기 때문에 미리 정리한 뒤 온라인 이용신청하는 것을 권합니다.

현장이 순조롭게 진행되는 경우 온라인 이용신청은 별다른 어려움이 없습니다. 하지만, 그러하지 못한 경우에는 온라인 이용신청에 어려움이 생길 수 있습니다. 가장 많은 경우가 대행은행을 정하지 못한 경우입니다. 사업주체 등에게 미리 확인하여 두는 것을 권합니다.

온라인 이용신청을 진행하면 특별공급의 대행의뢰의 경우 비용이 발생합니다. 이에 따라 부가세 처리를 위해 세금계산서 수신용 전자메일이 기재되어 있는 사업주체의 사업자등록증이 필요하며, 이 비용에 대해 비용부담 주체를 정확히 확인하여 두는 것이 좋습니다. 분양 예산을 관리하는 업무도 진행하고 있다면 무순위 청약을 청약홈을 통해 진행하여야 하는 경우 대행의뢰비와 무순위 청약비용도 감안하여 예산(안)을 작성하는 것이 좋습니다.

온라인 이용신청 시 마지막 고려할 점이 있습니다. 시공사와 시행이 동일한 경우가 아니라면 원칙적으로 사업주체는 시행사가 맞습니다. 하지만, 청약홈 업무에서 말하는 사업주체는 시행사일 필요는 없습니다.

청약홈 업무를 진행하면서 청약홈에 몇 번의 보고 또는 요청의 과정을 거쳐야 하는데, 보고 및 요청 시에는 해당 업무와 별도로 공문이 첨부되어야 합니다. 분양업무를 진행할 때 시공사는 바로 옆에서 근무하기 때문에 공문번호를 받는 등 공문 작업에 그리 불편함이 없습니다. 하지만, 시행사를 통해 공문을 작성하는 경우에는 하루 이상의 시간이 소요되는 경우도 있습니다. 특히, 분리세대 조회 요청의 경우 시간을 서둘러야 하는데, 공문처리에서 하루를 잡으면 원하는 일정에 분리세대의 주택소유 및 청약제한 사항을 확인하기 어렵습니다.

ㄷ. 입주자모집공고 업로드

온라인 이용신청이 완료되었다면 청약홈 사업주체 페이지에서 로그인하여 업무진행이 가능합니다. 제일 첫 번째 단계로 입주자모집공고의 내용을 업로드하는 것인데, 1장과 2장을 정확히 숙지하고 있다면 모집공고를 업로드하는 것에는 어려움이 없습니다. 다만, 예정하였던 시기에 분양승인을 받지 못하면 청약홈 담당자와 협의를 통해 일정 조율이 필요합니다.

ㄹ. 기관추천 특별공급 추천자 업로드

통상적으로 특별공급은 월요일부터 진행되는 경우가 많습니다. 이러한 일정이면 전주 목요일까지는 청약홈에 기관추천 특별공급 추천자를 업로드하여야 합니다. 가급적이면 해당기관에는 수요일까지 추천요청을 받아서 정리하는 것을 권합니다.

ㅁ. 특별공급 현장접수자 업로드

특별공급은 현장 접수 시 견본주택에서 접수가 가능한데, 예전에는 현장마다 장애인 특별공급, 국가유공자 특별공급, 노부모부양 특별공급 청약자들이 현장 접수하는 경우가 종종 있었습니다. 그런데, 공인인증서가 폐지되며 네이버인증서 같은 사설인증서로도 청약이 가능해지면서 특별공급 현장 접수가 많이 줄어들었습니다. 적지만 아직도 현장으로 접수를 오시는 경우도 있는데, 최근에는 스마트폰을 가지고 계신 분이면 네이버인증서를 통해 청약하는 것을 도와주는 편입니다.

하지만, 사업주체 입장에서 준비는 하여 두어야 합니다. 그래서 특별공급 현장 접수에 대해 준비하여 두는데, 현장 접수를 청약홈으로 보고를 하기 위한 엑셀양식에 들어가는 내용을 특별공급 신청서에 누락하면 안 됩니다. 특히, 최하층 우선 배정 정보나 청약일시 및 접수시간에 대해서 누락하면 안 됩니다.

ㅂ. 동·호수 정보 작성

2순위 접수일까지 동호수 정보를 작성하여 청약홈에 업로드하여야 하지만, 그 전에 진행하여도 됩니다.

ㅅ. 전산추첨 참여

추첨에 참여하기 위해서는 위임장을 미리 준비하여 두어야 합니다. 위임장에는 법인 인감증명서가 첨부되는데, 회사마다 절차가 달라서 법인 인감증명서 발급에 며칠 이상 소요되는 경우가 있으니 미리 신청하는 것을 권합니다. 그리고 추첨일에 혹시라도 있을지 모르는 사고 등을 대비하여 위임장은 2명 이상으로 각각 작업하여 두는 것을 권합니다. 혹시 참관을 원하는 직원이 있는 경우 추가로 위임장이 필요할 수 있기 때문에 청약홈 담당에게 확인하는 것이 좋습니다.

추첨은 현재 서울과 대구에서 진행되고 있습니다. 서울 추첨장은 역삼동에 위치하고 있어서 교통체증을 감안하여 시간여유를 두고 방문하는 것을 권합니다.

추첨장에 입실하면 여러 가지 설명을 듣고 추첨을 위해 0~9에서 공을 뽑는 것을 두 번 진행하고, 다시 1~3에서 공을 뽑는 방식입니다. 솔직히, 추첨을 진행하러 가서 하는 일은 별로 없습니다. 기대하고 갔다면 허무할 수 있을 정도입니다.

ㅇ. 당첨자 및 세대원 명부, 주택소유현황 및 당첨제한사항 다운로드

당첨자 명부는 추첨이 완료된 후 몇 시간 이내에 받을 수 있습니다. 하지만, 세대원 명부, 주택소유현황 및 당첨제한사항은 월요일, 화요일, 목요일에만 회신된다는 특징이 있습니다. 모집공고 작업 시 분양일정을 검토하는 과정에서 설명한 바가 있으니 추가 확인 바랍니다.

ㅈ. 분리세대 조회 요청 및 회신

당첨자 발표 후 서류를 접수한 후 분리세대에 대해서는 주택소유현황과 당첨제한사항을 조회요청을 하여야 합니다. 조회요청 시 주의할 점은 계약 전에 회신받아 부적격 사항이 없는지 재검을 하고, 추가 소명이 필요한 경우 계약 시 해당 서류에 대해 첨부할 것을 안내하여야 합니다. 즉, 계약 전에 회신받을 수 있도록 분리세대 조회 요청을 하여야 합니다.

보통 계약은 월요일부터 진행되는 경우가 다수입니다. 이러한 일정이라면 전주 수요일이나 목요일에 분리세대 요청을 하여야 합니다. 보통은 요청을 하면 다음 날에 분리세대 회신이 진행되나 간혹 그러하지 못하는 경우도 있으니 시간여유가 된다면 2일 정도의 시간을 가지는 것도 좋습니다. 하지만, 세대수가 많은 경우에는 이 정도의 시간 여유가 되지 않는 경우가 있습니다. 이런 경우 두 번에 나누어 분리세대 조회요청을 진행하는 것도 방법입니다.

혹시라도 분리세대 조회요청한 것이 회신되지 않은 상태에서 계약일정이 시작되는 경우 분리세대 조회요청 세대는 계약을 진행하여도 계약서를 불출하지 않고 사업주체에서 보관을 하다가 조회 후 이상 없음이 확인된 후 계약서 불출을 하여야 합니다.

ㅊ. 부적격대상자 소명결과 등록

청약홈에서는 청약제한사항이 조회가 되는 경우 해당 사업주체에 통보합니다. 즉, 세대원 중에 재당첨제한, 특별공급 1회 제한 등의 부적격 사유가 발견되면 해당 사업주체에 통보를 하는 방식인데, 통보를 받은 사업주체는 공급자격의 정당 여부를 확인하여야 합니다. 그런데, 이에 대해 법으로는 강제하지 않고 관습적으로 진행하였는데, 국토교통부의 점검 등을 통해 부적격 처리하여야 할 대상을 부적격 처리하지 아니하고 계약을 진행한 사업주체가 적발되면서 이후 이를 보완하기 위해 2023년 3월 31일 개정을 통해 청약제한사항이 조회된 자에 대해서 공급자격의 정당 여부를 확인한 결과를 주택청약업무수행기관인 청약홈에 통보하도록 법규정을 개정하였습니다.

제57조(당첨자의 명단관리)
⑧ 사업주체는 제7항에 따라 통보받은 부적격당첨자에게 그 사실을 통보하고, 통보한 날부터 7일 이상의 기간을 정하여 소명자료를 제출받아 공급자격의 정당여부를 확인하여야 하며, 그 기간 내에 소명하지 아니한 자에 대해서는 입주자선정대상에서 제외하거나 공급계약을 취소하여야 한다.
⑨ 사업주체는 제8항에 따라 공급자격의 정당여부를 확인한 경우에는 그 확인 결과를 지체 없이 주택청약업무수행기관에 통보해야 한다.

ㅋ. 추가입주자 및 부적격 명단 업로드

추가입주자까지 모든 청약 일정이 모두 마무리되면 추가입주자와 부적격명단을 업로드 합니다. 다만, 부적격자 중에는 다른 아파트 청약을 위해 빨리 부적격자 처리를 요구하는 경우가 있습니다. 이런 경우에는 부적격 처리를 두 번에 나누어 진행할 수밖에 없습니다.

부적격 업로드하는 것에 요령이 있습니다. 부적격 사유에 대해 기입을 하여야 하는데, 이것을 미리 작업하여 두지 않으면 업로드하면서 해당자가 무엇으로 부적격인지 확인하여야 합니다. 하지만, 계좌부활요청서 후면에 다음) 같은 작업을 하여 두면 부적격자 업로드할 때 다시 확인할(확인하는) 번거로움이 없습니다.

당첨구분			부적격 사유			
일반공급	청약자격	□	미성년자 청약 신청(성년의제 제외)	부양가족	□	본인을 부양가족수에 포함
	거주지역	□	해당지역, 기타지역 등 지역선택 오류		□	직계비속이 세대원이 아님 (주민등록등본 미등재)
	재당첨제한	□	본인 또는 세대원이 재당첨제한 대상자임		□	기혼(이혼)자녀, 부모 있는 손자녀, 사위(며느리)를 포함
	가점제제한	□	과거 2년 내 가점제당첨사실 있음		□	30세 이상 직계비속 부양기간 (1년) 미충족
	주택소유	□	본인 주택(분양권 등) 소유 중임		□	직계존속이 세대원이 아님 (주민등록표등본 미등재)
	주택소유	□	세대원 주택(분양권 등) 소유 중임		□	직계존속 주택 소유
	무주택기간	□	"본인 및 배우자"의 무주택기간 산정오류		□	직계존속 부양기간(3년) 미충족
	1세대1주택	□	세대원 중복청약			
	세대주	□	신청자(분리세대 배우자 포함)가 세대주가 아님			
특별공급	생애최초	청약자격	□	미성년자 청약 신청 (성년의제 제외)	소득기준	□	소득기준 초과
		거주지역	□	해당지역, 기타지역 등 지역선택 오류	청약자격	□	미혼자(미성년자녀 없음)
		1세대1주택	□	세대원 중복청약	청약자격	□	근로자 또는 자영업자가 아닌 자
		특별공급제한	□	과거 특별공급 당첨사실 있음	청약자격	□	통산 5년 이상 소득세를 납부하지 않은 자
		주택소유	□	본인 주택(분양권 등) 소유 중임			
		주택소유	□	세대원 주택(분양권 등) 소유 중임			
		주택소유	□	본인 또는 세대원이 과거 주택 소유이력 있음			
				중략			
기타		□		기타 (직접 입력)		

상기 부적격 사유는 청약홈에서 부적격 사항 업로드 부분을 참고하여 작성할 수 있습니다. 해당 사항이 없는 경우 하단처럼 "기타(직접 입력)"에 수기로 작성하여 입력하는 것입니다.

7. 청약접수

청약접수는 인증서를 지참하여 인터넷으로 청약하는 것이 원칙이기 때문에 사업주체에서 준비할 것이 별로 없으나 관련 규정을 숙제하고, 혹시라도 있을 수 있는 현장접수 및 청약도우미를 준비해 두어야 합니다.

가. 현장접수 관련 규정

> 제19조(입주자모집 방법)
> ② 사업주체(입주자저축취급기관이 제50조제1항에 따라 청약접수를 대행하는 경우에는 입주자저축취급기관을 포함한다)는 인터넷접수의 방법으로 입주자를 모집하되, 정보취약계층 등 인터넷접수의 방법으로 청약신청을 할 수 없는 사람의 경우에는 방문접수의 방법으로 청약신청을 할 수 있도록 조치하여야 한다.

일반공급은 청약통장 가입은행, 특별공급은 견본주택에서 현장 접수가 가능합니다.

특별공급의 경우 2018년 5월 4일부터 인터넷 청약이 가능해지면서 특별공급은 은행에서 받기에는 어려움이 있어서 견본주택에서 받는 것으로 진행이 되었습니다. 현장마다 현장접수하는 청약자가 몇 명은 있었으나 공인인증서 제도가 폐지된 후 간편하게 사용할 수 있는 네이버인증서 등의 사설인증서로도 인터넷청약이 가능해지며 특별공급을 견본주택에 접수하는 하는 경우를 보기 어렵게 되었습니다. 하지만, 혹시라도 있을 수 있기 때문에 특별공급 현장 접수 준비는 하여 두어야 합니다.

혹시 특별공급 현장 접수가 있는 경우 필히, 접수증을 교부하여야 합니다. 이것은 부부 간 중복청약이 가능하게 되면서 선청약자가 누군지 명확히 하기 위함인 것이라 주택청약 접수증에는 접수시간을 필히 기재하여야 합니다.

> ⑥ 사업주체는 제2항, 제3항 및 제5항에 따라 청약을 접수한 경우에는 별지 제3호의2서식의 주택청약 접수증을 신청자에게 교부해야 한다. 〈신설 2024. 3. 25.〉

나. 청약도우미

청약에 대해 안내를 잘 하여도 연세가 많은 분들에게는 청약이라는 것에 어려울 수 있습니다. 그래서 이런 분들에게 인증서를 지참하면 청약을 도와주는 서비스를 진행하는 경우가 많습니다. 이 경우 조언을 드리는 것이 청약도우미를 해 드리는 것에 대해 다음 문구를 포함하여 확인서를 받아 두는 것이 좋습니다.

인터넷 청약 시 안내 유의사항

> 본인은 인터넷 청약접수에 어려움이 있어 본인의 요청으로 청약신청에 대한 안내를 받아 인터넷 청약신청을 본인이 직접 하였으며, 향후 청약신청관련 문제가 발생 시 민·형사상 모든 문제에 대하여 법적 책임은 본인에게 있는 것을 확인합니다.
> 상기 내용을 충분히 인지하시고 숙독하신 후 아래 내용에 맞게 작성 및 서명하여 주시기 바랍니다.

다. 청약경쟁률 정리

청약경쟁률이 높을수록 계약률이 높아지기 때문에 청약이 잘 들어온 것으로 포장을 하여야 합니다. 전체 주택형에 대한 청약경쟁률이 좋으면 상관없지만, 그러하지 않은 경우에는 경쟁률이 가장 높은 주택형을 내세워 경쟁률을 포장하는 편입니다.

청약접수처는 다음 규정에 근거하여 청약률을 게시하여야 하는 의무가 있습니다.

> 제50조(입주자선정업무 등의 대행)
> ③ 제1항 및 제2항에 따라 청약접수 업무를 수행하는 기관은 청약률을 인터넷 홈페이지 등에 게시하여야 한다.

특별한 경우가 아니라면 청약홈에서 청약경쟁률을 올리는 시간은 오후 7시 30분입니다. 미리 확인하실 필요 없이 7시 30분에 새로 고침을 하시면 청약경쟁률을 바로 확인하는 것이 가능합니다.

8. 당첨자 발표, 갑지 작성 및 사전검수

당첨자 발표일 전일에는 추첨이 진행되며, 이날에는 당첨자 파일을 전달받으며, 당첨자 발표일정에 따라 월요일, 화요일, 목요일에는 청약홈으로부터 세대원 명부, 주택소유현황 및 당첨제한사항에 대한 리포트를 받게 됩니다. 서로 다른 파일로 정리되어 있는 4개의 파일을 상담사가 보기 편한 방식으로 정리를 하여야 합니다.

가. 갑지 작성

당첨자 파일과 세대원 명부 및 주택소유현황은 엑셀 파일로 넘어오기 때문에 엑셀을 자유롭게 다루는 실력이 있다면 합치는 것이 어렵지 않습니다. 다만, 몇 가지 요령이 필요한 부분이 있습니다. 그리고 당첨제한 사항은 PDF로 넘어오는데, 보통은 직접 입력하는 방식을 주로 사용하지만, 엑셀로 변환하여 합치는 경우도 있습니다.

ㄱ. 당첨자 파일

편하게 당첨자 파일이라고 부르지만, 청약홈에서 전달될 때에 파일명은 "전산추첨결과"라고 표시되어 있습니다. 이 엑셀파일은 다수의 sheet로 구성이 되어 있습니다. "입주자선정 안내"에는 당첨자 및 예비입주자 선정절차에 대한 안내가 기재되어 있으며, "추첨 이후 업무 안내"에는 분리세대원 조회부터 부부 중복당첨 무효처리에 대한 업무까지에 대한 업무에 대한 안내가 기재되어 있습니다. 이후에는 각 특별공급과 일반공급의 당첨자 명단이 기재되어 있으며, 이후에는 각 특별공급과 일반공급 당첨자의 예비입주자 명단이 기재되어 있습니다. 마지막으로는 "최저당첨정보"가 있어서 다자녀, 신혼부부, 노부모부양, 일반공급의 최저당첨 정보가 기재되어 있습니다.

당첨자 파일에서 주의할 점이 몇 가지 있습니다.

첫째, 법규의 개정에 따라 엑셀열이 변경될 수 있기 때문에 법 개정 이후에는 변경 여부를 체크하여야 합니다.

둘째, 가점제가 적용되는 주택형에서 일반공급 예비입주자가 500%가 되지 않는 경우에는 당첨방식이 가점제가 아니라 추첨제로 표기됨에 주의가 필요합니다. 일반공급 1순위에서 미달이 되는 경우에도 모두 추첨제 당첨자에 해당합니다.

ㄴ. 세대원 파일

청약홈에서는 "당첨자세대원내역"이라는 파일명으로 전달이 됩니다.

당첨자세대원내역

요청성명	요청주민등록번호	세대원성명	세대원주민등록번호	오류구분코드
김민재	630513-1234567	김민재	630513-1234567	
김민재	630513-1234567	이성민	650523-2345678	
이몽룡	851219-1234567	성춘향	870509-2345678	
이몽룡	851219-1234567	이몽룡	851219-1234567	
변사또	680604-1234567			성명불일치
CHOI	660316-5678912			주민등록불일치

좌측은 당첨자명단이며, 오른쪽은 당첨자를 포함한 세대원 명단이 기재가 됩니다. 그런데, 이 파일을 그대로 사용하면 엑셀에서 어떠한 함수를 사용하는지에 따라 잘못된 결과를 가져오는 경우가 있습니다. 예시를 보면 당첨자 이몽룡의 세대원 내역을 보면 당첨자가 먼저 나오

는 것이 아니라 세대원이 성춘향이 먼저 나오고 이후 이몽룡이 나오는 경우가 있습니다. 이런 경우에 엑셀 함수에 따라 성춘향이 김민재의 세대원으로 처리되는 경우가 있습니다. 이러한 것을 막기 위해 정렬을 다시 하는 것을 권합니다.

그리고, 변사또나 CHOI의 경우 세대원이 기재가 되어 있지 않고 오류구분코드에 "성명불일치" 또는 "주민등록불일치"라는 내용이 기재되어 있습니다. 이것은 개명 등을 통해 청약통장의 성명 및 주민등록번호와 개명 후의 성명 및 주민등록번호가 불일치하여 세대원을 조회하지 못한 경우로서 자세한 내용은 분리세대에서 설명을 드렸습니다. 그리고 이런 경우 상담사에게 전달하는 갑지에 분리세대 조회 요청이 필요함을 필히 전달하고, 세대원성명 및 세대원주민등록번호에 비어 있는 부분은 당첨자의 내역으로 복사하여 붙여야 다른 파일들과 연동이 될 수 있습니다.

ㄷ. 주택소유현황

청약홈에서는 "주택소유정보전산검색결과"라는 파일명으로 전달이 됩니다.

주택소유현황은 같은 주택이라도 몇 번의 조회결과가 있을 수 있습니다. 이것은 주택이 조회되는 방식에 따라 다른 부분이 있기에 주의가 필요합니다. 이에 대해 몇 가지 유의할 사항을 알려 드리겠습니다.

① 주택은 건축물대장상 정보와 재산세 납부정보에 따라 두 번 이상이 조회될 수 있으며, 또한 매수와 매도에 따라서도 중복하여 조회될 수 있기 때문에 중복하여 조회된 내용을 파악하여 공고일 기준 무주택 또는 무주택기간을 정확히 산정하여야 합니다.
② 주택소유현황에 기재되어 있는 면적만을 보고 판단하면 안 됩니다. 건축물대장상의 정보가 조회되어 주택의 전용면적이 기재되는 경우도 있지만, 공유지분을 소유하고 있는 경우 소유면적이 조회되는 경우가 있어서 면적에 대한 것을 건축물대장을 기준으로 확인이 필요합니다.
③ 분양권에 대해서는 매매신고일, 계약일, 잔금지급일, 권리구분, 매수매도구분에 대한 내

역이 기재됩니다.

　　분양권을 판단할 때에는 권리구분부터 확인을 하여야 합니다. 권리구분은 3단으로 구성이 되는데, "공급계약(또는 전매)-준공전(준공후)-분양권(입주권)"으로 기재됩니다. 가장 중요한 것은 공급계약인지 전매인지에 대한 것입니다. 이것은 소유의 기준이 다르기 때문입니다. 공급계약의 경우 계약일을 기준으로 주택을 소유한 것으로 보지만, 전매의 경우 부동산거래신고서상의 잔금지급일을 기준으로 소유권이 변동되기 때문입니다. 즉, 매수매도구분에서 매수이고, 권리구분이 공급계약의 경우 계약일을 기준으로 주택을 소유하기 시작한 것으로 보고 매수매도구분에서 매도이고, 권리구분이 전매인 경우 잔금지급일을 기준으로 주택을 처분한 것으로 보기 때문입니다. 반대로 매수매도구분에서 매수이고, 권리구분이 전매인 경우 잔금지급일을 기준으로 주택을 소유한 것으로 봅니다.

ㄹ. 당첨제한사항

　　청약홈에서는 "당첨자 및 세대원 전산검색 결과"라는 파일명으로 전달이 됩니다.

　　이 PDF 파일은 과거 2년 내 가점제 당첨자 검색결과, 과거 5년 내 당첨자 검색결과, 무주택 세대구성원의 중복청약 및 중복당첨 검색결과, 재당첨제한(일반공급) 당첨자 검색결과, 특별공급 1회 이상 당첨자 검색결과, 재당첨제한(특별공급) 당첨자 검색결과, 민간 사전청약 당첨자 검색결과로 구성이 되어 있습니다. 규제지역 여부나 재당첨제한 여부에 따라 필요 없는 경우도 있으나 일괄적으로 적용이 되는 것이라서 페이지 구성은 동일합니다.

　　각 제한사항은 다음의 방식으로 조회가 진행됩니다.

주민번호	성명	주택형	동	호	순위	민간사전청약 기당첨내역							
						관계	주민번호	성명	주택명	동 호	당첨일(제한시작일)	유형	신청일	접수시간
								총계	0 명				

　　주민번호의 경우 7자리만 기재되어 있고, 6자리가 기재되어 있지 않으며, 성명도 가운데가 *로 처리가 됩니다.

중복청약인 경우 당첨자의 청약 접수시간은 당첨자 파일에서 확인 가능하고, 세대원의 청약 접수시간은 이 파일에서 확인이 가능하여 부부임에 확인되면 후 청약자의 청약은 무효처리합니다.

당첨제한사항에 대해서는 다음 단락에서 추가확인 바랍니다.

ㅁ. 갑지작성

앞서 언급한 파일들을 하나로 통합하여 보기 편하게 하나의 파일로 구성합니다.

2018년 12월 11일 개정으로 분양권을 주택으로 보기 전에는 일부 사업주체에서나 갑지 작업을 진행하였고, 대부분은 금융결제원의 282버전이라는 프로그램을 통해 세대원과 주택소유현황을 합쳐서 보는 작업을 하였습니다. 2018년 12월 11일 개정으로 분양권을 주택소유로 보면서 이전에 사용하던 282버전을 더 이상 사용할 수 없어서 이후에는 여러 방법으로 정리하는 방법을 사용하고 있습니다. 엑셀로 직접 작업을 하는 방법도 있지만, 일부는 웹을 이용하여 씨알엠소프트 같은 회사에서 이용하는 부적격 검수를 사용하기도 합니다.

실무자라면 다음과 같은 파일을 보신 적이 있을 것입니다. 다음의 파일은 이 책의 저자인 본인이 2018년 12월 11일 개정 후에 여러분의 도움을 받아 만든 검수 파일입니다. 다른 검수 파일들에 비해 파일작업이 어렵지 않다 보니 의외로 많이 사용되고 있는 것으로 알고 있습니다. 어떤 경우에는 본인 회사에서 만든 것이라고 주장하는 모 회사가 있는 것으로 들어 보았습니다. 이러한 검수파일을 만든 경우 마지막 업무는 비밀번호 설정입니다. 개인정보보호를 위해 필히 비밀번호를 설정하여 주시기 바랍니다. 매크로 등 엑셀의 고급기술을 가진 경우에는 이 작업을 더 쉽게 하는 것이 가능합니다. 다만, 이 파일은 법 개정 시마다 법 개정에 맞추어 변경하여야 합니다.

나. 사전검수

앞에서와 같이 검수파일 작성을 완료하면 이것을 통해 상담사가 서류접수를 진행합니다. 하지만, 개인적으로는 위에서 작업된 검수파일을 통해 기획직원이 먼저 한번 검토하여 보는 것을 권하고 싶습니다. 당첨자가 방문하기 전에 미리 사전검수를 하면 몇 가지 장점이 있습니다.

첫째, 당첨내역만 보고도 무조건 부적격자인 경우가 보여서 이에 대해 미리 부적격 안내를 하여 두면 서류접수에 불필요한 낭비를 줄일 수 있습니다.

둘째, 부적격자에 대한 민원이 줄어듭니다. 일부 부적격자의 경우 납득하지 못하고 민원제기 또는 소란을 피우는 경우도 있습니다. 그런데, 서류접수 전에 부적격 사항을 미리 통보하면 민원이 줄어드는 부분이 있습니다.

셋째, 미비서류가 줄어드는 장점이 있습니다. 앞에서는 당첨자 제출서류에 대해 안내한 바가 있습니다. 하지만, 부적격 소명을 위해 별도로 추가서류가 필요한 경우가 있습니다. 예를 들어서 무허가건물을 가지고 있는 경우 무허가건물임을 증빙하는 해당 지자체의 공문이 필요합니다. 이러한 것을 미리 준비하는 것이 가능합니다.

넷째, 상담사의 업무에 도움을 줄 수가 있습니다. 사전검수 시 소형저가주택 여부 등을 미리 확인하여 두면 상담석에서 검수시간을 줄일 수 있으며, 상담사의 실수를 줄일 수 있습니다.

9. 청약제한사항

가. 당첨자란?

청약제한사항을 알기 위해서는 당첨자라는 것이 무엇인지부터 정확히 알아야 합니다. 단어만 보면 당첨이 되었던 자를 말하는 것으로 보이는데, 청약하여 당첨된 적이 없지만, 당첨자로 관리되는 경우가 많아서 주의가 필요합니다.

> 7. "당첨자"란 다음 각 목의 어느 하나에 해당하는 사람을 말한다. 다만, 분양전환되지 않는 공공임대주택(「공공주택 특별법」 제2조제1호가목에 따른 공공임대주택을 말한다. 이하 같다)의 입주자로 선정된 자는 제외하며, 법 제65조제2항에 따라 당첨 또는 공급계약이 취소되거나 그 공급신청이 무효로 된 자는 당첨자로 본다.
> 가. 제3조제2항제1호 및 제5호에 따른 주택에 대하여 해당 사업계획승인일 당시 입주대상자로 확정된 자
> 나. 제3조제2항제7호가목에 따른 주택에 대하여 해당 관리처분계획인가일 당시 입주대상자로 확정된 자
> 다. 제3조제2항제7호나목 및 제8호에 따른 주택을 공급받은 자
> 라. 다음의 지역에서 제19조제5항에 따라 입주자로 선정된 사람
> 1) 법 제63조제1항에 따른 투기과열지구(이하 "투기과열지구"라 한다)
> 2) 법 제63조의2제1항제1호에 따라 지정되는 조정대상지역(이하 "청약과열지역"이라 한다)
> 마. 제27조부터 제32조까지, 제35조에서 제49조까지, 「공공주택 특별법 시행규칙」 제19조에 따라 입주자로 선정된 자(제27조제5항 및 제28조제10항제1호에 따라 선착순의 방법으로 주택을 공급받는 자는 제외한다)
> 바. 제26조 또는 제26조의2에 따라 예비입주자로 선정된 자로서 사업주체와 공급계약을 체결한 자(제26조제5항 본문 또는 제26조의2제4항에 따라 최초로 예비입주자를 입주자로 선정하는 경우로서 동·호수 배정의 추첨에 참가하여 동·호수를 배정받고 공급계약을 체결하지 않은 자를 포함한다)

> 사. 제47조의3에 따라 입주자로 선정된 사람
> 아. 법 제80조에 따라 주택상환사채를 매입한 자(상환 전에 중도 해약하거나 주택분양 전에 현금으로 상환받은 자는 제외한다)
> 자. 법 제64조제2항 단서 및 제3항에 따라 한국토지주택공사(「한국토지주택공사법」에 따른 한국토지주택공사를 말한다. 이하 같다) 또는 사업주체가 취득한 지위를 양도받은 자
> 차. 「공공주택 특별법 시행령」 제2조제1항제5호에 따른 분양전환공공임대주택(이하 "분양전환공공임대주택"이라 한다)을 공급받은 자
> 카. 분양전환공공임대주택의 입주자가 퇴거하여 사업주체에게 명도된 주택을 공급받은 자

ㄱ. 당첨자를 관리하는 목적부터 알아야 합니다. 우리나라는 정부에서 청약의 과정을 규제하고 있습니다. 그래서 규제를 하기 위해서는 당첨자를 관리하여 골고루 기회를 가질 수 있도록 하는 것이라고 볼 수 있습니다.

ㄴ. 주의할 점이 있는 것이 골고루 기회를 주기 위함이다 보니 청약하여 당첨된 경우가 아니더라도 주택을 공급받은 적이 있다면 당첨자로 관리될 수 있다는 것입니다.

ㄷ. 가목은 지역조합 같은 곳에서 조합원으로 있었던 경우에 해당합니다.

ㄹ. 나목은 재재발이나 재건축 같은 정비사업에서 관리처분인가일 당시 조합원으로 등재되어 있던 경우에 해당합니다.

일반적인 주택사업은 사업계획승인을 득한 후에 분양업무를 진행하는 경우가 많습니다. 하지만, 재개발이나 재건축 같은 정비사업은 절차가 조금 다릅니다. 사업시행인가를 득한 뒤에 관리처분이라는 과정을 한 번 더 거칩니다. 같은 조합방식이라도 지역조합과는 다른 부분이 있습니다. 지역조합의 조합원은 동일한 비용을 투자한 조합원들의 모임입니다. 하지만, 재개발이나 재건축은 종전의 자산이 투자금에 해당하는데, 이것이 모두 다릅니다. 그러하다 보니 조합원이라도 금전적인 부담이 달라질 수밖에 없습니다. 그래서 분배의 과정에 해당하는 관리처분이 모두 마무리되어야 비로소 이주와 철거를 진행한 뒤 분양할 수 있는 단계가 가능한 것입니다.

ㅁ. 재개발 및 재건축 외에도 정비사업으로 공급되는 주택들이 있습니다. 이에 대한 것이 다목에 해당합니다.

ㅂ. 무순위 청약은 당첨자로 관리되지 않지만 예외적으로 바목을 적용하여 투기과열지구 및 청약과열지역에서 무순위에 당첨된 분도 라목에 의거하여 당첨자로 관리됩니다. 물론, 당첨된 후 계약을 진행하지 않는 경우에도 당첨자로 관리됩니다.

ㅅ. 마목은 청약을 통해 당첨된 자를 말합니다. 물론, 당첨된 후 계약을 진행하지 않는 경우에도 당첨자로 관리됩니다.

ㅇ. 바목은 예비입주로 선정된 자가 예비입주자 동·호수 추첨에 참여하여 동·호수 배정받은 경우를 말합니다. 배정받은 동·호수에 대해 계약을 진행하지 않은 경우에도 당첨자로 관리됩니다.

ㅈ. 사목은 계약취소주택의 재공급을 통해 당첨된 자를 말합니다.

ㅊ. 자목에 의거하여 전매제한 기간 중에 분양가 상한제가 적용되는 주택 중 LH 등이 취득한 주택을 양도받은 경우에도 당첨자로 관리됩니다.

ㅋ. 차목에 의거하여 분양전환공공임대주택에 당첨된 경우에도 당첨자로 관리됩니다. 모집공고문에는 다음과 같은 문구가 있는데, 분양전환공공임대주택도 당첨자로 관리되고, 청약통장을 사용하는 청약이기 때문에 이러한 문가가 규정되는 것입니다.

> ■ 「주택공급에 관한 규칙」 제57조제8항에 따라 부적격 통보를 받고, 통보를 받은 날부터 7일 이상의 기간에 소명하지 못할 경우 당첨 및 공급계약이 취소될 수 있으며, 부적격 당첨자로 판명된 경우 향후 신청하려는 주택의 입주자모집공고일 기준으로 당첨자발표일부터 '수도권 및 투기·청약과열지역 1년, 수도권외 6개월, 위축지역 3개월'(공급신청하려는 지역 기준) 동안 다른 분양주택(민간 사전청약 및 **분양전환공공임대주택 포함**)의 입주자로 선정될 수 없습니다.

ㅌ. 분양전환공공임대주택에 청약하여 당첨된 경우 분양전환이 의무는 아닙니다. 분양가를 보고 결정할 수 있으며, 분양을 받지 않는 경우 그 주택을 다시 공급하게 되는데 이 경우에도 당첨자로 관리됩니다.

> ※ 분양전환 가능시기
> 임대인과 임차인 협의가 이루어지면 의무임대기간의 절반이 지난 후부터 조기 분양전환이 가능합니다. 예를 들어 10년 분양전환공공임대주택은 5년이 지난 시점부터 분양전환이 가능할 수 있고, 5년 분양전환공공임대주택은 2년 6개월이 지난 후부터 분양전환이 가능합니다. 조기 분양전환을 원하지 않

는 경우 임대기간 동안 계속하여 거주하는 것이 가능합니다.

※ 분양전환 가격산정 기준
10년 분양전환공공임대주택은 2개의 감정평가금액을 산술평균하는 방식이지만, 5년 분양전환공공임대주택은 건설원가와 감정평가금액을 산술평균하는 방식입니다.
감정평가 방식에서 공동주택은 시세의 영향을 받을 수밖에 없습니다. 좋은 사례가 되는 것이 판교의 분양전환공공임대주택입니다. 판교의 주택 시세가 급격이 오름에 따라 분양전환 가격도 매우 올랐습니다. 감정평가 방식이라서 주변 시세보다는 저렴하지만, 가격 자체가 다른 지역에 비해 너무 높기 때문에 한동안 이슈가 된 적이 있습니다.

ㅍ. 청약제한사항으로 부적격 처리가 되는 경우 일반적인 아파트에 당첨된 분은 별다른 이의를 제기하지 않습니다. 하지만, 당첨이 아닌 사항으로 당첨자로 관리되고 있는 자는 이해가 되지 않아 민원을 제기하는데, 부적격 처리를 하는 담당 직원이 무엇으로 당첨자로 관리되고 있는지 정확히 설명하지 못하는 경우 어려움이 발생하는 경우가 있습니다. 이러한 일이 없도록 당첨자로 관리되는 자가 무엇인지 정확히 알아야 합니다.

나. 청약제한사항

당첨자로 관리됨에 따라 일부 주택에는 청약이 제한됩니다. 어떻게 보면 이 부분은 청약에서 가장 어려운 파트에 해당한다고 볼 수 있습니다. 이것을 정확히 이해를 하여야 청약홈에서 받은 "당첨자 및 세대원 전산검색 결과"를 정확히 판단할 수 있습니다.

ㄱ. 청약제한사항

청약홈에서 청약제한사항을 확인할 수 있습니다. 이 순세대로 청약제한 사항을 설명하겠습니다.

조회기준일 : 2025-04-16

당첨주택명 동/호수	당첨일	제한사항						
		재당첨 제한	특별공급	부적격 당첨자 제한	투기과열지구·청약과열지역 (1순위 청약제한)	가점제 당첨제한	혼인특례	출산특례

[청약 제한사항이 없습니다.]

* 사업주체의 당첨자명단 통지지연 또는 오류통지 등으로 인해 청약 제한사항이 조회되지 않을 수 있습니다
이 경우 사업주체로 직접 확인하시기 바랍니다.

※ 부적격 당첨자 제한 : 「주택공급에 관한 규칙」 제58조제3항에 따라 부적격으로 당첨이 취소된 분은 당첨일부터 1년간(향후 청약하려는 주택의 입주자모집공고일을 기준) 다른 분양주택(사전청약주택 및 분양전환공공임대주택 포함)의 입주자(민간 사전청약 당첨자를 포함)로 선정될 수 없습니다.
다만, 위의 부적격 당첨제한 기간 중인 분이라 하더라도 향후 공급신청하려는 주택의 입주자모집공고일을 기준으로 당첨일부터 '수도권 및 투기·청약과열지역은 1년, 수도권 외는 6개월, 위축지역은 3개월' 동안만 입주자 선정을 제한하오니 참고하시기 바랍니다.

	자격제한기준일	제한사유	공공택지 제한기한	투기과열 제한기한	기타 제한기한
공급질서 교란 제한		공급질서 교란 제한 사항이 없습니다.			

※ 공급질서 교란자 등 제한 : 주택공급에 관한 규칙 제56조제1항에 따라 주택법 제64조제1항의 전매제한기간 위반 또는 주택법 제65조제1항의 부정청약 등 공급질서 교란행위를 한 경우 자격제한기준일로부터 10년동안 입주자자격을 제한 받습니다.

ㄴ. 재당첨제한

주공칙 제54조에서 정하는 제한으로 다음에 해당하는 주택에 당첨되는 경우 정해진 재당첨제한기간 동안 다른 분양주택에 청약할 수 없다는 규정입니다.

당첨된 주택의 구분	적용기간(당첨자 발표일로부터)		
- 투기과열지구에서 공급되는 주택(제1항제6호), 분양가상한제 적용주택(제1항제3호)	10년		
- 청약과열지역에서 공급되는 주택(제1항제7호)	7년		
- 토지임대주택(제1항제5호), 투기과열지구 내 정비조합(제3조제2항제7호가목)	5년		
- 이전기관종사자 특별공급 주택(제1항제2호), 분양전환공공임대주택(제1항제4호), 기타당첨자(제3조제2항제1·2·4·6·8호)	과밀억제권역	85㎡ 이하	5년
		85㎡ 초과	3년
	그 외	85㎡ 이하	3년
		85㎡ 초과	1년

이 규정에서 주의할 사항이 있습니다. 재당첨제한 기간 중에 청약할 수 없는 다른 분양주택은 분양전환공공임대주택을 포함합니다. 다만, 예외도 있어서 재당첨제한 기간 중에도 투기과열지구 및 청약과열지역이 아닌 지역에서 공급되는 민영주택에는 청약이 가능합니다. 즉, 현 기준(2025년 5월)으로 투기과열지구인 강남 3구와 용산구가 아닌 지역에서 공급하는 민간분양에는 청약이 가능하다는 것입니다.

ㄷ. 특별공급 1회 제한

특별공급 공통사항에서 한 차례 한정하여 공급한다는 규정으로 설명을 드린 바가 있습니다. 청약홈에서는 특별공급 당첨된 자를 관리함에 따라 당첨자의 세대원 중에 특별공급 당첨된 자에 대해 검색결과를 통보합니다. 세대원 관계가 맞는지를 확인하면 되는 것으로 형제나 동거인 등 세대원 관계가 아닌지 확인하는 것이 중요합니다. 다만, 예외사항이 있어서 배우자가 혼인신고 전 당첨된 사항인지, 2024년 6월 19일 이후 출생한 자녀가 있는지 등 추가 확인이 필요합니다.

마지막으로 한 가지 주의할 점이 있습니다. 특별공급 당첨자가 아닌데 잘못 처리되어 특별공급 당첨자로 관리되고 있는 경우가 있습니다. 서울시에서 뉴타운 등으로 이주대책으로 공급한 주택 중 일부가 철거민으로 특별공급 받은 것으로 처리되어 있는 경우가 있어서 이런 경우에는 실제 철거민이었는지 이주대책으로 공급받은 주택인지 해당 사업주체의 확인 공문이 필요합니다.

ㄹ. 부적격 당첨자 제한

부적격에 대한 것은 별도의 단락으로 설명을 할 예정이니 해당 단락을 참고 바랍니다.

ㅁ. 투기과열지구·청약과열지역(1순위 청약제한)

규제지역에서 5년간 1순위 청약이 제한되는 사항입니다. 규제지역에서 청약을 진행하는 경우 이 규정으로 부적격 처리되는 경우가 매우 많습니다. 예를 들어서 만 60세 이상의 부모님이 재개발을 통해 공급받은 입주권이 가지고 있는 경우 만 60세 이상의 직계존속이 소유한 주택으로 인해 그 자녀는 무주택세대구성원 또는 무주택세대주로 청약이 가능합니다. 하지만, 이 주택을 무주택으로 봐주는 것이지 부모님의 청약제한사항까지 봐주는 것은 아닙니다.

그리고, 이것은 1순위 조건을 충족하여야 하는 청약에 모두 적용되는 것이라서 규제지역에서는 노부모부양 특별공급이나 생애최초 특별공급에서도 5년간 제한이 적용됩니다.

ㅂ. 가점제 당첨제한

이 규정은 당첨된 분양권을 되팔아 무주택기간을 유지하는 방식으로 계속 점수를 유지하던 일명 "작업통장"을 방지하기 위해 가점제 당첨을 일정기간 제한하기 위해 만든 제도입니다.

하지만, 분양권을 소유한 경우에도 주택을 소유한 것으로 보기 시작한 2018년 12월 11일 개정으로 인해 이 규정으로 인한 부적격 처리는 매우 줄었습니다.

ㅅ. 공급질서 교란자

위장전입 또는 불법거래 등으로 처벌을 받는 자에게 주어지는 청약제한사항으로 10년이 적용됩니다.

ㅇ. 세대원 적용 주의사항

청약제한사항은 세대를 기준으로 적용된다고 보면 됩니다. 다만, 부적격 당첨으로 인한 제한과 공급질서 교란자에 대한 청약제한은 세대를 기준으로 제한하는 것이 아니라 해당자에 한해 제한하는 것입니다.

그리고, 제한 대상자의 본인의 경우 청약홈에서 청약이 막혀 진행되지 않습니다. 즉, 당첨제한사항으로 검색결과가 통지되는 경우는 세대원이 당첨자로 관리되고 있는 경우입니다. 그런데, 혹시 청약자 본인이 청약제한사항이 적용됨에도 당첨되는 경우도 있습니다. 이것은 청약자가 청약홈을 통해 청약을 진행한 것이 아니라 현장접수 방식으로 청약을 진행하였기 때문입니다.

다. 법규정

제57조(당첨자의 명단관리)

⑦ 주택청약업무수행기관은 제1항부터 제3항까지의 규정에 따라 통보받은 당첨자(사전당첨자를 포함한다. 이하 이 항에서 같다)와 그 세대에 속한 자(당첨자와 동일한 세대별 주민등록표상에 등재되어 있지 않은 당첨자의 배우자 및 배우자와 동일한 세대를 이루고 있는 세대원을 포함한다)에 대하여 당첨자 명단을 전산검색하고, 그 결과 다음 각 호의 어느 하나에 해당하는 자가 있는 경우에는 그 명단을 사업주체에게 통보해야 한다. 다만, 제1호의 경우에는 제1항부터 제3항까지의 규정에 따라 통보받은 당첨자에 대해서만 당첨자 명단을 전산검색한다.

1. 법 제64조제1항 및 제65조제1항을 위반한 사람이 제56조제1항에 따른 입주자자격 제한기간 중에 있는 경우
2. 제27조 및 제28조에 따라 제1순위로 공급신청할 수 없는 자가 제1순위로 공급신청하여 당첨된 경우
2의2. 제28조제6항에 따라 가점제의 적용 대상자가 아닌 자가 가점제를 적용받아 당첨된 경우
3. 제35조에서 제49조까지의 규정에 따라 주택특별공급을 받은 자가 다른 주택을 한 번 이상 특별공급받은 사실이 발견된 경우
4. 제54조제1항 각 호의 주택에 당첨된 자가 같은 조 제2항에 따른 재당첨 제한 기간 내에 분양주택(분양전환공공임대주택을 포함하되, 투기과열지구 및 청약과열지역이 아닌 지역에서 공급되는 민영주택은 제외한다)의 입주자로 선정된 경우
5. 제58조에 따라 당첨이 취소된 부적격 당첨자가 당첨일부터 1년 동안 다른 분양주택(분양전환공공임대주택을 포함한다)의 입주자로 선정된 경우
6. 사전당첨자로 선정된 사람이 다른 분양주택(분양전환공공임대주택을 포함한다)의 사전당첨자 또는 입주예약자로 선정된 경우
7. 입주예약자가 다른 분양주택(분양전환공공임대주택을 포함한다)의 입주자(사전당첨자를 포함한다) 또는 입주예약자로 선정된 경우
8. 사전청약으로 모집된 사전당첨자가 다른 분양주택(분양전환공공임대주택을 포함한다)의 입주자로 선정된 후 사전청약으로 당첨된 그 주택의 입주자로 선정된 경우
9. 제55조의3제2항에 따라 당첨된 사람이 제41조에 따른 특별공급에 당첨된 경우
10. 제55조의3제3항에 따라 당첨된 사람이 제35조의3, 제40조, 제41조 또는 제46조에 따른 특별공급에 당첨된 경우

라. 세대원 중복청약과 재당첨제한의 관계

중복청약은 청약제한사항은 아닙니다. 하지만, 잘못 청약하는 경우에는 청약한 자체로도 부적격 처리가 됩니다.

그리고, 세대원이 중복청약한다고 하여 무조건 부적격에 해당하지 않기 때문에 문제가 되는 중복청약을 정확히 확인을 하여야 합니다. 특별공급 공통사항에서 "1세대 1주택"에 대해 설명을 드렸습니다. 국민주택의 경우에도 1세대 1주택의 공급방법이기 때문에 한 세대에서 한명만 청약을 하여야 합니다. 그런데, 2024년 3월 25일 개정으로 인해 부부의 경우 부부 중복청약은 허용이 됩니다. 즉, 부모와 자식의 중복청약이 문제가 될 수 있는 것입니다.

중복청약에서 주의할 점은 중복청약 자체가 문제이므로 한명만 당첨되어도 부적격에 해당하기 때문에 재당첨제한과는 차이가 있습니다.

세대원 중복청약과 재당첨제한의 관계에 대해 알아야 하는 이유가 있습니다.

일단, 재당첨제한에 대해 조금 더 알아야 하는 사항이 있습니다. 청약에서 대부분의 기준이 되는 날은 모집공고일입니다. 즉, 모집공고일을 기준으로 하여 5년 내 당첨제한이 적용 중인지 특별공급 당첨자인지 등을 판단합니다. 하지만, 재당첨제한은 모집공고일이 아닌 당첨자발표일을 기준으로 판단합니다. 아마 이해가 안 되실 수 있습니다. 예를 들면 이해가 쉬울 것입니다.

강남에서 청약하는 아파트에 세대주인 아버지가 1순위 청약을 하고, 같은 등본에 있는 자녀도 1순위 청약을 진행하여 두 명 모두 당첨되었다면 아버지와 아들 모두 재당첨제한을 사유로 부적격 처리가 될 대상입니다. 아버지의 당첨으로 인해 아들은 재당첨제한으로 부적격 처리가 되고, 아들의 당첨으로 인해 아버지도 재당첨제한으로 부적격 처리가 될 대상이 됩니다.

그런데, 이 청약 케이스에서 아버지만 당첨되고 아들은 당첨되지 않았을 경우에는 아버지는 재당첨제한이 적용되지 않습니다. 그리고 청약케이스가 민영주택이라면 규제지역일지라도 1세대 1청약을 하여야 하는 것은 아니라서 아버지의 당첨은 문제제가 되지 않습니다. 하지만, 청약케이스가 국민주택이라면 재당첨제한은 문제가 되지 않더라도 1세대 1청약을 사유로 부적격 처리 대상이 됩니다.

　이처럼 아파트에 따라 중복청약과 재당첨제한의 관계가 다릅니다. 한 가지 더 팁이 있는 것이 재당첨제한이 적용되는 아파트에 세대원 두 명 이상이 당첨된 경우 서로 재당첨제한이 적용되어 모두 부적격 처리를 하여야 하지만, 한 명은 특별공급으로 당첨되고, 나머지 한 명은 일반공급으로 당첨된 경우라면 예외적으로 두 명 모두 부적격 처리하는 것이 아니라 특별공급 당첨자에 한해서는 적격 처리가 가능합니다.

10. 주택소유현황

당첨자 발표 후에는 국토교통부 홈즈를 통해 조회된 주택소유현황을 청약홈을 통해 받게 됩니다.

주택소유현황을 확인하는 것에는 무주택으로 봐주는 경우인 주공칙 제53조도 중요하지만, 이것을 운용하는 요령이 필요합니다.

이것에 대해 이야기하는 이유는 주택을 소유하였을 때 주공칙 제53조를 적용하여야 하는 것이지, 주택을 소유한 적이 없다고 주장하는 분에게는 주공칙 제53조를 적용하여서는 안 된다는 것입니다.

예를 들어서 모 아파트 1501호를 소유하고 있는 것으로 건축물대장 정보가 넘어와서 주택을 소유한 것으로 의심되는 상황인데, 당첨자는 해당 호수는 가진 적도 없고, 얼마 전에 1502호를 처분하였다고 하는 사례가 있었습니다. 이분의 경우 건축물대장의 오류로 인해 건축물대장을 수정하는 절차로 소명처리를 하였습니다. 그런데, 건축물대장을 수정하기 전에는 상담사와 주공칙 제53조에 의거한 방법으로 소명을 하는 것으로 다툼이 있었습니다. 즉, 소유 여부부터 확인 후 소유하였다면 주공칙 제53조를 적용하여야 하는 것이지 소유하지 않은 것을 굳이 주공칙 제53조를 적용할 필요는 없다는 것입니다.

소유하지 않았다면 그것을 증빙할 수 없는 서류를 받아 소명 처리하기 바라며, 지금부터는 주택을 소유하고 있는 경우에 무주택으로 인정받기 위한 소명 절차에 대해 이야기 하도록 하겠습니다.

무주택을 이야기하기에 앞서 주택에 대한 기본적인 부분을 알아보도록 하겠습니다.

주택이라고 함은 주택법 제2조와 주택법 시행령에서 정의하고 있습니다.

---

1. "주택"이란 세대(世帶)의 구성원이 장기간 독립된 주거생활을 할 수 있는 구조로 된 건축물의 전부 또는 일부 및 그 부속토지를 말하며, 단독주택과 공동주택으로 구분한다.
2. "단독주택"이란 1세대가 하나의 건축물 안에서 독립된 주거생활을 할 수 있는 구조로 된 주택을 말하며, 그 종류와 범위는 대통령령으로 정한다.
3. "공동주택"이란 건축물의 벽·복도·계단이나 그 밖의 설비 등의 전부 또는 일부를 공동으로 사용하는 각 세대가 하나의 건축물 안에서 각각 독립된 주거생활을 할 수 있는 구조로 된 주택을 말하며, 그 종류와 범위는 대통령령으로 정한다.

제2조(단독주택의 종류와 범위) 「주택법」(이하 "법"이라 한다) 제2조제2호에 따른 단독주택의 종류와 범위는 다음 각 호와 같다.
1. 「건축법 시행령」 별표 1 제1호가목에 따른 단독주택
2. 「건축법 시행령」 별표 1 제1호나목에 따른 다중주택
3. 「건축법 시행령」 별표 1 제1호다목에 따른 다가구주택

제3조(공동주택의 종류와 범위) ① 법 제2조제3호에 따른 공동주택의 종류와 범위는 다음 각 호와 같다.
1. 「건축법 시행령」 별표 1 제2호가목에 따른 아파트(이하 "아파트"라 한다)
2. 「건축법 시행령」 별표 1 제2호나목에 따른 연립주택(이하 "연립주택"이라 한다)
3. 「건축법 시행령」 별표 1 제2호다목에 따른 다세대주택(이하 "다세대주택"이라 한다)

주택에서 구분이 가장 어려운 것은 다가구주택과 다세대주택입니다.

사실 3층짜리 다가구주택과 다세대주택이라면 등기부등본을 확인하기 전에는 외형적으로는 구분하기 어렵습니다.

다가구주택의 경우 1주택으로 등기가 하나이지만, 다세대주택은 호실별로 구분등기가 되어 있어서 청약에서는 무주택 여부에 아주 큰 영향을 줍니다. 다세대주택의 경우 주공칙 제53조 제9호를 적용받아 소형저가주택으로 무주택으로 인정받는 경우가 많지만, 다가구주택의 경우 소형저가주택 규정을 적용받기 어렵습니다.

다만, 구분소유적 공유관계라고 하여 일부 다가구주택은 그러하지 않는 경우가 있습니다.

구분소유적 공유관계

> 하나의 주택이지만 출입문으로 별도의 공간이 분리된 면적을 공유지분으로 소유하고 있는 경우 등 단독주거가 가능한 경우에 한하여 공유지분만큼 면적과 안분으로 산정한 공시가격으로 소형저가주택 여부를 판단하는 것이 가능합니다.
> 기존에는 공유지분만큼이 아니라 전체를 소유한 것으로 보아 부적격 처리하였으나 2020년 11월 19일 국토교통부의 공문을 통해 이후부터는 공유지분만큼의 면적과 공시가격으로 소형저가주택 여부를 판단하고 있습니다.
> *『2024 주택청약 FAQ』112번: 주택공시가격은 (다가구주택 소유면적 / 전체면적) × 공시가격으로 산정

무주택으로 보는 12가지 규정을 알기 전에 기본적인 부분을 더 알아야 하는 것이 있습니다.

공유지분을 소유한 경우 해당 주택 전체를 소유한 것으로 보고 판단하여야 합니다.(단, 구분소유적 공유관계는 제외하며, 동일 세대에서 주택을 공유지분으로 소유하고 있는 경우에는 1세대 1주택으로 봄)

복합건물의 경우에도 주택을 소유하는 것으로 봅니다. 일부 다른 법규에서는 주택으로 사용하는 부분이 적은 경우 전체를 주택으로 보지 않는 경우도 있지만, 청약에서는 일부가 주택인 복합건물은 주택을 소유한 것으로 보고 있습니다. 다만, 해당 주택면적을 산정할 때에는 해당 복합건물의 전체면적을 기준으로 하지 않고, 주택부분의 전용면적만을 기준으로 산정합니다.

주택소유현황은 건축물대장상 소유자와 재산세대장에 소유자로 등재된 자(과거 처분한 주택 포함)와 분양권에 대한 부동산거래신고 내역을 통해 조회되는 방식입니다. 청약홈에서는 국토교통부 주택소유확인시스템(HOMS)을 통해 조회된 주택을 해당 사업주체에 전달됩니다.

기본적으로 분양권은 별도의 기재가 되는 방식이며, 그 외 실제 주택은 두 번 이상의 조회값이 나올 수 있습니다. 이는 건축물대장과 자산세대장으로 조회되는 방식이 다르고, 매수와 매도의 기록이 조회되기 때문에 몇 번이 기록될 수 있습니다.

주택소유현황 조회 시 종종 주택이 아님에도 조회가 되는 경우가 종종 있습니다. 단지내상

가나 오피스텔이 종종 조회되는 경우가 있는데, 청약에서는 오피스텔을 주택 소유로 보지 않습니다.

주거용 오피스텔의 구분

> 주거용으로 사용하는 오피스텔은 경우에 따라 주택으로 보기도 하고, 주택으로 보지 않는 경우도 있습니다. 취득세나 재산세 납부 등 지방세 및 아파트 청약 시에는 건출물대장상의 용도를 기준으로 하기 때문에 오피스텔을 주택으로 보지 않습니다. 하지만, 양도소득세 등 국세에서는 실제 사용용도를 기준으로 판단하기 때문에 주거용으로 사용하는 오피스텔은 주택으로 보는 부분이 있습니다.
> 즉, 청약에서는 실제 용도가 아니라 건축물대장상의 용도를 기준으로 주택을 판단하기 때문에 오피스텔을 주택으로 보지 않습니다.
> 다만, 일부 청약방법에서는 종종 부동산자산을 보는 경우는 있는데, 여기의 부동산자산에는 비주거 부동산을 포함하기 때문에 오피스텔의 시가표준액과 공시지가가 영향을 줄 수 있음에 주의가 필요합니다.

일부 세법 등에서는 주택임대사업자 등록한 주택을 무주택으로 봐주는 규정이 있지만, 청약에서는 적용되지 않는 규정입니다. 그리고 가정어린이집이나 노인복지시설로 활용하고 있는 경우라도 주택을 소유한 것으로 보고 있습니다.

서류접수 시 당첨자가 가장 이해를 하지 않는 부분을 지금 이야기 하려고 합니다. 위에서 주택소유현황은 건축물대장상 소유자와 재산세대장에 소유자로 등재된 자로 조회된다고 하였습니다. 즉, 본인명의로 건축물대장에 소유자로 등재가 되지 않아도 재산세대장에 등재되어 주택을 소유한 것으로 보는 경우가 있습니다. 대표적으로 다음의 3가지 정도로 볼 수 있습니다. 등기부등본을 기준으로 주택소유 여부를 주장하는 분들이 종종 있으며, 다음의 사유들은 소송까지 진행되는 경우도 있습니다.

① 돌아가신 부모님 소유의 주택: 건축물대장에는 부모님의 명의로 되어 있으나 아직 상속 등의 협의가 완료되지 않아서 아직 부모님 명의로 되어 있는 주택이 있습니다. 이 경우 대부분의 당첨자들은 이 주택은 본인의 주택이라고 생각하지 않는 경우가 다수 있는데, 우리 민법 제997조에 의거하여 "상속은 사망으로 인하여 개시된다"고 명시하고 있습니

다. 즉, 피상속인 부모님이 돌아가시는 날 그 재산은 상속인들의 재산이 되는 것입니다. 이러한 주택의 경우 주택소유현황에 기재된 취득일은 피상속인이 돌아가신 날로 상속인들의 소유로 재산세대장에 등재되는 날입니다.

② 미등기 주택: 일반적인 주택도 입주시 바로 소유권이전등기가 진행되지 않는 경우가 있으나 재개발을 통해 공급하는 주택의 경우 이전고시라는 절차가 오래 걸려 1년이 넘도록 등기가 진행되지 않는 경우가 빈번합니다. 이런 경우 등기가 되지 않아서 주택을 소유한 것이 아니라고 주장하는 당첨자들이 종종 있습니다.

③ 불법건축물: 일부 잘못된 건축 사항이 있어서 건축물 대장이 생성되지 못하는 경우가 종종 있습니다. 이 경우에도 주택을 소유하지 않고 있다는 당첨자들이 종종 있습니다.

지금부터 청약에서 무주택으로 봐주는 12가지 규정을 이야기하도록 하겠습니다.

한 가지 부탁을 하는 것은 12가지 규정을 순서까지 외우는 것을 권합니다. 순서까지 외울 정도라면 12가지를 모두 완벽하게 아는 것입니다. 12가지를 모두 완벽하게 알기를 권하는 것은 같은 주택이라도 몇 가지 규정으로 무주택이 인정될 수 있습니다. 즉, 1번을 검토하여 요건이 안 된다면 2번으로, 2번도 안 된다면 3번으로 검토하여 12가지 중 적용될 것을 모두 검토하여 보아야 합니다.

서류접수 시에는 상담석과 별도로 검수석을 두어 서류 접수 당일 재검하는 방식으로 운용하는 경우가 대부분입니다.

검수석에서 업무를 하는 경우 상담석에서 부적격 처리한 것 중에 일부는 다시 적격처리로 돌리는 경우가 종종 있습니다. 이것은 12가지 규정을 모두 완벽하게 운용을 하는 경우 상담석에서 놓친 것을 찾을 수 있기 때문입니다.

무주택으로 봐주는 주택에 대해서 해당 규정들의 도입사유를 알면 이해가 더 쉬울 수 있습니다.

그리고, 실무를 위해서는 무주택으로 봐주는 규정뿐만 아니라 무주택을 증빙할 수 있는 서류에 대해서도 알아야 합니다. 그 외에도 법에서 정하지 아니한 국토교통부의 답변도 많이 알아야 도움이 됩니다.

가. 상속주택

ㄱ. 도입사유

본인의 의사와 관계없이 주택을 소유하였으며, 공유지분으로 소유하여 본인만의 의사로 처분하는 것이 쉽지 않기 때문에 무주택으로 간주하되 현재 소유하고 있으면 3개월 내에 처분의무가 주어지는 것입니다.

ㄴ. 상속의 규정

이 규정을 알기 전에 상속이라는 것에 대해 몇 가지를 더 정확히 알 필요가 있습니다.
사실 무주택으로 보는 12가지 규정 중에 간단하면서도 가장 복잡한 것이 상속입니다.
상속이라는 것은 상속인이 사망한 후 그 재산에 대한 권리와 의무가 모두 피상속인에게 이전되는 것을 말하는 것인데, 종종 상속에 대해 잘못 알고 있는 고객들이 있습니다.

가장 많은 사례가 해당 주택은 본인 소유가 아니라 돌아가신 부모님 명의의 주택이라는 고객들의 답변입니다.
민법 제997조에서 상속개시는 사망으로 인하여 개시한다고 하고 있습니다. 즉, 피상속인 부모님의 사망과 동시에 그 재산은 공동상속인의 소유가 된다는 것입니다.
당첨된 후 청약홈으로부터 받는 주택소유현황에는 조회된 주택의 취득일과 양도일이 표시가 됩니다. 이 경우처럼 아직 상속처리를 완료하지 않아 부모님 명의로 되어 있는 주택은 공동상속인의 재산세 정보를 통해 주택소유현황이 조회되며, 피상속인의 사망일이 취득일로 기재된다고 보시면 됩니다.

두 번째 많은 경우가 할아버지에게 상속을 받았다는 경우입니다.
상속은 순위가 있어서 직계비속, 직계존속, 형제자매, 4촌 이내의 방계혈족 순으로 정해지며, 배우자의 경우 직계비속이나 직계존속과 동순위라고 보시면 됩니다.

할아버지가 돌아가시면 그 상속인은 할머니와 아버지 및 그 형제들이지 손자는 바로 상속인이 될 수 없습니다. 손자가 상속인이 되기 위해서는 아버지가 할아버지보다 먼저 사망하여 아버지의 상속분을 대신하여 상속을 받는 경우(민법 제1010조 대습상속분)에만 가능합니다. 즉, 할아버님에게 상속을 받았다고 하는 것은 유증(유언에 의한 증여)에 해당하는 것으로 청약에서는 유증과 상속을 달리 보고 있어서 유증의 경우 상속주택 규정을 적용하지 않습니다. (『2024 주택청약 FAQ』 72번)

이 사례의 경우 아버지가 할아버지보다 먼저 사망하였는지를 확인하여 상속과 유증을 구분하여야 합니다.

ㄷ. 관련 법

법조문을 조금 더 분석을 하도록 하겠습니다.

> 1. 상속으로 주택의 **공유지분**을 취득한 사실이 판명되어 사업주체로부터 제52조제3항에 따라 부적격자로 통보받은 날부터 **3개월 이내에 그 지분을 처분**한 경우

① 공유지분 취득

즉, 단독상속 받은 경우는 인정하지 않겠다는 것인데, 이것이 시기에 따라 다르게 해석된 부분이 있습니다.

A주택을 남편이 소유하고 있었으나 이혼으로 인해 재산분할을 위해 부인과 공동명의로 변경을 하였고, 이후 남편이 사망을 하여 외동딸에게 남편의 지분이 상속이 되었습니다. 이에 대해 예전에는 혼자 상속을 받은 것이기 때문에 단독상속에 해당한다고 하여 상속 규정을 적용할 수 없다고 답변을 하였으나 2020년 11월 19일 국토교통부의 유권해석 변경 알림 공문으로 인해 이후에는 이 경우에도 상속으로 인정하고 있습니다. (『2024 주택청약 FAQ』 71번)

② 3개월 이내에 처분

무주택을 조건으로 하니 소유지분을 처분하도록 하는 것으로 처분하는 방법을 따로 정하는 바가 없기 때문에 상속지분을 어떠한 방법으로 처분하는 것도 가능합니다. 다만, 처분함으로써 해당 세대에서 그 주택을 소유하지 않는 것으로 처리하여야 하기 때문에 세대원 범위에 있는 자에게 명의변경하는 방법은 해당 세대가 계속하여 주택을 소유하는 것으로 볼 수 있기 때문에 유의하여야 합니다. (『2024 주택청약 FAQ』 74번)

그런데, 이 규정이 고객 입장에서는 좋은 공을 가지고 있는 것으로 악용하는 경우가 있습니다. 당첨된 후 동호수가 마음에 들지 않으면 처분이 불가하다는 이유로 부적격 처리를 한다는 것입니다. 어떻게 보면 밉살스러운 점이 있지만, 국토교통부의 답변으로 부적격 처리가 가능하도록 되어 있기 때문에 어쩔 수 없습니다. (『2024 주택청약 FAQ』 75번)

ㄹ. 상속 시 주의점

상속에서 추가로 주의할 점이 많습니다.

상속받은 물건이 어떤 상태인지에 따라 실무적인 부분에서 많은 차이가 있기 때문입니다.
일반적인 주택이라면 등기부등본을 통해 등기원인이 상속인 것만 확인하면 됩니다.
그런데, 이러한 경우가 아니라면 상속임을 증명하기 위해 추가적인 서류가 더 필요한 경우가 많습니다.

① 등기원인이 보존등기로 되어 있는 경우

민법 제187조에 의거하여 상속은 등기를 요하지 않아서 피상속인이 사망을 하여도 상속인들로 등기를 하지 않는 경우가 많습니다. 하지만, 등기를 하지 아니하면 이를 처분하지 못한다는 규정이 있어서 상속재산을 처분하기 위해서는 등기를 하여야 합니다. 그런데, 등기가 있던 주택이라면 소유권이전의 등기원인이 당연히 상속이 되겠지만, 등기가 없던 주택이라면 최초 등기는 보존등기가 되기 때문에 등기사항증명서만으로는 상속임을 증명하기 어렵습니다.

예전에는 등기원인을 기준으로 상속임을 증명하여야 한다고 하여 이런 경우 상속 규정을 통해 무주택으로 인정받기가 어려웠습니다. 하지만, 이에 대한 국토교통부의 답변이 변경되어 지금은 재산세 과세대장이나 등기원인이 상속으로 된 대지의 등기사항증명서 등으로 상속임이 확인되면 무주택으로 인정하고 있습니다.(『2024 주택청약 FAQ』 79번)

② 분양권 상속 후 상속인들로 보존등기된 경우

이 경우에도 등기권리증 등 상속을 원인으로 분양권의 공유지분을 소유하였다는 것을 증명하여야 무주택으로 인정받을 수 있습니다.(『2024 주택청약 FAQ』 76번)

③ 무허가주택을 상속받은 경우

무허가주택이 위치한 토지를 상속을 원인으로 공유지분을 소유한 경우에는 상속 규정을 적용하는 것이 가능합니다. 다만, 해당 무허가주택이 국공유지 위에 위치한 경우에는 상속이 아닌 다른 방법을 통해 소명을 하여야 할 것입니다.

④ 상속받은 주택을 철거 후 신축 또는 재개발·재건축 된 경우

종전 주택은 상속이 인정 가능하나 신축 또는 재개발·재건축을 통해 신축된 주택은 종전의 상속받은 주택과 동일한 주택으로 볼 수 없기 때문에 상속규정을 적용할 수 없습니다.(『2024 주택청약 FAQ』 77번, 80번)

재개발·재건축의 경우 종전의 주택이 멸실되기 전에 사망한 경우와 입주권 계약 체결 이후 사망한 경우가 다르니 주의가 필요합니다.

ㅁ. 상속포기 및 한정승인

상속에 의한 주택으로 인해 문제가 발생하는 경우 상속을 포기하겠다는 고객들이 종종 있습니다.

그런데, 상속을 포기하거나 한정승인 받는 것은 아무 때나 할 수 있는 것은 아닙니다.

> 민법 제1019조(승인, 포기의 기간) ① 상속인은 상속개시 있음을 안 날로부터 3월내에 단순승인이나 한정승인 또는 포기를 할 수 있다. 그러나 그 기간은 이해관계인 또는 검사의 청구에 의하여 가정법원이 이를 연장할 수 있다.
> 제1028조(한정승인의 효과) 상속인은 상속으로 인하여 취득할 재산의 한도에서 피상속인의 채무와 유증을 변제할 것을 조건으로 상속을 승인할 수 있다.

상속포기나 한정승인을 한 경우에는 해당 주택을 소유한 것으로 보지 않습니다. 다만, 당첨 이후 조회되는 주택소유현황은 상속포기되었거나 한정승인된 주택임을 감안하여 조회가 되지 않는 것이 아니기 때문에 조회된 주택이 상속포기나 한정승인에 해당한다면 당첨자가 적법한 절차로 상속포기 또는 한정승인을 법원의 판결문 등으로 소명을 하여야 합니다.

나. 시골집

ㄱ. 도입사유

시골 고향의 농가주택 등으로 처분을 하고자 하여도 매수하는 이가 없어 사실상 처분이 곤란한 주택에 대하여 무주택으로 간주하는 규정입니다. 시골집이 고향인 경우에는 매매를 원하지 않는 경우도 있어서 이러한 부분으로 청약순위 등에서 불리하지 않도록 하는 것입니다.

ㄴ. 관련 법 해석

이 규정은 조문의 해석이 중요합니다.

> 2. **도시지역이 아닌 지역 또는 면의 행정구역(수도권은 제외한다)에 건축되어 있는 주택으로서 다음 각 목의 어느 하나에 해당하는 주택**의 소유자가 해당 주택건설지역에 거주(상속으로 주택을 취득한 경우에는 피상속인이 거주한 것을 상속인이 거주한 것으로 본다)하다가 다른 주택건설지역으로 이주한 경우
> 가. 사용승인 후 20년 이상 경과된 단독주택
> 나. 85제곱미터 이하의 단독주택
> 다. 소유자의 「가족관계의 등록 등에 관한 법률」에 따른 최초 등록기준지에 건축되어 있는 주택으로서 직계존속 또는 배우자로부터 상속 등에 의하여 이전받은 단독주택

① 도시지역이 아닌 지역 또는 면의 행정구역(수도권은 제외한다)에 건축되어 있는 주택

"또는"과 "(수도권은 제외한다)"를 어느 범위까지 보는지에 따라 다르게 해석할 수 있어서 주의가 필요합니다.

"도시지역이 아닌 지역"과 "면의 행정구역(수도권은 제외한다)"을 "또는" 이 영향을 주는 방식입니다. 이를 해석을 하면 수도권이 아닌 지역에서는 면 소재지이기만 하면 무조건 해당 건축물 소재지는 다른 것을 볼 필요가 없습니다. 다만 면과는 비슷하여 보이지만 읍의 경우에는

이 규정을 적용받지 못함에 주의가 필요합니다.(『2024 주택청약 FAQ』83번)

해당 주택이 수도권 외의 면 소재지 있는 주택이 아니라면 토지이음 사이트에서 해당 주택의 토지이용계획확인원을 발급받아 해당 주택이 소재한 토지의 용도가 도시지역이 아님을 확인하여야 합니다. 주의할 점은 용도지역이 도시지역으로 나오는 경우도 있지만, 대부분의 경우 세부적으로 주거지역, 상업지역, 공업지역, 녹지지역으로 기재되므로 이 지역들도 도시지역이라고 보아야 함에 주의가 필요합니다. 참고로 도시지역이 아닌 지역으로는 계획관리지역, 생산관리지역, 보전관리지역 같은 관리지역이 해당합니다.

② 다음 각 목의 어느 하나에 해당하는 주택

가~다 목 중 어느 하나만 해당하면 되기 때문에 해당 주택이 전용면적 85제곱미터 이하이거나 20년 이상 경과된 주택이면 됩니다. 다목에서 "소유자의「가족관계의 등록 등에 관한 법률」에 따른 최초 등록기준지에 건축되어 있는 주택으로서 직계존속 또는 배우자로부터 상속 등에 의하여 이전받은 단독주택"이라고 규정하고 있지만, 사실상 실무적으로는 거의 사용이 되지 않는 규정인 것이 대부분 85제곱미터 이하이거나 20년 이상 경과된 주택으로 충족하는 경우가 대부분이라서 다목까지 적용하는 경우는 극히 드뭅니다. 하지만, 없는 것인 아니니 필요에 따라서는 적용을 하여야 합니다.

사용승인 후 20년 이상 경과된 단독주택인 것은 건축물대장을 통해 확인하여야 하는 것이 원칙입니다. 그러나 건축물대장이 없는 경우에는 "해당지자체를 통해 건축일자를 확인하거나 등기부등본상의 소유권보존등기일을 사용승인일로 보아 기간을 계산하여야 할 것으로 판단"된다고 국토교통부의 답변(『2024 주택청약 FAQ』86번)이 있습니다.

그런데, 건축물대장이 없는 경우에는 사실상 등기사항증명서도 없는 경우가 대부분입니다. 사실상 이 국토교통부 답변을 적용하기 위해서는 해당 지자체의 세무과 등을 통해 해당 주택이 언제부터 재산세를 부담하고 있는지 확인하여 민원신청에 대한 답변 방식으로 공문을 받는 것이 최선이라고 볼 수 있습니다.

85제곱미터 이하 단독주택을 판단할 때에는 면적은 주거전용면적을 기준으로 판단하여야 합니다. 특히, 대부분의 시골집들은 화장실이나 창고 등이 주동과 분리된 경우가 많습니다. 즉, 해당 주택의 건축물대장에서 전체면적을 기준으로 85제곱미터 이내를 산정하면 안 되고, 부동으로 있는 화장실이나 창고 등을 제외하고, 용도가 주택으로 있는 면적만을 기준으로 하여 85제곱미터 이내인지 판단하여야 합니다.(『2024 주택청약 FAQ』87번)

③ 해당 주택건설지역에 거주(상속으로 주택을 취득한 경우에는 피상속인이 거주한 것을 상속인이 거주한 것으로 본다)하다가 다른 주택건설지역으로 이주한 경우

거주의 범위는 해당 주택건설지역으로 두기 때문에 꼭 해당 주택에 거주하였던 것을 요구하지는 않습니다.(『2024 주택청약 FAQ』84번)

다만, 거주하던 시기에 대해서는 주의가 필요합니다. 주택을 소유하고 있을 당시에 해당 주택건설지역에 거주하다가 다른 주택건설지역으로 이주한 경우라는 조건이 필요하기 때문에 소유하기 전에 해당 주택건설지역이 거주한 것은 의미가 없습니다.(『2024 주택청약 FAQ』82번)

실무적으로 이런 시골집을 가지고 있는 경우의 대부분은 부모님 사망으로 인해 소유하고 있는 경우가 대부분입니다. 즉, 피상속인의 거주를 통해 이 요건을 충족하는 것이 가능하여 이런 경우에는 부모님의 말소자초본을 첨부하여 소명하는 것이 대부분입니다.(『2024 주택청약 FAQ』85번)

ㄷ. 시골집 상속의 경우

이 규정의 경우 대부분 시골에 거주하던 부모님들이 사망을 하여 자식들이 소유하게 된 경우가 거의 대부분입니다. 그래서 상속을 사유로 무주택처리도 가능하지만, 상속으로 처리하는 경우 3개월 내에 처분의무가 있기 때문에 가급적 상속보다는 시골집 규정으로 처리하는 것이 여러모로 나은 부분이 있습니다.

ㄹ. 이 규정을 적용받지 못하는 사례

① 수도권 외의 지역이나 수도권에서도 여주시나 이천시처럼 시골집들이 많이 소재한 지역에서 분양을 진행하는 경우에는 시골집이 무주택으로 인정되는지 오해하여 무주택으로 청약하는 분들이 많습니다. 이분들의 경우 이주의 요건을 채우지 못하기 때문에 주의가 필요합니다.

② 종종 시골집에 거주하는 부모님이 돌아가시기 전이나 손자가 조부모님에게 받는 경우 등으로 증여로 받은 주택인 경우에는 본인의 거주와 이주 요건을 충족하여야 합니다. 소유하고 있는 기간에 요건을 충족하지 못하였다면 청약하고자 하는 아파트의 입주자모집공고일 전에 거주와 이주 요건을 충족하여야 합니다.

다. 개인분양주택

ㄱ. 도입사유

거주를 목적으로 하는 것이 아니라 사업을 목적으로 취득하는 경우이므로 무주택으로 간주하는 규정입니다.

ㄴ. 법규정

> 3. 개인주택사업자가 분양을 목적으로 주택을 건설하여 이를 분양 완료하였거나 사업주체로부터 제52조제3항에 따른 부적격자로 통보받은 날부터 3개월 이내에 이를 처분한 경우

이 규정은 사업을 목적으로 취득하는 주택을 무주택으로 봐주겠다는 것입니다. 즉, 사업자등록을 확인하여 개인주택사업자인지 확인을 하여야 합니다. 즉, 사업자등록 유지를 확인하

여야 하며, 이 경우 사업자등록증 사본을 확인하는 것이 아니라 사업자등록증명을 받아 모집공고일 현재 사업자등록을 유지하고 있는지 확인하여야 합니다. 만약 해당 주택은 모두 처분한 주택들이고, 무주택기간 산정을 위함이라면 폐업증명을 받아 해당 주택 처분한 시기와 폐업일을 확인하여 폐업 이후에도 보유한 주택이 있다면 이것은 주택을 소유하였던 것으로 보아야 합니다. (『2024 주택청약 FAQ』 90번)

ㄷ. 건설과정에서 취득한 주택의 경우

주택건설 과정에서 취득한 주택도 이 규정 적용이 가능합니다. 다만, 해당 주택이 사업자등록 이후 매입한 경우에만 적용되는 것에 주의가 필요합니다. (『2024 주택청약 FAQ』 91번)

이 규정도 3개월 처분조건이 있습니다.

라. 기숙사

세무서에 사업자로 등록한 개인사업자가 그 소속 근로자의 숙소로 사용하기 위하여 법 제5조제3항에 따라 주택을 건설하여 소유하고 있거나 사업주체가 정부시책의 일환으로 근로자에게 공급할 목적으로 사업계획 승인을 받아 건설한 주택을 공급받아 소유하고 있는 경우

ㄱ. 도입사유

본인이 거주할 목적이 아니라 소속 근로자의 복지를 위해 숙소로 제공하기 위한 주택이므로 무주택으로 간주하는 규정입니다.

ㄴ. 법규정

> 4. 세무서에 사업자로 등록한 개인사업자가 그 소속 근로자의 숙소로 사용하기 위하여 법 제5조제3항에 따라 주택을 건설하여 소유하고 있거나 사업주체가 정부시책의 일환으로 근로자에게 공급할 목적으로 사업계획 승인을 받아 건설한 주택을 공급받아 소유하고 있는 경우

　장기간 많은 현장을 경험한 입장에서도 이 규정은 딱 한 번 겪었을 정도로 사례가 거의 없는 규정입니다.

　이 규정 적용을 위해서는 건축물대장 또는 등기사항증명서를 통해 해당 건축물의 소유권보존등기한 자인지 확인하고, 건축물대장상의 용도가 기숙자 등인지 확인하면 됩니다.

마. 초소형주택

　주택공급신청자가 속한 세대가 20제곱미터 이하의 주택 또는 분양권 등을 1호 또는 1세대만 소유하고 있는 경우

ㄱ. 도입사유

　매우 작은 주택을 무주택으로 간주하기 위한 규정입니다.

ㄴ. 법규정

> 5. 주택공급신청자가 속한 세대가 20제곱미터 이하의 주택 또는 분양권등을 1호 또는 1세대만 소유하고 있는 경우

쪽방촌이나 도시형생활주택 소형주택(구 원룸형주택) 등이 이 규정을 적용받을 수 있습니다. 주의할 점은 1호 또는 1세대만 소유한 경우에 적용되는 규정으로서 2호 또는 2세대 이상을 소유한 경우 이 규정을 적용받을 수 없습니다. 이 규정은 소형저가주택이라는 규정에서도 적용되는 것으로 하나만 가지고 있어야 한다는 것입니다. 그런데, 이 규정이 시기에 따라 다른 해석이 있기 때문에 주의가 필요합니다.

ㄷ. 소형저가주택 경합

예전에는 소형저가 경합이라고 하여 초소형주택 또는 소형저가주택과 다른 무주택으로 봐주는 주택을 소유한 경우 다른 주택은 무주택으로 봐주지만, 소형저가주택이나 초소형저가주택은 무주택으로 인정되지 않는 방식입니다. 지금은 이 규정을 적용하지 않기 때문에 더 이상 세부적으로는 설명드리지 않겠습니다.

현 기준으로는 소형저가 경합을 적용하지 않기 때문에 규정을 각각 적용하기 때문에 소형저가주택을 한 개만, 초소형저가주택도 한 개만 가지고 있는 경우라면 주택을 소유하지 않은 것으로 볼 수 있습니다.(『2024 주택청약 FAQ』93번)

이 규정을 조금 더 확대하여 보면 일반적인 주택 하나와 소형저가주택 한 세대를 소유하고 있는 경우에도 1주택자로 청약이 가능하며, 전용면적 20제곱미터 이하의 도시형생활주택 2세대를 가지고 있는 경우에도 한 세대는 초소형주택으로 한 세대는 소형저가주택으로 소명하는 것이 가능할 수 있습니다.

ㄹ. 복합건물

지금은 그리 많지 않지만, 예전에 구멍가게 같은 것을 보면 가게 안쪽에 작게 생활공간이 있는 경우가 있습니다. 이렇게 주택과 상가가 혼합된 상가주택의 경우에도 주택부분의 면적만을 기준으로 초소형주택 여부를 판단할 수 있습니다.(『2024 주택청약 FAQ』94번)

바. 만 60세 이상 직계존속 소유 주택

ㄱ. 도입사유

언제라도 분리가 가능한 실질적으로 독립이 가능하며, 직계존속을 동거봉양하는 미풍양속을 권장하기 위해 무주택으로 간주하는 규정입니다.

ㄴ. 법규정

> 제53조(주택소유 여부 판정기준) 주택소유 여부를 판단할 때 분양권등을 갖고 있거나 주택 또는 분양권등의 공유지분을 소유하고 있는 경우에는 주택을 소유하고 있는 것으로 보되, 다음 각 호의 어느 하나에 해당하는 경우에는 주택을 소유하지 아니한 것으로 본다. 다만, 무주택세대구성원에 해당하는지 여부를 판단할 때 **제46조 또는 「공공주택 특별법 시행규칙」 별표 6 제2호라목에 따른 특별공급(분양전환공공임대주택은 제외한다)의 경우에는 제6호를 적용하지 않으며, 공공임대주택의 공급의 경우에는 제6호, 제9호 및 제11호를 적용하지 않는다.**
> 6. 60세 이상의 직계존속(배우자의 직계존속을 포함한다)이 주택 또는 분양권등을 소유하고 있는 경우

이 규정을 통해 무주택으로 인정받는 것에 효용이 높지만, 이 규정을 잘못 오해하여 문제가 생기는 경우가 아주 많습니다. 이 규정은 6호의 규정만을 보면 안 되고 제53조의 단서조항을 같이 보아야 합니다. 즉 이 규정은 노부모부양 특별공급과 공공임대주택에서도 적용되지 않는 규정이라는 것입니다.

ㄷ. 규정에 대한 오해

이 규정을 통해 잘못 오해하여 문제가 생기는 경우가 많기 때문에 주의가 필요합니다.

① 부모님의 주택이 아니라 본인도 만 60세 이상이면 적용가능하다고 오해하는 경우

② 분양주택뿐만 아니라 임대주택에서도 이 규정이 적용된다고 오해하는 경우
③ 만 60세 이상 부모님은 무주택으로 봐주는 것뿐만 아니라 소득이나 자산 규정에서도 제외하여 준다고 오해하는 경우로서 공공분양에서 부모님의 소득이나 자산을 통해 부적격 처리되는 경우가 다수 있습니다.

ㄹ. 노부모부양 특별공급의 경우

주공칙 제53조 본문에서 "무주택세대구성원에 해당하는지 여부를 판단할 때 제46조 또는 「공공주택 특별법 시행규칙」 별표6 제2호라목에 따른 특별공급(분양전환공공임대주택은 제외한다)의 경우에는 제6호를 적용하지 않으며"라고 정의하고 있어서 노부모부양 특별공급이나 임대주택에서는 이 규정을 적용하지 않고 있습니다.

그런데, 이 규정도 한 가지 주의할 점이 있습니다.

본인의 직계존속과 배우자의 직계존속을 함께 부양하고 있어서 모든 직계존속이 피부양요건을 만족하는 경우에는 노부모부양 특별공급 요건을 만족하는 직계존속 중 한 명만을 피부양자로 볼 수 있으며, 피부양 직계존속이 아닌 직계존속의 배우자의 주택소유여부 및 주택소유이력은 영향을 미치지 않습니다. (『2024 주택청약 FAQ』 270번)

ㅁ. 직계손속과 그 배우자 중 만 60세 이상이면서 주택을 소유한 경우

주공칙 별표1 가점제 적용기준에서 정하는 바에 따라 직계존속과 그 배우자 중 한 명이라도 주택을 소유하고 있는 경우에는 직계존속과 그 배우자 모두 부양가족으로 보지 않는 규정이 있는데, 이 규정에서 만 60세 이상 직계존속이 소유한 주택도 무주택으로 인정하는 규정이 적용되지 않습니다.

사. 폐가멸실 또는 용도변경

ㄱ. 도입사유

사실상 주택이 아닌 것을 주택으로 봄으로써 볼 수 있는 불이익을 3개월 내에 공부정리하는 경우 무주택으로 간주하는 규정입니다.

ㄴ. 법규정

> 7. 건물등기부 또는 건축물대장등의 공부상 주택으로 등재되어 있으나 주택이 낡아 사람이 살지 아니하는 폐가이거나 주택이 멸실되었거나 주택이 아닌 다른 용도로 사용되고 있는 경우로서 사업주체로부터 제52조제3항에 따른 부적격자로 통보받은 날부터 3개월 이내에 이를 멸실시키거나 실제 사용하고 있는 용도로 공부를 정리한 경우

이 규정은 두 가지 규정을 하나의 조문에 정리한 것이라서 두 가지는 따로 보아야 하나 공통점이 한 가지 있습니다. 법규에 따라서 주택을 보는 방법에 차이가 있습니다. 예를 들어서 오피스텔의 경우로 실제 사용용도와 건축물대장상의 용도에 따라 보는 방법이 다름을 이야기 한 바 있습니다. 즉, 청약은 사실적인 용도보다는 건축물대장상의 용도가 중요합니다. 그런데, 건축물대장상으로나 재산세 납세대장에 등재되어 주택을 소유한 것으로 주택소유현황이 조회가 되었지만, 사실적인 부분으로 해당 주택이 너무 낡아서 사람이 살지 않는 주택이거나 이미 해당 주택이 이미 멸실되어 없는 상태이나 건축물대장이 말소되지 않아서 아직 남아 있는 관계로 건축물대장상 소유자로 조회되는 경우 및 주택으로 사용하지 않으나 건축물대장상 주택으로 등재되어 있어서 주택소유자로 조회되는 경우가 있습니다. 이런 경우 3개월 내에 공부를 정리하여 제출하는 방법으로 소명하는 것이 가능합니다.

ㄷ. 소명방법

이 규정은 소명방법이 중요합니다.

① 이미 멸실되었으나 건축물대장이 말소되지 않은 주택

실제 주택은 멸실되어 현재 건축물 자체는 없으나 건축물대장상 소유자로 등재되어 있는 경우로 이 경우에는 건축물대장을 말소하여 말소 건축물대장을 제출함으로 소명할 수 있습니다.

■ 건축물대장의 기재 및 관리 등에 관한 규칙 [별지 제5호서식] <개정 2023. 8. 1.>

				말소	집합건축물대장(전유부, 갑)				
									(3쪽 중 제1쪽)
건물ID			고유번호				명칭		호명칭
대지위치				지번		도로명주소			

전 유 부 분					소 유 자 현 황			
구분	층별	※구조	용도	면적(㎡)	성명(명칭)	주소	소유권 지분	변동일자
					주민(법인)등록번호 (부동산등기용등록번호)			변동원인

공 용 부 분								
구분	층별	구조	용도	면적(㎡)				

이 등(초)본은 건축물대장의 원본내용과 틀림없음을 증명합니다.

발급일자 :   년   월   일
담 당 자 :
전   화 :

특별자치시장·특별자치도지사 또는 시장·군수·구청장 [인]

※ 경계벽이 없는 구분점포의 경우에는 전유부분 구조란에 경계벽이 없음을 기재합니다.

297㎜×210㎜[백상지(80g/㎡)]

② 주택이 낡아 사람이 살지 아니하는 폐가

사실 주택이 낡았다는 것은 객관적인 판단근거를 제시할 수 없습니다. 단순히 오래되었다고 낡았다고 할 수도 없고, 관리가 잘못되었다고 낡았다고 할 수 없습니다. 그래서 사람이 살지 아니하는 것을 기준으로 이 규정을 판단할 수밖에 없습니다. 그래서 국토교통부의 답변에서는 (1) 사진대지(외형 상 거주가 불가능한 폐가 여부), (2) 전입 및 거주 여부(실제 사람이 거주하지 않았다는 사실 확인), (3) 공과금(전기세·수도세) 납부내역 등으로 사업주체에 소명하여야 한다(『2024 주택청약 FAQ』 99번)고 명시하고 있습니다. 이 규정에서 현실적으로 2번은 증빙하는 것이 어렵습니다. 그래서 대부분 3번을 기준으로 하여 전기가 사용되지 않음을 한전의 전기사용내역 또는 공문으로 수도가 사용되지 않음을 수도국의 수도사용내역 또는 공문으로 전기와 수도가 사용되지 않음으로 사람이 살지 않음을 증명하는 방법으로 소명하고 있습니다.

③ 주택멸실

나목의 경우에는 해당 주택을 3개월 내에 멸실을 하고 가목처럼 말소된 건축물대장을 제출하여야 합니다. 그런데, 주택을 멸실하는 것이 그리 간단하지는 않습니다. 내 소유의 주택이라고 하여 내 마음대로 주택을 부수는 것이 안 됩니다. 철거도 신고한 이후에 가능하며, 특히 오래된 주택의 경우에는 석면 해체 문제로 절차나 해체 공사가 더 복잡함이 있습니다. 그리고 경우에 따라서는 해당 주택의 멸실비용이 만만치 않은 경우도 있으며, 해당 주택소재지가 개발 예정지인 경우 입주권 등이 나올 수 있기 때문에 이러한 점을 확인한 후 주택 멸실로 인한 이득이 더 큰 경우 이 규정 적용할 것을 안내하는 것을 권합니다.

④ 건축물 대장이 없는 주택의 멸실

건축물대장이 있는 주택을 멸실하면 말소된 건축물대장을 제출함으로 소명을 합니다. 하지만, 건축물대장이 없는 경우 말소 건축물대장을 제출하기 위해 건축물대장을 만드는 번거로움을 진행할 수 없습니다. 국토교통부의 답변에는 "건물등기부등본, 건축물대장이 없고 재산세 과세대장만 존재하는 주택 또한 폐가 인정요건에 대한 소명이 가능한 경우에는 제53조제7호의 규정을 적용할 수 있으며, 이 경우 3개월 이내 멸실 후「건축물관리법」에 따른 건축물 해체공사 완료신고, 또는 멸실신고 관련 서류를 제출하여야 한다"고 명시하고 있습니다. (『2024 주택청약 FAQ』 100번)

⑤ 주택이 아닌 다른 용도로 사용되고 있는 경우

다른 규정들은 대체로 당첨자에게 유리하게 완화된 것이 많은데, 이 규정은 반대로 당첨자에게 불리하게 변경된 부분이 있습니다. 예전에는 당첨자가 다른 용도로 사용되고 있다고 주장을 하면 현황 사진만으로도 다른 용도로 사용하고 있음을 확인 후 3개월 내에 건축물대장상의 용도를 주택이 아닌 본래의 사용용도도 변경하는 것으로 처리하였습니다. 하지만, 국토교통부의 답변으로 이에 대해 명확히 규정된 이후에는 종전과는 다르게 진행하고 있습니다.

단순히 다른 용도로 사용하고 있다고 이 규정을 적용하는 것이 아니라 무단 용도변경으로 인하여 해당 주택 전체가 위반건축물로 관리되고 있는 경우에 한해 이 규정을 적용하는 것입니다.

위반건축물에 대한 증명은 해당 지자체의 관련 공문이나 과태료 또는 벌금 부과 등의 공식적인 서류만 인정하며 건축물의 사진으로는 다른 용도로 사용하고 있음을 증명할 수 없습니다. (『2024 주택청약 FAQ』 101번)

⑥ 폐가멸실 또는 용도변경 주택의 추가규정

이 규정을 적용하는 경우 대부분 소유하고 있는 경우에 실제의 상태로 공부를 맞추는 방식이나 기존에 양도한 주택도 양도시점에 폐가인 상태를 증명할 수 있으면 이 규정을 적용하는 것이 가능합니다.

숙박권이나 회원권 형식으로 주택을 공유지분으로 소유한 경우 주택이 아니라 회원권이라고 믿을 수밖에 없는 명확한 경우로서 홍보자료, 계약서 등 관련자료를 통해 증빙하면 3개월 내에 처분하는 조건으로 이 규정을 적용할 수 있습니다. (『2024 주택청약 FAQ』 102번)

⑦ 개발 예정지인 경우

이 규정은 처분조건이 있기 때문에 다른 규정으로 무주택이 인정가능하면 가급적 이 규정보다는 다른 규정으로 소명하는 것을 권하고 싶습니다. 특히, 해당 주택 소재지가 개발 예정지인 경우에는 주택멸실 또는 용도변경으로 인해 불이익이 없는지 고객에게 한 번 더 확인하여 나중에 있을 민원을 방지하는 것이 좋습니다.

아. 무허가건물

ㄱ. 도입사유

건축법 개정 전 건축허가 또는 건축신고 없이 건축한 건물 중 요건을 충족하는 주택에 대해서는 무주택으로 간주하기 위한 규정입니다.

ㄴ. 법규정

> 8. 무허가건물[종전의 「건축법」(법률 제7696호 건축법 일부개정법률로 개정되기 전의 것을 말한다) 제8조 및 제9조에 따라 건축허가 또는 건축신고 없이 건축한 건물을 말한다]을 소유하고 있는 경우. 이 경우 소유자는 해당 건물이 건축 당시의 법령에 따른 적법한 건물임을 증명하여야 한다.

이 규정은 도입사유를 조금 더 알아야 합니다. 건축법이 개정되기 전인 일부 건축물은 건축신고 없이 주택을 짓는 것이 가능하였습니다. 하지만, 건축법 개정(법률 제7696호)으로 인해 도시지역 외의 지역에서 연면적이 200제곱미터 미만이고 3층 미만인 건축물은 건축신고를 하도록 의무화하였습니다. 그래서 개정 시행일인 2006년 5월 9일 전에 건축된 연면적 20제곱미터 미만이거나 2층 이하인 무허가주택을 무주택으로 봐주는 규정입니다. 그래서 건축법 개정 시행일인 2006년 5월 9일 이후의 경우에는 위반건축물로 보는 것이지 무허가주택을 적용하지 않습니다.

ㄷ. 소명방법

이 규정도 소명의 방법이 매우 중요합니다.

가장 쉬우면서 어려운 방법은 해당 지자체로부터 당시의 「건축법」에 따라 적법하게 건축된 건축물이라는 공문을 받아 오는 것입니다. 이 방법에 가장 쉬우면서 어렵다는 것이 해당 지자체의 담당 공무원이 해 주면 고맙지만, 해 주지 않는다고 담당 공무원에게 요구할 방법이 없다는 것입니다. 특히, 일부 지자체의 경우 무허가건물에 대해 양성화조치를 하여 해당 지자체 관내에는 위법건축물은 있어도 무허가건축물은 없다고 하는 경우도 있습니다. 그리고 단순히 지자체의 무허가건물대장에 등재되어 있다는 것만으로도 무주택으로 인정받을 수 없습니다. (『2024 주택청약 FAQ』 104번)

즉, 해당 지자체로부터 공문을 받는 방법으로 소명하지 못하는 경우에는 국민신문고를 통해 질의하여 답변을 받는 방법도 있지만, 공문을 받지 못하는 경우에는 이 방법도 그리 쓸모가 있는 방법은 아닙니다.

영 광 군

수신   귀하

(경유)

제목 무허가 건축물 확인 요청에 따른 회신[   ]

1. 귀 기관의 무궁한 발전을 기원합니다.

2. 영광군 대마면 월산리   번지 상의 무허가 건축물 확인 결과를 아래와 같이 회신합니다.

　가. 요청 내용
　　 - 영광군 대마면 월산리   번지 무허가 건축물 확인서 발급
　　 - 용   도 : 아파트 청약

　나. 무허가 건축물 확인내용

대지위치	건축물 존재	무허가 건축물 여부	용도지역	건축면적 (과세대장)	건축년도 (과세대장)	용도
영광군 대마면 월산리	여	여	계획관리지역	계 86.6㎡		
				59.2㎡	1990년	주택
				27.4㎡	1970년	창고

※ 무허가 건축물의 의미
 - 종전 건축법(2006.05.08.)제8조에 따라 도시지역 이외의 지역에 건축허가 또는 신고 없이 건축된 건축물(연면적 200㎡미만이거나 2층 이하)

끝.

ㄹ. 직접 소명방법

공문을 통해 소명을 하지 못하는 경우에는 직접 소명하는 방법이 가능하며, 국토교통부 FAQ의 답변 중에는 직접 소명방법이 기재되어 있습니다.(『2024 주택청약 FAQ』103번)

국토교통부의 답변에 의하면 "건축 당시 도시지역이 아니었다는 사실은 당시의 토지이용계획확인원으로, 연면적 200제곱미터 미만이었다는 사실은 재산세 부과 내역서상의 면적으로, 당시에 그 지번에 주택이 신축되었다는 사실은 국립지리원(현 국토지리정보원)의 항공사진을 통하여 확인"이라고 하고 있습니다.

그런데, 실무적으로 면적과 항공사진은 국토교통부의 답변대로 진행하는 것이 가능합니다. 다만, 이 국토교통부의 답변에서 한 가지 오류가 있는 부분이 있는데, 건축당시 도시지역이 아니었음을 당시의 토지이용계획확인원으로 확인하라는 것입니다. 토지이용계획확인원의 경우 현재의 상태에 대해서만 알 수 있는 것으로 과거의 토지이용계획까지 알 수는 없는 것입니다. 지금 현재의 용도지역이 도시지역이 아니라면 다행이지만, 현재 도시지역으로 되어 있다면 해당 지역의 고시문 등을 확인하여 해당 지역이 언제 도시지역 외에서 도시지역으로 변경되었는지 찾아내야 합니다. 그런데, 이것은 실무적으로 찾아내기가 쉽지 않습니다. 한 가지 힌트가 되는 것은 해당 지역의 행정구역이 면소재지에서 동으로 변경된 시기를 알 수 있으면(해당지역에 오래 거주하였다면 초본으로도 알 수 있는 경우도 있음) 그 당시의 고시문을 찾아보는 것으로 범위를 줄여볼 수는 있습니다.

ㅁ. 건축법 제정 이전에 건축된 건물인 경우

건축법 제정(1962년 1월 20일) 이전에 건축된 건축물은 적법여부에 대해 판단하는 것이 불가하여 해당 주택이 건축법 제정 이전에 건축된 건축물이라는 공적인 서류만 있다면 이 규정을 적용하여 무주택으로 인정받을 수 있습니다.(『2024 주택청약 FAQ』 106번)

자. 소형저가주택

ㄱ. 도입사유

이 규정은 최초에는 유주택자라도 소형저가주택 보유자는 무주택자로 인정함으로써 주거상향 등을 지원하기 위해 민간분양의 일반공급에 한해 일부 완화한 무주택 간주 규정이었으나 2023년 11월 10일 개정을 통해 분양주택에서는 모두 인정되는 규정으로 변경되었습니다. 그리고 2024년 12월 18일에는 비아파트에 대해 면적과 공시가격의 기준이 완화되었습니다.

면적의 기준이 확대되었으며, 가격도 올라갔기 때문에 더 이상 소형저가라고 부르는 것이 어렵습니다. 하지만, 구분의 편의상 계속하여 소형저가주택으로 부르고자 합니다.

ㄴ. 법규정

제53조(주택소유 여부 판정기준) 주택소유 여부를 판단할 때 분양권등을 갖고 있거나 주택 또는 분양권등의 공유지분을 소유하고 있는 경우에는 주택을 소유하고 있는 것으로 보되, 다음 각 호의 어느 하나에 해당하는 경우에는 주택을 소유하지 아니한 것으로 본다. 다만, 무주택세대구성원에 해당하는지 여부를 판단할 때 제46조 또는 「공공주택 특별법 시행규칙」 별표 6 제2호라목에 따른 특별공급(분양전환공공임대주택은 제외한다)의 경우에는 제6호를 적용하지 않으며, **공공임대주택의 공급의 경우에는 제6호, 제9호 및 제11호를 적용하지 않는다.**

9. 주택공급신청자가 속한 세대가 다음 각 목에 해당하는 주택 또는 분양권등으로서 해당 목에서 정하는 주거전용면적 및 가격 요건을 갖춘 주택 또는 분양권등을 1호 또는 1세대만 소유하고 있는 경우

   가. 「주택법 시행령」 제3조제1항제1호에 따른 주택 또는 분양권등으로서 나목3)에 해당하지 않는 것: 주거전용면적 60제곱미터 이하로서 별표 1 제1호가목2)에 따른 가격이 1억원(수도권은 1억6천만원) 이하일 것

   나. 다음의 주택 또는 분양권등: 주거전용면적 85제곱미터 이하로서 별표 1 제1호가목2)에 따른 가격이 3억원(수도권은 5억원) 이하일 것

   1) 「주택법 시행령」 제2조 각 호에 따른 주택 또는 분양권등
   2) 「주택법 시행령」 제3조제1항제2호 및 제3호에 따른 주택 또는 분양권등으로서 3)에 해당하지 않는 것
   3) 「주택법 시행령」 제10조제1항에 따른 주택 또는 분양권등

[별표1] 가점제 적용기준(제2조제8호 관련)

2) 소형·저가주택등의 가격은 다음의 구분에 따라 산정한다. 다만, 2007년 9월 1일 전에 주택을 처분한 경우에는 2007년 9월 1일 전에 공시된 주택공시가격(「부동산 가격공시에 관한 법률」 제16조 또는 제17조에 따라 공시된 가격을 말한다. 이하 이 별표에서 같다) 중 2007년 9월 1일에 가장 가까운 날에 공시된 주택공시가격에 따른다.

   가) 입주자모집공고일 후에 주택을 처분하는 경우: 입주자모집공고일에 가장 가까운 날에 공시된 주택공시가격

   나) 입주자모집공고일 이전에 주택이 처분된 경우: 처분일 이전에 공시된 주택공시가격 중 처분일에 가장 가까운 날에 공시된 주택공시가격

   다) 분양권등의 경우: 공급계약서의 공급가격(선택품목에 대한 가격은 제외한다)

① 도입사유에서 이야기하였듯이 분양주택에서만 적용되는 규정으로 제53조 단서조항에 의거하여 공공임대주택에서는 이 규정이 적용되지 않습니다.

② 주공칙 제53조에서는 소형저가주택을 무주택으로 본다는 규정만 기재되어 있으며, 세부적인 것은 다른 규정에서 확인을 하여야 합니다. 주공칙 제2조 제7호의3에서는 "소형·저가주택등"이란 전용면적 60제곱미터 이하로서 별표 1 제1호가목2)에 따른 가격이 1억원(수도권은 1억6천만원) 이하인 주택 또는 분양권등을 말한다고 명시하고 있으며, 주공칙 [별표 1]에서 다음과 같이 세부 규정을 두고 있습니다.

③ 종전에는 전용면적 60제곱미터 이하의 주택에 한해 적용되던 규정이었으나 2024년 12월 18일 개정으로 인해 기존의 소형저가주택은 제9호 가목으로 유지하고, 나목에 의거하여 비아파트에 대해 다음과 같이 완화를 하였습니다.

조항	주택 또는 분양권등의 유형	주거전용면적	수도권	비수도권
제53조제9호가목	아파트(도시형 생활주택 제외)	60㎡ 이하	1억 6천만원	1억원
제53조제9호나목	단독주택	85㎡ 이하	5억원	3억원
	연립주택 및 다세대주택			
	도시형 생활주택			

④ 소형저가주택은 초소형주택에서 이야기한 바와 같이 지금은 소형저가 경합을 적용하고 있지 않습니다.

ㄷ. 공시가격 산정방법

① 소형저가주택 규정은 2007년 8월 24일 가점제 시행으로 인해 민간분양 일반공급에 한해 무주택으로 봐주는 규정으로 시작을 하였습니다. 그래서 2007년 9월 1일 전에 처분한 소형저가주택은 2007년의 주택공시가격을 기준으로 판단하는 것입니다.

② 가점제 시행 이후에 처분한 소형저가주택의 경우에는 처분일 이전에 가장 가까운 날에 공시된 주택공시가격을 따릅니다. 우리나라는 매년 4월 30일(경우에 따라 공시일은 변동이 될 수 있으며, 사례적으로 4월 28일이나 4월 29일에 공시된 적도 있음)에 주택가격을 공시하고 있습니다.

> 예 1) 2015년 2월 15일 소형저가주택을 처분한 경우: 2014년 주택공시가격을 기준으로 판단함.
> 예 2) 2015년 5월 15일 소형저가주택을 처분한 경우: 2015년 주택공시가격을 기준으로 판단함.

③ 입주자모집공고일 현재 소형저가주택을 소유한 경우에는 모집공고일에 따라 달라질 수 있습니다.

> 예 1) 2025년 2월 15일 입주자모집공고된 경우: 2024년 주택공시가격을 기준으로 판단함.
> 예 2) 2025년 5월 15일 입주자모집공고된 경우: 2025년 주택공시가격을 기준으로 판단함.

④ 과거 일시적으로 기준 가격을 초과하였으나 공고일 또는 처분 당시의 주택공시가격이 기준에 충족하는 경우에는 해당 주택을 소유하고 있던 기간 전체를 모두 무주택기간으로 인정받을 수 있습니다. (『2024 주택청약 FAQ』 110번)

⑤ 공부상 용도가 주택으로 등재되어 있으나 오류 또는 신축인 관계로 주택공시가격이 공시되지 아니한 경우에는 건물가격(시가표준액을 적용)과 토지가격(개별공시지가에 면적을 곱하여 산정) 합하여 산정합니다. (『2024 주택청약 FAQ』 111번)

ㄹ. 주택공시가격 기준

주택공시가격 기준은 이 규정 신설 당시에는 지역에 상관없이 주택공시가격 5천만원(단, 10년 이상 소유한 경우에만 적용 가능)이었으나 이후 2013년에 7천만원(소유기간 삭제함)으로, 2015년에 8천만원(수도권은 1억 3천만원 차등 적용 신설)으로 변경하였습니다. 2023년 11월 10일 민간분양 일반공급뿐만 아니라 분양주택 모두에 소형저가주택 규정 적용으로 개정이 되면서 주택공시가격도 1억원(수도권은 1억 6천만원)으로 조정이 되었습니다.

과거에 처분한 소형저가주택의 경우 처분 당시의 가격을 기준으로 판단하는 것은 아니라서 과거에 처분을 하였어도 주택공시가격은 현 법규 기준인 1억원(수도권은 1억 6천만원)을 기준으로 판단합니다.

ㅁ. 공유지분의 경우

주택을 공유지분으로 소유하고 있다고 하여 소유지분으로 계산하는 것이 아니라 해당 주택을 기준으로 소형저가주택 여부를 판단합니다. 다만, 구분소유적 공유관계는 공유지분만큼의 면적과 안분배당한 주택공시가격으로 소형저가주택 여부를 판단합니다.(『2024 주택청약 FAQ』112번)

ㅂ. 소형저가주택으로 2주택을 소유한 경우

소형저가주택으로 2주택을 소유한 경우 무주택으로 인정되지 않습니다. 다만, 2주택 중 하나를 처분한 시점부터 주택을 소유하지 않은 것으로 보아 무주택기간을 산정합니다.(『2024 주택청약 FAQ』114번)

차. 미분양 분양권

ㄱ. 도입사유

2018년 12월 11일 개정을 통해 분양권도 주택으로 봄에 따라 일부 분양권은 무주택으로 간주하는 규정입니다.

ㄴ. 분양권의 정의

미분양 분양권을 무주택으로 봐주는 규정을 이야기하기에 앞서 분양권을 주택으로 보는 규정부터 설명을 하여야 합니다.

일단, 분양권에 대한 정의부터 알아야 합니다.

> 7의2. "분양권등"이란 「부동산 거래신고 등에 관한 법률」 제3조제1항제2호 및 제3호에 해당하는 주택에 관한 다음 각 목의 어느 하나에 해당하는 지위를 말한다.
> 가. 주택을 공급받는 사람으로 선정된 지위
> 나. 주택의 입주자로 선정된 지위
> 다. 매매를 통해 취득하고 있는 가목 또는 나목의 지위

분양권이라고 함은 위에서 정의하고 있는데, 가목은 청약하여 당첨된 분양권을 말하는 것이며, 나목은 재개발 조합원 또는 지역조합 등의 조합원으로 받게 되는 입주권을 말합니다. 다목의 경우 주의할 점이 있는 것이 매매를 통해 승계취득한 분양권등을 말하는 것으로 상속이나 증여를 통해 승계받은 경우는 제외합니다.

여기서 조금 더 깊게 알아야 합니다. 주택이라는 것은 사람이 들어가서 거주할 수 있는 용도로 지어진 건물을 말하는 것입니다. 즉, 거주가 가능한 실체가 있는 것입니다. 하지만, 분양권은 지위에 불과하여 실체가 없습니다.

분양권은 주택이 아닙니다. 하지만, 문재인 대통령 취임 이후 주택시장 문제를 공급부족의 문제가 아니라 투기의 문제로 보고 이에 대해 여러 가지 주택정책을 내놓았고, 그 과정에서 투기를 방지할 목적으로 분양권을 소유한 경우 주택을 소유한 것으로 보도록 개정한 것입니다. 주의할 점은 각 법규마다 분양권을 주택으로 보기 시작한 시점이 다릅니다. 특히 같은 분양에서도 개정일이 달라서 분양권을 주택으로 보는 시점이 조금 차이를 보이고 있습니다. 주택공급에 관한 규칙에서는 2018년 12월 11일 개정 시부터 분양권을 주택으로 보고 있습니다. 다만, 이에 대해 기준점을 명확히 하기 위해 다음의 부칙을 두고 있습니다.

> 제3조(분양권등에 관한 적용례) 제2조제7호의2·제7호의3, 제23조제2항제9호, 같은 조 제4항제2호의2·제2호의3, 제28조제11항, 제53조, 별표 1 제1호가목2)다)의 개정규정은 이 규칙 시행 이후 입주자모집승인을 신청하는 경우로서 다음 각 호의 구분에 따른 분양권등부터 적용한다.
> 1. 제2조제7호의2가목 및 나목의 개정규정에 따른 분양권등의 경우: 이 규칙 시행 이후 「부동산 거래신고 등에 관한 법률」에 따라 신고하는 분양권등. 다만, 다음 각 목의 어느 하나에 해당하는 경우는 제외한다.
>   가. 이 규칙 시행 전에 법 제5조제2항에 따른 주택조합이 사업계획승인을 신청한 경우

> 나. 이 규칙 시행 전에 「도시 및 주거환경정비법」 제74조에 따른 관리처분계획 또는 「빈집 및 소규모주택 정비에 관한 특례법」제29조에 따라 가로주택정비사업 또는 소규모재건축사업의 사업시행계획 승인을 신청한 경우
> 2. 제2조제7호의2다목의 개정규정에 따른 분양권등의 경우: 이 규칙 시행 전에 입주자모집승인을 신청한 주택에 관한 같은 호 가목 및 나목의 개정규정에 따른 분양권등을 매매하여 「부동산 거래신고 등에 관한 법률」 제3조에 따라 신고된 분양권등

분양권의 경우 분양권을 주택소유로 보기 시작한 지 5년이 넘어서 18년 12월 11일 전에 취득한 분양권이 아직 입주를 들어가지 못한 경우가 거의 없기 때문에 이 부칙이 적용되는 분양권은 사실상 없습니다. 하지만, 입주권의 경우 해당 주택사업이 지연되는 경우라면 사정이 달라서 아직 입주하지 못하여 입주권으로 남아 있는 경우가 있습니다. 그래서 입주권이 조회되는 경우 그 입주권이 2018년 12월 11일 전에 사업계획승인 신청(지역조합의 경우)을 하였는지와 관리처분인가 신청(재개발이나 재건축의 경우)을 하였는지 확인하여 주택소유로 보는 입주권인지 확인하여야 합니다.

주택소유로 보지 않는 입주권이라면 해당 조합의 공문 등으로 소명하는 것이 가능합니다.

다만, 2018년 12월 11일 전에 취득한 분양권등일지라도 개정일 이후 매매를 통해 승계를 받은 분양권등은 주택소유로 보는 경우에 해당함에 주의가 필요합니다. 즉, 주택소유로 보지 않는 분양권일지라도 매매를 통해 취득한 경우에는 주택을 소유한 것으로 보는 것에 주의가 필요합니다.

그리고, 매매를 통한 취득은 주택을 소유한 것으로 보지만, 증여나 상속은 해당하지 않습니다. 실무적으로 알아야 하는 것이 당첨 후 조회되는 주택소유현황에서 분양권등은 부동산거래신고된 분양권등이 조회가 되는 방식입니다. 즉, 검인 대상인 상속이나 증여는 주택소유현황에 조회가 되지 않습니다.

분양권등의 경우 주공칙 제23조 제4항 제2호의2 및 제2호의3에 의거하여 주택소유 및 무주택기간을 산정합니다.

2의2. 분양권등에 관한 계약서: 「부동산 거래신고 등에 관한 법률」 제3조에 따라 신고된 공급계약체결일
2의3. 제2조제7호의2다목에 따른 분양권등의 매매계약서
 가. 분양권등의 매매 후 「부동산 거래신고 등에 관한 법률」 제3조에 따라 신고된 경우에는 신고서상 매매대금 완납일
 나. 분양권등을 증여나 그 밖의 사유로 처분한 경우 사업주체와의 계약서상 명의변경일

제2호의3 가목에 의거하여 매매로 승계취득한 경우 부동산거래신고서 상의 매매대금 완납일을 기준으로 소유일 및 처분일로 산정됩니다. 그런데, 분양권 거래를 하다 보면 종종 매매대금 완납일이 해당 주택 입주일에 맞추어 잘못 기재된 경우가 있어서 해당 분양권을 처분하였으나 아직 소유하고 있는 것으로 보아야 하는 경우가 있습니다. 이 경우는 부동산거래신고가 잘못된 것이므로 기존의 부동산거래신고를 변경신고하여 매매대금 완납일을 분양권 명의변경일로 변경하여 제출하는 방법으로 소명하여야 합니다.

ㄷ. 무주택으로 봐주는 미분양 분양권

10. 제27조제5항 및 제28조제10항제1호에 따라 입주자를 선정하고 남은 주택을 선착순의 방법으로 공급받아 분양권등을 소유하고 있는 경우(해당 분양권등을 매수한 사람은 제외한다)

국민주택의 일반공급과 민영주택의 일반공급 청약에서 미달이 된 경우(2순위 청약 포함)에는 미분양된 분양권을 구입하는 경우에 한해 무주택으로 봐주는 것입니다.

구분	공급세대	접수	정당당첨자	잔여세대		잔여세대 분양권 주택소유 판단
				분양	계약	
A주택형	100	200(경쟁)	100	X	X	-
B주택형	100	200(경쟁)	80	X	20	잔여 20세대는 주택소유로 인정
C주택형	100	50(미달)	30	50	20	잔여 70세대 모두 주택소유로 보지 않음
D주택형	100	50(미달)	50	50	X	잔여 50세대 모두 주택소유로 보지 않음

* 경쟁발생 여부에 대한 판단은 주택형을 기준으로 판단합니다.
* 최초 정당당첨자는 경쟁발생 여부와 무관하게 모두 주택을 소유한 것으로 인정

ㄹ. 분양권의 구분

당첨된 후 조회되는 주택소유현황에서 분양권의 정보는 매매신고일, 계약일, 잔금지급일, 권리구분, 매수매도구분에 대한 사항이 조회됩니다.

권리구분은 공급계약(또는 전매)-준공전(또는 준공후)-분양권(또는 입주권)으로 기재됩니다.

분양권에 대한 것은 크게 3가지 형태로 구분을 하면 됩니다.

첫째, 공급계약으로 매수한 경우 계약일부터 소유하는 것으로 보면 됩니다.

둘째, 전매로 매도한 경우 잔금지급일부터 소유하지 않는 것으로 보면 됩니다.

셋째, 전매로 매수한 경우 잔금지급일부터 소유하는 것으로 보면 됩니다.

ㅁ. 공급계약으로 소유한 분양권인 경우

공급계약을 통해 소유하고 있는 조회된 분양권은 청약홈 등을 통해 경쟁률을 확인한 후 청약경쟁률이 발생한 경우에는 주택소유로 보고, 청약경쟁률이 발생하지 않은 경우 정당 당첨자의 계약일정과 공급계약일을 비교하여 일치하면 정당당첨자로 계약한 것으로 간주하고, 일치하지 않으면 미분양 분양권을 구입한 것으로 보아 무주택으로 처리하면 됩니다.

ㅂ. 잔금 납부된 경우

미분양 분양권일지라도 잔금을 납부한 날부터는 주택을 소유한 것으로 보아야 하며(『2024 주택청약 FAQ』 117번), 도시형생활주택의 경우에는 미분양되어 선착순으로 계약을 한 경우일지라도 이 규정을 적용할 수 없기 때문에 미분양 분양권으로 볼 수 없습니다.(『2024 주택청약 FAQ』 118번)

카. 전세사기주택

ㄱ. 도입사유

전세사기 피해자의 구제책으로 전세사기 임차인이 해당 주택을 소유하는 경우 무주택으로 간주하는 규정입니다.

ㄴ. 법규정

> 11. 임차인으로서 보증금의 전부 또는 일부를 돌려받지 못한 사람이 임차주택을 경매 또는 공매로 매수하여 소유하고 있는 경우. 다만, 그 주택이 다음 각 목의 어느 하나에 해당하는 경우는 제외한다.
> 가. 주택가격이 1억5천만원(수도권은 3억원)을 초과하는 경우. 이 경우 주택가격의 산정은 별표 1 제1호가목2)를 준용한다.
> 나. 주거전용면적이 85제곱미터를 초과하는 경우

국토교통부에서는 전세사기피해자를 결정하여 결정된 피해자에게는 주거, 금융, 법적 절차 등을 지원하고 있습니다. 그런데, 이 규정은 전세사기피해자로 결정이 되지 않아도 주공칙에서 정하는 기준에 충족하면 무주택으로 인정하는 방식입니다.

ㄷ. 무주택 소명방법

이 규정으로 무주택임을 소명하기 위해서는 확정일자 받은 임대차계약서를 통해 임차주택임을 확인하고, 등기사항증명서를 통해 경매 또는 공매를 통해 낙찰을 받은 자인지 확인한 뒤 해당 주택의 주택공시가격 확인원과 건축물대장을 통해 가목과 나목에 해당하는지 확인하시면 됩니다.

ㄹ. 특이사례

이 규정이 신설된 지는 오래되지 않아 사례가 많지 않지만, 특이한 사례를 소개하고자 합니다. 앞에서 이야기한 바와 같이 서류를 받았는데, 경매로 낙찰받은 주택이 임대차 계약을 체결하였던 매도자가 아니라 그 주택을 매수한 자가 근저당을 가지 못하여 경매가 진행된 아파트였습니다. 즉, 임대차 계약서의 임대인과 등기사항증명서 상의 소유자가 일치하지 않은 경우였습니다. 이에 대해 주택임대차보호법 제3조 제4항 "임차주택의 양수인(그 밖에 임대할 권리를 승계한 자를 포함한다)은 임대인의 지위를 승계한 것으로 본다"는 규정을 적용하여 등기사항증명서상의 임차주택 매수를 임대인으로 보아 해당 주택을 무주택으로 보았습니다.

타. 임차주택

ㄱ. 도입사유

주택거래 활성화를 위해 임차인으로서 거주하던 임차주택을 취득하더라도 무주택 간주하는 규정입니다.

ㄴ. 법규정

12. 주택공급 신청자가 임차인으로서 거주하던 임차주택을 취득한 경우로서 다음 각 목의 요건을 모두 갖춘 경우
   가. 2024년 1월 1일부터 2024년 12월 31일까지 취득(생애 최초로 취득한 경우로 한정한다)한 주택(「주택법 시행령」 제2조 각 호 및 제3조제1항제2호·제3호에 따른 주택만 해당한다. 이하 이 호에서 같다)일 것
   나. 주거전용면적이 60제곱미터 이하인 주택으로서 그 취득가격(「부동산 거래신고 등에 관한 법률」 제3조에 따라 신고한 가격을 말한다)이 2억원(수도권은 3억원) 이하일 것
   다. 해당 주택의 취득일(제23조제4항제1호 또는 제2호 중 빠른 날을 말한다) 전날까지 1년 이상 해당 주택에 거주했을 것

이 규정에 맞는 주택인지 증빙하기 위해서는 등기사항증명서로 취득시기를, 건축물대장으로 60제곱미터 이하를, 부동산거래신고서로 취득가격을, 주민등록표초본으로 해당 주택에 거주하였던 기간을 확인하여야 합니다.

파. 무주택기간

ㄱ. 무주택기간 판단 기준

무주택으로 인정되는 것도 중요하지만, 일부 청약은 무주택기간도 중요합니다.

무주택기간은 주택을 소유한 적이 없다면 나이나 청약자의 여러 조건으로 무주택기간을 산정하지만, 주택을 소유한 적이 있다면 주택을 처분한 시점이 영향을 줍니다. 이에 대해서는 주공칙 제23조 제4항에서 정하고 있습니다.

> ④ 사업주체는 주택공급신청자의 공급순위 또는 무주택기간의 사실 여부 등을 확인하기 위하여 필요한 경우에는 주택소유여부를 증명할 수 있는 다음 각 호의 어느 하나에 해당하는 서류를 제출하게 할 수 있다. 이 경우 주택 소유 또는 무주택기간은 다음 각 호에서 정한 날을 기준으로 하되, 제1호와 제2호의 처리일자가 다를 경우에는 먼저 처리된 날을 기준으로 한다.
> 1. 건물 등기사항증명서: 등기접수일
> 2. 건축물대장등본: 처리일
> 2의2. 분양권등에 관한 계약서: 「부동산 거래신고 등에 관한 법률」 제3조에 따라 신고된 공급계약체결일
> 2의3. 제2조제7호의2다목에 따른 분양권등의 매매계약서
>   가. 분양권등의 매매 후 「부동산 거래신고 등에 관한 법률」 제3조에 따라 신고된 경우에는 신고서상 매매대금 완납일
>   나. 분양권등을 증여나 그 밖의 사유로 처분한 경우 사업주체와의 계약서상 명의변경일
> 3. 그밖에 주택소유여부를 증명할 수 있는 서류: 시장 또는 군수 등 공공기관이 인정하는 날

이 내용을 이해하려면 등기사항증명서와 건축물대장에 대해 조금 더 알아야 합니다.

ㄴ. 등기사항증명서 VS 건축물대장

등기사항증명서는 법원이 관리하는 공적서류로 건물의 현황이 기재되어 있는 표제부와 소유권에 관한 사항인 갑구, 소유권 외의 사항이 기재되어 있는 을구로 구분이 되어 있습니다. 건축물대장은 국토교통부에서 관리하는 공적장부로 건물의 자세한 내역과 현재 소유자가 기재되어 있습니다.

등기사항증명서와 건축물대장의 목적부터 정확히 알아야 합니다. 등기사항증명서는 거래에 가장 중요한 소유자가 누구인지를 알려 주는 것을 목적으로 하나 건축물대장은 소유자가 아니라 건물의 물리적 현황에 대해 증빙하는 방식입니다. 그래서 등기사항증명서와 건축물대장의 내용이 상이한 경우 소유자는 등기사항증명서를 기준으로, 건물의 내역은 건축물대장을 우선으로 판단합니다.

청약에서는 무주택기간 산정 시 건물 등기사항증명서의 등기접수일과 건축물대장등본의 처리일이 다른 경우 먼저 처리된 날을 기준으로 합니다.

여기서 한 가지 더 알아야 하는 것이 있습니다. 등기사항증명서와 건축물대장이 언제 변경되는지에 대해서 아는 것이 좋습니다. 거래를 통해 소유권이 변경되는 경우 등기사항증명서의 소유자 내역이 먼저 변경된 후 이후 건축물대장상의 소유자가 변경됩니다. 그런데, 신축건물의 경우 건축물대장이 먼저 생성이 되고, 이후 보존등기 후 소유권이전등기가 이루어지는 방식입니다.

ㄷ. 분양권 및 입주권 명의변경일

최초 계약자의 경우 계약체결일부터 주택을 소유한 것으로 보지만, 매매방식으로 소유권이 변경되는 경우 부동산거래신고서 상의 매매대금 완납일을 기준으로 명의가 변경된 것으로 봅니다.

ㄹ. 무주택기간 산정

무주택기간을 산정하기 위한 기본조건은 입주자모집공고일 현재 세대원 전원이 주택을 소유하지 않아야 한다는 것입니다. 하지만, 이후 무주택기간을 산정하는 것은 청약방법에 따라 다릅니다. 대표적으로 일반공급 1순위, 노부모부양 특별공급, 다자녀 특별공급에서 무주택기간을 산정합니다. 그 외에도 기관추천 특별공급에서 여러 기관에 추천 대상자를 선정하는 과정에서도 무주택기간을 배점에 포함하여 무주택기간이 길수록 추첨받기 유리한 부분이 있습니다.

무주택기간을 산정할 때 가장 중요한 것은 언제부터 무주택기간을 산정하는지와 누구를 기준으로 무주택기간을 산정하는지입니다.

구분	기산점	대상
민영주택 1순위	만 30세	청약자 및 그 배우자
국민주택 1순위	만 30세	세대원 전원
민영주택 노부모부양 특별공급	만 30세	청약자 및 그 배우자, 피부양 직계존속 및 그 배우자
다자녀 특별공급	만 19세	청약자 및 그 배우자

기본적으로 주택을 소유한 적이 없는 경우 또는 기산점 전에 주택을 처분한 경우에는 무주택기간은 이 기산점부터 산정하지만, 그 전에 혼인을 한 경우에는 혼인신고일부터 산정합니다. 주택을 처분한 시점부터 무주택기간을 산정하는 경우라면 대상자 중에 주택을 처분한 시점부터 무주택기간을 산정합니다.

예를 들어서 미혼인 만 35세인 자(주택을 소유한 적이 없음)가 2년 전에 주택을 처분한 부모님을 통해 민영주택에 노부모부양자 특별공급과 일반공급 1순위를 중복하여 청약을 진행하였다면 일반공급에서는 본인만을 기준으로 산정하여 무주택기간이 5년이지만, 노부모부양자 특별공급에서는 무주택기간이 2년입니다. 그리고 이 경우가 국민주택의 일반공급이라면 부모님의 무주택기간을 기준으로 하여 무주택기간은 2년이 됩니다.

추가로 주의가 필요한 것은 주택처분한 시점이 배우자의 주택처분 시점부터 산정이 되었다면 배우자와의 혼인신고일을 필히 확인하여야 합니다. 배우자가 혼인신고일 전에 처분한 주택이라면 이것은 청약자의 무주택기간에 영향을 주지 않기 때문입니다.

이혼 또는 사별한 배우자도 무주택기간은 영향을 주지 않습니다. 다만, 이혼한 배우자가 재혼 전에 처분한 주택은 무주택기간에 반영이 됩니다.

11. 소득 및 자산

　청약에서는 소득과 자산이 청약자격에 영향을 주는 경우가 있으며, 일부 청약은 소득수준을 기준으로 당첨에도 영향을 줄 수도 있습니다. 그리고 청약하려는 아파트에 따라서 소득산정방법도 다릅니다. 민간에서 공급하는 주택은 당첨자가 제출하는 서류를 통해 소득과 자산을 산정하는 방식이지만, 공공에서 공급하는 주택은 사회보장정보시스템이라는 것을 통해 소득과 자산을 조회하는 방식이라서 청약하려는 아파트에 따라 소득은 조금 상이할 수 있습니다. 하지만, 자산의 경우에는 조회방법에 따라 차이는 없습니다. 다만, 청약하려는 아파트에 따라 부동산 자산만을 보는지 현금성 자산을 포함하여 총자산을 보는 것으로 차이가 있을 수 있습니다.

가. 소득산정 방법

　소득을 산정함에 원칙적은 부분을 생각하여야 하는 것이 있습니다. 이 원칙적인 부분을 생각하지 못해 생기는 일반인들의 오해도 있습니다. 청약에서 소득은 얼마를 벌었는지 보는 것이 아니라 얼마를 버는 수준인지를 보는 방식입니다. 두 가지 예를 들어 보도록 하겠습니다.

　첫째, 전년도 6월까지는 월 300만원 급여를 받던 자가 이직을 하여 7월부터는 월 400만원을 받고 있는 회사에 계속하여 근무하고 있는 경우 전년도에 얼마를 벌었는지를 보면 월평균 소득은 350만원입니다. 하지만, 청약에서는 얼마는 버는 수준인지를 보는 방식이라서 모집공고일에 하고 있는 일을 기준으로 소득을 산정하기 때문에 7월부터의 소득을 평균하여 소득을 산정하기 때문에 월평균소득은 400만원입니다.

두 번째, 전년도 6월까지 월 400만원 급여를 받은 자가 7월부터 휴직을 하여 모집공고일까지 휴직을 하고 있는 경우에 얼마를 벌었는지를 보면 월평균소득은 200만원입니다. 하지만, 얼마를 버는 수준인지를 보면 6월까지의 소득을 평균하면 월평균소득은 400만원입니다.

여기에 다른 원칙 하나를 더 적용하여야 합니다.

민간분양과 공공분양은 소득산정 방법은 다릅니다. 민간분양의 경우 당첨자가 제출하는 서류로 소득을 산정하는 것에 반해 공공분양의 경우에는 사회보장정보시스템이라는 것을 통해 소득을 자동조회하는 방식입니다.

공공분양에서 소득을 조회하는 사회보장정보시스템은 조회시점의 최신 자료를 반영하여 소득을 산정하는 방법이지만, 민간분양의 경우에는 당첨자가 제출하는 소득서류를 통해 평균값을 정하는 방식으로 가급적이면 정산이 완료된 소득자료를 통해 월평균소득을 산정한다는 것입니다.

나. 소득구간 판단

이 두 가지 원칙을 적용하여 소득을 보아야 하는 구간을 판단하여야 합니다. (다만, 공공분양은 자동조회 방식이기 때문에 어떤 자료가 언제의 기준으로 조회되는지를 알아야 합니다)

ㄱ. 전년도 1월 1일부터 모집공고일까지 계속하여 같은 일을 하고 있는 경우: 이 경우 전년도의 소득을 평균하여 월평균소득을 산정합니다.

ㄴ. 전년도 이직 또는 취업하여 모집공고일까지 계속하여 같은 일을 하고 있는 경우: 이 경우 전년도 이직 또는 취업한 날로부터 12월까지의 소득을 평균하여 월평균소득을 산정합니다. 예를 들어 7월 1일에 이직한 경우 7월부터 12월까지의 소득을 통해 월평균소득을 산정하여야 합니다.

ㄷ. 금년도 이직 또는 취업하여 모집공고일까지 계속하여 같은 일을 하고 있는 경우: 이 경우 금년도 이직 또는 취업한 날로부터 모집공고일까지의 소득을 평균하여 월평균소득을 산정합니다. 예를 들어서 10월 1일 모집공고된 아파트에 금년 5월 1일 이직한 자가 청약하는 경우 5월부터 9월까지의 소득을 5개월로 나누어 월평균소득을 산정합니다.

이 경우에도 예외가 있습니다. 모집공고 일정에 따라 전년도의 소득을 산정할 수 없는 경우가 있어서 이런 경우에는 전전년도의 소득을 통해 소득을 산정하여야 하는 경우가 있습니다.

그리고, 직장가입자인지 직장가입자가 아닌지에 따라서도 소득 확인 시점이 다릅니다. 이에 대해서는 청약홈 샘플공고를 통해 기준이 있습니다.

입주자모집공고일	상시근로자 근로소득 확인 시점	사업자 및 프리랜서 등 소득 확인 시점
01.01.~03.31.	(해당 세대의) 전전년도 소득	(해당 세대의) 전전년도 소득
04.01.~06.30.	(해당 세대의) 전년도 소득	(해당 세대의) 전전년도 소득
07.01.~12.31.	(해당 세대의) 전년도 소득	(해당 세대의) 전년도 소득

근로소득자의 경우 연말정산을 마치는 것을 기준으로 전전년도의 소득을 보는 경우가 있고, 근로자 외의 경우에는 종합소득신고에 따라 소득금액증명원이 나오는 7월 1일을 기준으로 소득을 보는 시기를 달리하는 경우가 있습니다.

다. 소득산정 예외

기간에 따른 소득산정을 보는 것에 두 가지 예외가 있습니다.

ㄱ. 공고일 무직자

공고일 무직자는 다시 두 가지로 구분이 됩니다.

소득이 있었던 무직자와 소득이 전혀 없는 무직자로 구분이 됩니다.

소득이 있었던 무직자의 경우 전년도 1월 1일부터 모집공고일까지의 총소득을 동기간으로 나누어 월평균소득을 산정하나 소득이 전혀 없는 무직자는 사실증명을 제출 후 비사업자 확인각서만 작성하면 됩니다.

여기에서 예외가 또 있는데, 이 규정은 민간분양에만 적용되는 것으로 공공분양에서는 소득이 있었던 자일지라도 모집공고일에 무직이라면 건강보험자격득실확인서 등을 확인하여 소득이 없는 자로 보고 조회된 소득을 0원으로 처리할 수 있습니다.

ㄴ. 휴직자

휴직자의 경우 앞에서 이야기드린 바와 같이 정상적으로 근무한 기간의 소득을 통해 월평균소득을 산정하여야 합니다. 그래서 휴직기간이 언제인지에 따라 기간을 보는 방식에 차이가 있습니다.

법에서는 다음과 같이 규정하고 있습니다. (신혼부부 주택 특별공급 운용지침 제12조)

> 제12조(휴직등의 경우 소득산정방법) ① 건강보험자격득실확인서상 직장 가입자 중 전년도에 휴직등(파업 등의 이유로 실제 근무를 하지 못하여 급여를 받지 못한 경우 포함)으로 인해 소득이 정상적으로 근무하는 경우와 다른 경우에는 제2항부터 제4항까지에 따라 정상적으로 근무한 경우의 소득을 추정하여 전년도 소득을 산정한다.
> ② 전년도 중 일부 기간만 휴직등을 한 경우에는 전년도에 정상적으로 근무한 기간 동안의 소득을 정상적으로 근무한 개월수로 나눈 금액으로 월평균소득을 추정한다.
> ③ 전년도 전체에 걸쳐 휴직등을 하고 당해연도에 복직등(정상적으로 근로에 종사하게 된 경우)을 한 경우에는 당해연도 근로자원천징수부와 재직증명서를 징구하여 월평균소득을 추정한다.
> ④ 소득 없이 휴직한 경우 등으로 인하여 월평균소득의 추정이 불가능한 자는 본인의 재직증명서와 본인과 동일한 직장의 동일 직급, 동일 호봉인 자의 전년도 근로소득원천징수영수증과 재직증명서를 제출받아 월평균소득을 추정한다.

이 내용을 조금 더 풀어 보겠습니다.

- 전년도 일부기간 휴직이 있는 경우: 전년도 정상적인 근무기간의 소득을 동기간으로 나누어 월평균소득을 산정합니다.
- 전년도 전체 휴직 후 금년도 복직한 경우: 금년도 복직 후 입주자모집공고일까지의 소득을 동기간으로 나누어 월평균소득을 산정합니다.
- 전전년도 또는 그 이전에 휴직하여 모집공고일 현재 계속 휴직인 경우(보육교사 등의 경우가 육아휴직기간이 길 수 있으며, 복직하기 전에 다시 임신을 하는 경우에도 휴직이 긴 경우가 있음): 법에서는 본인과 동일한 직장의 동일 직급, 동일 호봉인 자의 소득을 통해 월평균소득을 추정하라고 하고 있지만, 현실적으로 동료의 소득서류를 받는 것은 거의 불가하다고 볼 수 있습니다. 그래서 실무적으로는 정상적으로 근무한 전전년도 또는 그 이전년도의 근무기간 동안의 소득을 통해 월평균소득을 산정하고 있습니다.

실무적으로 조금 더 풀어 보면 휴직에 대해서 더 주의할 점이 있습니다.
- 휴직은 종류와 상관없는 것으로 정상적인 소득을 보는 기간을 제외하고 정상적인 기간 동안의 수입을 동기간으로 나누어 월평균소득을 산정하여야 합니다. 예를 들어서 전년도 3월까지 근무 후 4월부터 5월까지 출산휴가 후 6월부터 휴직을 한 경우에 4월과 5월에 정상적인 급여를 받았다면 근무기간에 포함을 하여야 하지만, 4월과 5월이 근로복지공단 등을 통해 급여를 보전받은 경우에 해당하면 1~3월의 급여를 3개월로 나누어 월평균소득을 산정합니다.
- 휴직자의 경우 재직증명서에 휴직기간을 명시하여야 하나 이에 지키지 않고 서류를 제출하는 경우가 있습니다. 이 경우 근로소득원천징수영수증의 금액이 현저히 낮을 경우 휴직을 의심하여 갑종근로소득원천징수영수증을 추가 요청을 하여야 합니다. 예를 들어 삼성전자에 10년 이상 근무하여 과장 직급에 있는 자가 근로소득원천징수영수증에 소득이 3천만원으로 기재되어 있는 경우 휴직을 의심하여 갑종근로소득원천징수영수증을 추가로 확인하여야 합니다.
- 재직증명서에 휴직기간이 명시되지 않는 경우에는 경력증명서를 받아야 합니다. 예를 들어서 교육공무원 등은 재직증명서에 휴직기간이 명시되지 않습니다.

- 휴직자의 소득산정 방법은 민간분양에서 적용되는 방법으로 공공분양에서는 사회보장정보시스템을 통하여 조사된 정상적으로 근무한 기간의 소득으로 산정하는 방식입니다.

라. 소득증빙이 불가한 경우

공공분양에서는 사회보장정보시스템을 통해 소득이 자동조회가 되기 때문에 없는 경우이지만, 당첨자가 제출하는 서류를 통해 소득을 산정하는 민간분양에서는 소득을 증빙하지 못해 문제가 발생하는 경우가 많습니다. 특히 가장 문제가 되는 경우는 종합소득신고 전에 소득을 증빙하여야 하는 사업자 등이 가장 문제입니다. 법에서는 다음과 같은 방법으로 소득을 증빙하고 있는데, 이것으로 증빙하지 못하는 경우에 문제가 발생합니다.

> 4. 금년도에 개업한 개인사업자 등: 연금산정용가입내역확인서를 제출받아 기준소득월액으로 월평균소득을 적용하되, 국민연금에 가입하지 않은 경우에는 공고일 이전으로서 공고일과 가장 가까운 시기에 신고한 부가가치세 신고서상의 과세금액 및 사업기간을 확인하여 월평균소득을 산정

국토교통부 주택청약 FAQ에는 다음과 같은 답변이 있어서 모집공고일 이후 국민연금 가입은 인정하지 않고 있습니다.

Q 322 입주자모집공고일 이후 국민연금을 가입해도 인정이 되나요?

A 청약의 적격심사와 관련한 모든 사항은 입주자모집공고일을 기준으로 판단합니다. 따라서, 입주자모집공고일 이후 가입한 국민연금과 관련한 사항은 소득산정 자료로 인정이 불가합니다.
※ 국인연금 가입일은 '국민연금 가입자 증명서'로 확인

그리고, 다음과 같은 주택청약 FAQ 답변도 있어서 소득을 증빙하지 못하는 경우에는 적격으로 볼 수 없기 때문에 소득을 증빙할 수 있을 때 청약하여야 한다고 명시하고 있습니다.

Q 324 신규사업자로 소득금액증명원 발급도 안되고 국민연금도 가입되어 있지 않으며, 부가가치세 신고기간도 미도래 하였습니다. 이 경우 소득산정은 어떻게 하나요?

A 객관적으로 소득산정을 증빙할 수 있는 자료를 제출할 수 없다면 적격심사를 진행할 수 없으며, 적격으로 볼 수 없습니다.

청약신청자는 소득관련 자료 미제출로 인하여 불이익이 발생하지 않도록 본인의 소득자료를 제출할 수 있는 상황 이후에 청약하여야 합니다.

이 문제에 대해서 민원들이 많았습니다. 이 문제에 대해 국토교통부에 질의하면 최근에는 "신규사업자로서 국민연금 의무가입자 대상도 아니고, 부가가치세 신고기간도 미도래한 경우, 국민연금 가입 시 적용하는 중위수 기준소득월액을 기준으로 월평균소득을 산정할 수 있음을 알려 드립니다"라고 답변하고 있습니다.

국토교통부 답변을 조금 더 세부적으로 볼 필요가 있습니다. 몇 가지 조건을 충족을 하여야 하는 상황입니다.

첫 번째는 신규사업자로서 부가가치세 신고기간이 미도래한 경우라는 조건입니다.

일반과세자의 경우 6월 말과 12월 말에 확정신고를 하지만, 1~3월, 7~9월의 예정신고가 있어서 예정신고를 통해서도 부가가치세 예정신고서 상 과세표준금액을 신고기간으로 나누어 월평균소득을 산정하는 것이 가능합니다. 그리고 간이과세자의 경우 특별한 경우에는 예정신고가 가능하지만, 별다른 경우가 없다면 과세기간은 1월~12월로 한번 부가가치세 신고하는 방식입니다. 즉, 일반과세자의 경우 3월 15일에 모집공고된 아파트에 1월 15일 사업자등록한 자의 경우에는 앞의 국토교통부의 답변이 적용될 수 있지만, 소득을 신고할 수 있는 기간이 있었지만, 신고하지 않았던 것은 적용될 수 없다는 것입니다.

두 번째는 국민연금 의무가입자 대상도 아니라는 것입니다. 우리나라 국민연금은 특별하게 정하지 않는 경우를 제외하고는 의무적으로 가입하도록 하고 있습니다.

※ 국민연금법
제6조(가입 대상) 국내에 거주하는 국민으로서 18세 이상 60세 미만인 자는 국민연금 가입 대상이 된다. 다만, 「공무원연금법」, 「군인연금법」, 「사립학교교직원 연금법」 및 「별정우체국법」을 적용받는 공무원, 군인, 교직원 및 별정우체국 직원, 그 밖에 대통령령으로 정하는 자는 제외한다.

※ 국민연금법 시행령
제18조(가입 대상 제외자) 법 제6조 단서에 따라 다음 각 호의 어느 하나에 해당하는 자는 국민연금 가입 대상에서 제외한다.
1. 법 제61조제1항 및 법률 제8541호 국민연금법 전부개정법률 부칙 제2조에 따라 노령연금의 수급권을 취득한 자 중 60세 미만의 특수 직종 근로자
2. 법 제61조제2항에 따른 조기노령연금의 수급권을 취득한 자. 다만, 법 제66조제1항에 따라 조기노령연금의 지급이 정지 중인 자는 제외한다.

  국민연금 가입대상자도 아니고 부가세신고 기간이 미도래하여 소득을 산정하기 어려운 신규사업자라면 월평균소득을 100만원으로 산정하는 것이 가능합니다.

  다만, 그 외의 사유로 소득을 증빙하지 못하는 경우에는 많은 민원에 시달리게 됩니다. 특히 모집공고일이 애매한 시기인 경우 모집공고일 후 신고를 통해 소득을 증빙하는 서류를 제출하는 고객들은 본인들은 소득기준을 충분히 충족하는데 왜 부적격인지 이해를 하지 못하는 경우도 많습니다. 이 경우에 부적격인지에 대해 납득을 시키지 못해 소란이 생기는 경우도 종종 있습니다.

사례

6월 20일 모집공고된 아파트에 1월 15일에 일반과세자로 사업자등록한 청약자가 소득을 증빙하지 못해 부적격으로 의심되어 소명요구를 받은 후 6월 30일까지의 확정신고를 납부함으로 소명하고자 하였으나 모집공고일 기준으로 소득을 증빙하지 못해 소명이 불가하다는 답변 후에 민원을 제기하였습니다.
고객은 소득이 증빙이 안 되는 것도 아니고 소득이 고소득도 아닌데 부적격이라는 것에 이해를 하지 못했습니다.
대응. 이에 대해 담당 직원은 다음과 같이 고객에게 설명을 드렸습니다.

> 6월 30일을 기준으로 하여 소득을 증빙할 수 있는 것은 맞지만, 모집공고일인 6월 20일을 기준으로 하여 소득을 산정할 수 없는 것이 문제인 것입니다. 예를 들어서 6월 30일 기준으로 부양가족이 3명이어서 점수가 충족되지만, 6월 20일에는 자녀가 다른 등본에 있어서 부양가족이 2명인 것과 동일한 경우이기 때문입니다. 즉, 질문자의 경우 공고일 이후에 소득이 증빙이 가능한 상태가 된 것이지 공고일 기준으로는 소득을 증빙할 수 없는 상태인 것입니다.
> 고객님의 경우 3월달 예정신고를 통해 6월 20일에 소득을 증빙할 수 있는 상태에서 청약을 진행하여야 하였으나 예정신고를 하지 않아서 모집공고일인 6월 20일 기준으로 소득을 증빙할 수 없는 상태에서 청약을 하였기 때문에 적격으로 보기 어렵습니다.

마. 소득산정 실무

현장에서 상담사를 운용할 때 서류검수 시에는 베테랑을 신혼부부와 생애최초 특별공급 담당자로 배정하는 경우가 많습니다. 이것은 소득산정 업무가 경험이 많을수록 업무를 잘하는 편이기 때문입니다. 현장에서 대행사의 역량이 차이가 나는 것은 당첨자 발표 후 서류검수 시 업무진행 상황을 보면 비교가 가능합니다. 역량이 부족한 회사의 경우 서류검수 시 상담사에 대한 의존도가 높아 상담사에 의해 부적격 검수가 이루어지는 경우인데, 대행사가 중심을 잡지 못하게 때문에 우왕좌왕하는 경우가 많습니다. 그리고 일관된 업무처리도 되지 못합니다. 반대로 역량이 뛰어난 대행사의 경우 일관된 업무처리로 민원도 적게 발생합니다.

소득산정 실무는 소득산정에 대한 법규적인 업무도 중요하지만, 소득 증빙서류를 정확히 징구한 후 정확한 소득을 산정하여 소득기준을 초과하는 자는 부적격 처리하고, 소득이 넘지 않으나 증빙이 어려운 고객은 증빙할 수 있는 방법을 알려 주어 이상 없이 계약까지 진행하도록 도와주는 것이라고 보시면 됩니다. 이를 위해서는 소득 증빙서류를 실제로 보는 방법을 알아야 도움이 됩니다.

바. 자산

　공공분양에서는 사회보장정보시스템을 통해 자동조회되기 때문에 조회된 부동산 가격의 합이 기준을 초과하는지만 확인하고 초과되는 경우에는 소명을 요구하면 됩니다.

　하지만, 민간분양의 경우에는 당첨자가 제출하는 서류를 통해 자산을 입증합니다. 부동산을 소유한 경우와 소유하지 않은 경우 서류제출 방식이 다릅니다. 공통적으로 대법원 인터넷 등기소를 통해 발급받은 부동산소유현황이 필요합니다. 소유하지 않은 경우 조회내역이 없다는 화면을 캡처하는 방법으로 제합니다.

　부동산을 소유하지 않은 경우 추가로 지방세세목별과세증명서(전국단위로 주택, 토지, 건축물에 대한 재산세로 조회)를 제출하여 등기되지 않은 부동산도 소유하지 않음을 증명합니다.

　부동산을 소유한 경우에는 주택은 공동(개별)주택가격 확인서, 토지는 개별공시지가확인서, 건축물은 시가표준액 조회결과를 제출하여 자산가액을 확인합니다. 주택가격 확인서나 공시지가 확인서는 국토교통부에서 관리하는 부동산공시가격 알리미 사이트에서 조회가 가능합니다. 건축물의 경우 소재지에 따른데, 서울 소재 건축물은 이택스에서 조회가 가능하지만, 서울시 외의 경우에는 위택스에서 조회합니다.

12. 부적격 처리

아파트 청약은 본인의 판단으로 인증서만 지참하여 진행을 하고 당첨자에 한해 해당 사업주체에 서류를 제출하여 이상 없는 자에 한해 계약을 진행하는 방식입니다.

사업주체는 다음에 근거하여 당첨자 서류를 확인합니다.

제52조(입주대상자 자격 확인 등) ① 사업주체(사업주체가 국가 또는 지방자치단체인 경우에는 시·도지사를 말한다. 이하 이 조에서 같다)는 주택의 입주자를 선정하거나 사업계획상의 입주자를 확정하려는 경우에는 입주대상자(예비입주대상자를 포함한다. 이하 이 조에서 같다)로 선정된 자 또는 사업계획상의 입주대상자로 확정된 자에 대하여 「정보통신망 이용촉진 및 정보보호 등에 관한 법률」에 따라 구성된 주택전산망을 이용한 무주택기간 및 주택소유 여부 등의 전산검색을 국토교통부장관이 정하는 방법과 절차에 따라 국토교통부장관에게 의뢰해야 한다. 다만, 입주자저축취급기관이 제50조제1항에 따라 청약접수를 대행하는 경우에는 입주자저축취급기관이 주택청약업무수행기관으로 하여금 국토교통부장관에게 전산검색을 의뢰하도록 요청해야 한다.

② 제23조제2항 각 호 외의 부분 단서에 따라 주택의 공급신청시에 구비서류의 제출을 생략한 경우 사업주체는 주택의 공급계약을 체결하기 전에 당첨예정자로부터 같은 항 제2호부터 제4호까지, 제8호 및 제9호에 따른 서류를 제출받아 세대주, 세대원 및 해당 거주지 등을 확인하여야 한다.

③ 사업주체는 제1항 및 제2항에 따른 전산검색 및 제출서류의 확인 결과 공급자격 또는 선정순위를 달리한 부적격자로 판정된 자에 대해서는 그 결과를 통보하고, **통보한 날부터 7일 이상의 기간**을 정하여 제23조제4항 각 호에 따른 주택 소유 여부를 증명할 수 있는 서류, 세대주, 세대원 및 해당 거주지 등을 확인할 수 있는 증명서류 등을 제출하도록 하여 공급자격 또는 선정순위의 정당 여부를 확인한 후 입주자를 선정하거나 사업계획상의 입주대상자를 확정하여야 한다.

제57조(당첨자의 명단관리) ⑧ 사업주체는 제7항에 따라 통보받은 부적격당첨자에게 그 사실을 통보하고, **통보한 날부터 7일 이상의 기간을 정하여 소명자료를 제출받아 공급자격의 정당여부를 확인**하여야 하며, 그 기간 내에 소명하지 아니한 자에 대해서는 입주자선정대상에서 제외하거나 공급계약을 취소하여야 한다.

서류 접수를 통해 부적격 사항이 발견되는 경우 당첨자에게는 7일 이상의 소명 가능시간이 주어집니다. 너무 많은 시간을 줄 수 없기 때문에 당첨자에게는 7일 내 소명할 것을 요구합니다. 하지만, 계약체결 만료일까지 소명은 가능하기 때문에 강제하기는 어렵습니다.

가. 소명이 불가하여 부적격 처리되는 경우

부적격의 경우 주공칙 제58조에 의거하여 부적격 당첨자로 관리됩니다.

제58조(부적격 당첨자의 명단관리 등) ① 사업주체는 제52조제3항 및 제57조제8항에 따른 부적격 당첨자가 소명기간에 해당 공급자격 또는 선정순위가 정당함을 소명하지 못하고 제4항에도 해당하지 못하여 당첨이 취소되는 경우에는 7일 이내에 그 명단을 주택청약업무수행기관에 통보해야 한다.

② 택청약업무수행기관은 제1항에 따라 통보받은 자의 명단을 당첨자 명단에서 삭제하는 등 전산관리하고, 제57조제7항에 따라 사업주체에게 전산검색 결과를 통보할 때 제3항에 해당하는지를 표시하여 통보해야 한다.

③ 제1항에 따라 당첨이 취소된 자는 공급을 신청하려는 주택의 입주자모집공고일을 기준으로 당첨일부터 다음 각 호의 구분에 따른 지역에서 해당 호에서 정한 기간 동안 다른 분양주택(분양전환공공임대주택을 포함한다)의 입주자(사전당첨자를 포함한다)로 선정될 수 없다.

1. 수도권: 1년
2. 수도권 외의 지역: 6개월(투기과열지구 및 청약과열지역은 1년으로 한다)
3. 제1호 및 제2호의 지역 중 위축지역: 3개월

④ 사업주체는 부적격 당첨자가 다음 각 호의 어느 하나에 해당하는 경우에는 제1항에도 불구하고 당첨자로 본다. 다만, 제57조제7항 각 호의 어느 하나에 해당하는 경우에는 그러하지 아니하다.

1. 같은 순위(제27조 및 제28조에 따른 순위를 말한다. 이하 이 항에서 같다)에서 경쟁이 없는 경우에는 해당 순위의 자격을 갖춘 자
2. 같은 순위에서 경쟁이 있는 경우에는 사업주체가 제52조제3항에 따른 소명기간에 재산정한 가점제 점수(가점제를 적용하여 공급하는 경우로 한정한다) 또는 공급 순차별 자격(순차별로 공급하는 경우로 한정한다)이 해당 순위의 당첨자로 선정되기 위한 가점제 점수 또는 자격 이상에 해당하는 자

현 법규는 당첨자 발표일로부터 11일 경과한 후 계약을 진행하도록 되어 있지만, 2017년 11월 24일 개정 전에는 당첨자발표일로부터 5일 후부터 계약을 진행하는 규정이었기 때문에 그 당시에는 계약일에 서류검수를 같이 진행하는 경우가 대다수였습니다. (정확한 부적격 검수를 하지 못한다는 민원 등으로 인해 서류검수를 정확히 진행한 후 계약을 진행하도록 개정됨)

부적격 처리가 되는 경우 최대 1년간의 청약금지를 조건으로 다른 사항은 모두 원상복구 된다고 보시면 됩니다.

ㄱ. 청약금지 기간

청약금지 기간은 부적격 처리된 아파트를 기준으로 산정되는 것이 아니라 다시 청약을 하려는 아파트를 기준으로 산정되는 것으로 다시 청약하려는 아파트가 수도권인 경우 1년, 수도권 외인 경우 6개월 후부터 청약하는 것이 가능합니다. 다만, 수도권 외일지라도 투기과열지구 또는 청약과열지역으로 지정된 지역에서는 1년 후 청약하는 것이 가능합니다.

ㄴ. 원상복구

① 당첨자 삭제

우리나라에는 한번 당첨되면 이후 일정기간 청약을 제한하는 몇 가지의 제도가 있어서 이것은 당첨된 아파트 및 청약방법과 다시 청약하려는 아파트 및 청약방법에 따라 달라지는 것으로 청약에서 가장 어려운 파트에 해당한다고 볼 수 있습니다. 자세한 것은 청약제한사항 파트를 참고바랍니다.

그런데, 부적격 처리가 되는 경우 주공칙 제57조 제4항 제6호에 의거하여 당첨자 명단에서 삭제가 되기 때문에 당첨으로 인한 청약제한은 적용되지 않고 부적격 당첨으로 인한 청약제한만 적용됩니다.

청약홈에서는 청약제한사항이 확인되며, 부적격 처리가 되기 전에는 여러 청약제한이 적용이 되나 청약홈으로 부적격 처리가 완료되면 다른 청약제한은 삭제되고 부적격으로 인한 청약제한기간만 표시됩니다.

④ 제3항에 따라 당첨자명단을 관리할 때 당첨자로 선정 또는 확정된 후 다음 각 호의 어느 하나에 해당하게 된 자는 당첨자로 보지 않는다. 이 경우 사업주체(제4호 및 제5호의 경우에는 특별시장·광역시장·특별자치시장·시장·군수 또는 제15조제1항제2호에 따른 분양보증기관을 말한다)는 그 명단을 주택청약업무수행기관에 통보하여 **당첨자명단에서 삭제**하게 해야 한다.

1. 세대주 또는 세대원 중 한 명이 취학·질병요양·근무상 또는 생업상의 사정으로 세대원 전원이 다른 주택건설지역으로 퇴거함으로써 계약을 체결하지 아니하였거나 해약한 자
2. 세대주 및 세대원 전원이 국외이주함으로써 계약을 체결하지 아니하였거나 해약한 자
3. 분양전환공공임대주택을 공급받은 후 다음 각 목의 어느 하나에 해당하게 된 자
   가. 상속으로 인하여 다른 주택을 취득하여 세대원 전원이 해당 주택으로 이주함에 따라 사업주체에게 분양전환공공임대주택을 명도한 자
   나. 이혼으로 인하여 분양전환공공임대주택의 입주자로 선정된 지위를 배우자에게 이전한 자
4. 사업주체의 파산, 입주자모집승인 취소 등으로 이미 납부한 입주금을 반환받았거나 해당 주택에 입주할 수 없게 된 자
5. 법 제11조, 법 제15조, 「도시 및 주거환경정비법」 또는 「빈집 및 소규모주택 정비에 관한 특례법」에 따른 사업계획 승인의 취소 또는 조합설립인가, 사업시행계획인가의 취소 등으로 사실상 주택을 공급받을 수 없게 된 자
6. 제58조에 따라 **당첨이 취소된 부적격 당첨자**
7. 제55조의2에 따라 부부가 각각 당첨된 경우로서 당첨이 유효하지 않게 된 사람

② 청약통장 부활

부적격 처리가 되는 경우 주공칙 제14조 제1항 제2호의 의거하여 계좌가 부활되는 것입니다.

> 제14조(해지된 주택청약종합저축에 관한 특례) ① 주택청약종합저축을 해지한 자가 다음 각 호의 구분에 따라 주택청약종합저축 납입금을 다시 납입하는 경우에는 종전의 주택청약종합저축은 해지되지 아니한 것으로 본다.
> 1. 제57조제4항제4호에 해당하는 사람이 그 사실을 통보받은 날부터 1년 이내에 주택청약종합저축 납입금을 다시 납입하는 경우
> 2. 제58조에 따라 당첨이 취소된 사람(사전당첨자 본인이 제57조제7항제8호에 해당하는 경우는 제외한다)이 당첨이 취소된 날부터 1년 이내에 주택청약종합저축 납입금을 다시 납입하는 경우
> 3. 분양전환되지 아니하는 공공임대주택의 입주자로 선정된 사람이 주택청약종합저축을 해지한 날부터 1년 이내에 주택청약종합저축 납입금을 다시 납입하는 경우
> 4. 삭제 〈2024. 9. 30.〉
> 5. 제57조제4항제7호에 따라 당첨이 유효하지 않게 된 사람이 그 명단을 사업주체가 주택청약업무수행기관에 통보한 날부터 1년 이내에 주택청약종합저축 납입금을 다시 납입하는 경우
> 6. 사전당첨자가 2024년 10월 1일 전에 주택청약종합저축을 해지한 경우로서 2024년 10월 1일부터 1년 이내(사전청약으로 당첨된 주택의 입주자모집공고일이 먼저 도래하는 경우에는 입주자모집공고일 전까지로 한다)에 주택청약종합저축 납입금을 다시 납입하는 경우
> ② 제1항제1호에 해당하여 종전의 주택청약종합저축이 해지되지 않은 것으로 보게 되는 사람이 종전의 주택청약종합저축을 해지한 다음 날부터 같은 호에 따라 종전 주택청약종합저축에 납입금을 다시 납입하기 전까지 새로운 주택청약종합저축에 가입한 경우에는 그 새로운 주택청약종합저축에 납입한 납입금 및 납입횟수를 종전 주택청약종합저축의 납입금 및 납입횟수에 합산할 수 있다.

종종 당첨되자마다 청약통장을 해지하는 경우가 있습니다.

실수로 청약통장을 해지하였어도 당첨이 취소된 날로부터 1년 이내라면 해지할 때 돌려받았던 원금과 이자를 모두 다시 은행으로 입금하면 기존의 청약통장을 다시 살리는 것이 가능합니다.

그리고, 24년 3월 25일 개정된 사항으로 해지하고 새로운 종합저축을 만든 경우에 새로 납입한 납입금 및 납입횟수를 종전의 종합저축에 합산하는 것이 가능합니다.

그리고, 잘못된 상식으로 당첨자에서 삭제하면 청약통장까지 다시 살아나는 것으로 오해하는 고객들이 있습니다.

당첨자를 삭제하는 규정은 주택공급에 관한 규칙 제57조 제4항이지만, 청약통장을 다시 살

리는 규정은 주공칙 제14조로서 항목이 서로 일치하는 것이 아니라서 당첨자에서는 삭제가 되어도 무조건 청약통장이 다시 살아나는 것은 아닙니다. 예를 들어서 주공칙 제57조 제4항 제1호에 의거하여 세대원 전원이 전근으로 인해 다른 주택건설지역으로 퇴거하는 경우에는 당첨자에서는 삭제하지만, 청약통장까지 다시 살아나는 것은 아닙니다.

나. 부적격 VS 무효

부적격 처리되는 경우에는 최대 1년간의 청약금지의 패널티가 있습니다. 하지만, 부부 중 복청약하여 부부가 모두 당첨되어 후청약자의 당첨이 무효 처리되는 것에는 청약금지의 패널티는 없습니다. 이에 대해 조금 더 자세히 알아보도록 하겠습니다.

일단, 법 문구에서는 무효 처리한다는 문구는 없습니다. "접수일이 빠른 사람의 당첨만을 유효한 당첨으로 한다"고 명시할 뿐으로 이 문구를 해석하여 후청약자의 당첨은 무효 처리한다는 국토교통부의 해석이 있을 뿐입니다.

무효에 대해서 간단히 이야기하면 없었던 일로 본다고 생각하시면 됩니다. 즉, 부적격이나 무효 모두 청약에서는 원상복구되는 것이라고 보면 됩니다. 하지만, 부적격의 경우에는 최대 1년간의 청약금지 패널티가 적용되지만, 무효는 이런 청약금지 패널티가 없기 때문에 바로 청약하는 것도 가능합니다.

다. 청약홈 부적격 처리 및 당첨자 삭제 처리

부적격과 무효처리는 별도로 공문작성과 업로드를 하기 때문에 부적격 대상과 무효처리 대상을 구분하여 잘 관리하여야 합니다. 그리고 당첨자 삭제하는 경우에도 청약홈 업무처리 방식이 다름에 주의가 필요합니다.

ㄱ. 부적격 처리

부적격 처리는 당첨자 등록에서 부적격 당첨자로 등록합니다. 이를 통하면 청약통장 계좌 부활과 당첨자 삭제가 동시에 진행됩니다.

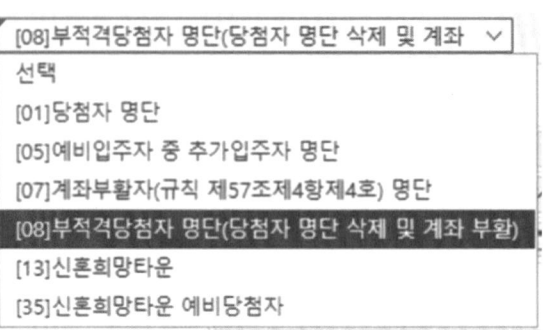

ㄴ. 당첨자 삭제 요청

당첨자 삭제 요청은 두 가지로 다시 구분이 됩니다.

청약통장도 다시 살려 주면서 당첨자 삭제를 하는 것과 청약통장을 다시 살려 주지 않으며 당첨자만 삭제하여 주는 것으로 구분이 됩니다. 좌측은 사업주체의 파산 등으로 인해 당첨자를 삭제하는 것으로 이것은 청약통장도 다시 살려 주는 것이지만, 우측은 다른 지역으로 이주 등의 사유로 당첨자만 삭제하여 주는 방법입니다.

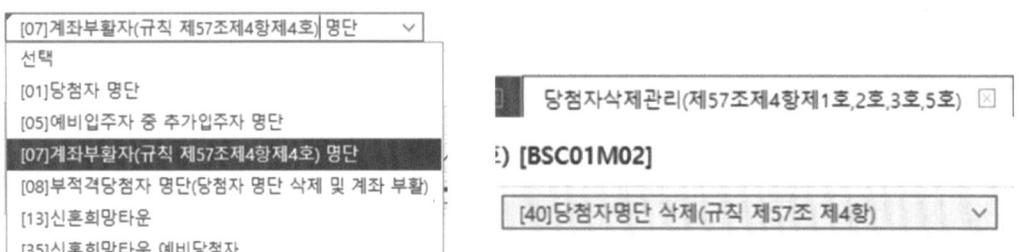

ㄷ. 부부 중복당첨 무효처리

무효처리는 처음부터 없던 것으로 처리되는 것으로 별도의 처리가 필요하지만, 청약홈에는 이에 대해 별도로 업로드하는 부분이 없습니다. 제57조 제4항 제4호 계좌부활자 명단 공간에서 따로 업로드를 진행하여야 합니다. 그리고 별도로 공문을 업로드하시면 됩니다.

13. 예비입주자

　우리나라 청약은 본인의 판단으로 청약을 진행한 뒤 사업주체의 확인을 거쳐 이상이 없는 자와 계약을 진행하는 방식이기 때문에 부적격자가 발생할 수 있습니다. 그리고 동·호수에 대해서 원하는 것으로 받을 수 있는 것이 아니기 때문에 랜덤으로 배정받은 동호수가 마음에 들지 않으면 계약을 진행하지 않을 수 있습니다. 이러한 미계약이 발생을 하였을 때를 대비하여 예비입주자를 선정하는 제도가 있습니다.

가. 연혁

　예비입주자에 대해서 기준이 자주 변경된 바가 있습니다. 과거 변경 사례를 알면 나중에 변경되는 경우에 상황대처가 더 용이할 수 있습니다.

ㄱ. 최초에는 예비입주자 비율은 5%였으나 의무사항도 아니었습니다. 이후 개정을 통해 일반공급 청약자수의 20%를 예비입주자로 선정하였습니다.
ㄴ. 이후 주택경기에 따라 강화와 완화를 반복하였는데, 청약과열지역 등 규제신설로 인해 부적격 당첨자가 증가하여 이를 보완하기 위해 2017년 11월 24일 예비입주자 비율을 40%로 확대하였습니다. 단, 국토교통부에서 별도의 공문을 통해 투기과열지구에서는 80%, 세종특별자치시는 100% 이상의 예비입주자를 선정하도록 하였습니다. 이후 주택시장이 과열됨에 따라 예비입주자 비율을 투기과열지구 500%, 청약과열지역 300%,

수도권(인천, 경기) 300%, 지방광역시(부산, 대구, 대전, 광주, 울산) 300%, 그 외 지역 40%로 조정하기도 하였습니다.

ㄷ. 종전에는 일반공급에 한해 예비입주자를 선정하였으나 2018년 5월 4일부터 특별공급을 인터넷 청약을 진행하면서 특별공급에서도 예비입주자를 선정하였습니다.

ㄹ. 2023년 4월 1일 개정을 통해 현재처럼 예비입주자 비율을 500%로 통일을 하였습니다.

나. 법규정

ㄱ. 예비입주자 비율

제26조(일반공급 예비입주자의 선정) ① 사업주체는 제27조 및 제28조에 따라 입주자를 선정하는 경우에는 순위에 따라 일반공급 대상 주택수의 500퍼센트 이상(소수점 이하는 올림한다)의 예비입주자를 선정하여야 한다. 다만, 제2순위까지 입주자를 모집한 결과 공급 신청자수가 일반공급 대상 주택수의 600퍼센트 미만인 경우에는 입주자로 선정되지 아니한 공급신청자 모두를 예비입주자로 한다.

제26조의2(특별공급 예비입주자의 선정) ① 사업주체는 제35조부터 제46조까지의 규정(제31조, 제31조의2, 제32조, 제33조 또는 제35조부터 제46조까지의 규정에 따라 입주자를 선정하고 남은 주택이 있는 경우에는 제25조제7항을 말한다)에 따라 입주자를 선정하는 경우에는 특별공급 대상 주택수(제35조부터 제46조까지의 규정에 따른 특별공급 대상 주택수의 합계를 말한다. 이하 이 항에서 같다)의 500퍼센트 이상의 예비입주자를 선정하여야 한다. 다만, 입주자를 모집한 결과 특별공급 신청자수(제35조부터 제46조까지의 규정에 따른 특별공급 신청자수의 합계를 말한다)가 특별공급 대상 주택수의 600퍼센트 미만인 경우에는 입주자로 선정되지 아니한 특별공급 신청자 모두를 예비입주자로 한다.
② 사업주체는 제47조에 따라 입주자를 선정하는 경우에는 제47조에 따른 특별공급 대상 주택수의 500퍼센트 이상의 예비입주자를 선정하여야 한다. 다만, 입주자를 모집한 결과 제47조에 따른 특별공급 신청자수가 제47조에 따른 특별공급 대상 주택수의 600퍼센트 미만인 경우에는 입주자로 선정되지 아니한 특별공급 신청자 모두를 예비입주자로 한다.

일반공급 예비입주자와 특별공급 예비입주자 모두 500% 이상의 예비입주자를 선정합니다.

그런데, 청약을 특별공급과 일반공급 모두 진행한 자의 경우 예전에는 특별공급과 일반공급 모두 예비입주자로 선정될 수도 있었지만, 지금은 그러하지 않습니다. 특별공급과 일반공급을 모두 청약한 경우에는 특별공급에서 먼저 당첨 기회를 가질 수 있고, 특별공급에서 당첨되지 못하며 일반공급에서 당첨 기회를 가지게 됩니다. 일반공급에서도 당첨되지 못하면 특별공급에서 예비입주자로 선정될 기회를 가지며, 특별공급에서 예비입주자로 선정되지 못하면 일반공급 예비입주자로 마지막 기회를 가지게 됩니다.

여기서 말하는 특별공급 예비입주자는 기관추천, 다자녀, 신혼부부, 생애최초, 노부모부양 특별공급에 청약한 자를 대상으로 진행하는 예비입주자이며, 이전기관 종사자 특별공급은 별도로 예비입주자 500%를 선정합니다. 즉, 이전기관 종사자 특별공급 청약을 진행하는 아파트는 예비입주자 동호수 추첨을 총 3회 진행하는 방식입니다.

ㄴ. 예비입주자 순번

> 제26조(일반공급 예비입주자의 선정)
> ② 사업주체는 제28조제2항 및 같은 조 제4항 단서에 따라 가점제를 적용하여 입주자를 선정하는 주택의 예비입주자를 선정하는 경우 제1순위에서 가점제가 적용되는 공급신청자 중 가점이 높은 자(가점이 같은 경우에는 추첨을 통하여 선정된 자)를 앞 순번의 예비입주자로 정하고, 그 다음 순번의 예비입주자는 가점제가 적용되지 아니하는 제1순위 공급신청자 중에서 추첨의 방법으로 정한다.
>
> 제26조의2(특별공급 예비입주자의 선정)
> ③ 제1항 및 제2항에 따른 예비입주자의 선정 및 순번의 부여는 추첨의 방법으로 한다.

예비입주자는 순번대로 동·호수 추첨이 진행이 되기 때문에 무조건 순번이 빠른 것이 좋습니다.

일반공급 예비입주자는 두 가지로 구분이 됩니다. 가점제가 적용되는 주택형은 가점 순으로 예비입주자 순번을 정하지만, 가점제가 적용되지 않는 주택형은 추첨의 방법으로 예비입주자 순번을 정합니다. 예들 들어서 비규제지역의 민영주택에서 가점제 40%가 적용되는 전용면적 85제곱미터 이하 주택은 가점 순으로 예비입주자 순번을 정하는데, 가점제가 적용되지 않는 전용면적 85제곱미터 초과 주택은 추첨의 방법으로 예비입주자 순번을 정합니다.

여기서 주의할 점이 있는데, 가점과 추첨의 방법으로 예비입주자를 선정하기에 앞서 지역우선공급 규정이 적용됩니다. 다만, 대규모택지처럼 물량이 배분되는 방식에서는 지역 구분 없이 가점 순 또는 추첨으로 예비입주자 순번을 정합니다.

청약홈 업무와 관련하여 주의할 점이 있습니다. 청약제한사항 파트에서 과거 2년 내 가점당첨제한이라는 것을 살펴본 바가 있습니다. 그런데, 가점제 청약을 하였다고 당첨되면 무조건 가점제 당첨자로 관리되는 것은 아닙니다. 청약홈에서 받은 당첨자 파일에는 "가점제청약신청여부"에 "Y"와 "N"로 기재됩니다. "가점제청약신청여부"에 "Y"로 기재되었다고 무조건 가점제로 당첨된 것이 아니기 때문에 "당첨구분"에서 가점제로 당첨되었는지 추첨제로 당첨되었는지 알아야 합니다. 여기서 주의할 사항이 있는데, 1순위에서 미달이 된 경우 1순위 청약자는 모두 추첨제 당첨자로 관리됩니다. 일반공급 예비입주자에서도 가점제가 적용되는 주택일지라도 1순위에서 미달이 되는 경우에는 당첨구분에는 추첨제로 표시됩니다.

특별공급 예비입주자의 경우 서로 다른 특별공급 낙첨자를 대상으로 예비입주자 순번이 정해지기 때문에 무작위 방식으로 추첨을 통해 예비입주자 순번이 정해집니다. 일반공급 예비입주자는 지역 우선공급이나 가점제를 통한 순번이 정해지는 것으로 예비입주자 자격을 유지하지 못하는 경우가 발생할 수 있지만, 특별공급 예비입주자는 각 특별공급의 기본자격만 갖추면 되고 지역 우선공급도 적용되지 않기 때문에 예비부적격 처리되는 경우가 드뭅니다.

ㄷ. 예비입주자 동·호수 추첨

제26조(일반공급 예비입주자의 선정)
⑤ 사업주체는 입주자로 선정된 자 중 당첨이 취소되거나 공급계약을 체결하지 않은 자 또는 공급계약을 해약한 자가 있거나 제26조의2제5항에 따라 공급되는 주택이 있는 경우 제52조제3항 및 제57조제8항에 따른 소명기간이 지난 후 제1항부터 제3항까지의 규정에 따라 선정된 예비입주자에게 순번에 따라 공급하되, 최초로 예비입주자를 입주자로 선정하는 경우에는 **당첨 취소 또는 미계약 물량과 해당 주택의 동·호수를 공개**한 후 동·호수를 배정하는 **추첨에의 참가의사를 표시한 예비입주자**에 대해 **추첨의 방법으로 동·호수**

> 를 배정하여 공급해야 한다. **다만, 예비입주자가 없는 경우**에는 **국내에 거주하는 성년자**(공공주택의 경우에는 무주택세대구성원인 성년자를 말한다)에게 **1인 1주택의 기준으로 공개모집의 방법**으로 사업주체가 따로 공급방법을 정하여 공급할 수 있다.
>
> 제26조의2(특별공급 예비입주자의 선정)
> ④ 사업주체는 특별공급 입주자로 선정된 자 중 당첨이 취소되거나 공급계약을 체결하지 아니한 자 또는 공급계약을 해약한 자가 있으면 제52조제3항 및 제57조제8항에 따른 소명기간이 지난 후 제1항부터 제3항까지의 규정에 따라 선정된 예비입주자에게 순번에 따라 공급하되, 최초로 예비입주자를 입주자로 선정하는 경우에는 **당첨 취소 또는 미계약 물량과 해당 주택의 동·호수를 공개**한 후 동·호수를 배정하는 **추첨에의 참가의사를 표시한 예비입주자**에 대하여 **추첨의 방법으로 동·호수를 배정하여 공급**하여야 한다.
> ⑤ 제4항에 따라 예비입주자에게 공급하고 남은 주택은 제26조에 따라 일반공급 예비입주자에게 공급한다.

　예비입주자 동·호수 추첨을 진행하는 방법에 대해서 유관부서인 국토교통부는 별다른 관여를 하지 않습니다. 한동안 코로나로 인해 밀집하지 못하던 시기에는 인터넷을 통해 추첨을 진행한 바도 있습니다. 다만, 법에서 정한 규정은 지켜야 합니다. 즉, 당첨취소 또는 미계약으로 인해 예비입주자가 가져갈 수 있는 동·호수표를 공개하여야 한다는 것입니다. 미리 공개를 한다면 인터넷 청약도 문제가 되지 않았던 것입니다. 통상적으로 현장에서 진행하는 동·호수 추첨 방식의 경우에는 미리 동·호수를 공개하는 경우는 없습니다. 현장에 방문을 하여야 잔여물량을 알 수 있습니다.

　추첨에 참가의사를 표시하는 것은 예비입주자 동·호수 행사의 사회자가 잔여물량 동·호수를 공개한 후 이 동·호수가 마음에 들지 않으면 포기하고 나가도 된다는 멘트를 진행하고, 이에 대해 포기하는 것이 없으면 추첨에 참가의사를 표시가 완결이 됩니다. 그리고 통상적으로 미리 예비입주자 참가신청서는 미리 작성하여 받아 두는 편입니다.

　그런데, 여기서 포기하는 것에도 실무상 두 가지로 나누어지는 부분이 있습니다.

　잔여물량 동·호수 공개 후 바로 포기의사 확인하는데, 본인 동·호수 추첨 순번에서 포기를 받아 주는지와 포기의사를 한번 물었기 때문에 더 이상 포기를 받아 주지 않는지로 구분이 됩니다.

앞 순번에서 층수가 높은 호수를 많이 가져가면 그만큼 뒤 순번의 예비입주자는 낮은 층을 배정받을 확률이 높아집니다. 그런데, 포기를 받아 주는 경우 분위기가 잘못 형성되는 경우 한명의 이탈이 아니라 대거 이탈이 진행되는 경우도 있습니다.

현장의 상황에 따라 유동적으로 관리하여야 하는 부분이 있습니다.

특별공급 예비입주자에게 공급하도도 남은 잔여물량이 있는 경우 이 물량은 일반공급 예비입주자에게 이월합니다.

일반공급 예입입주자에게 공급하고도 남은 잔여물량이 있는 경우 단서조항에 의거하여 무순위 청약을 진행하게 됩니다.

비규제지역의 무순위는 규정된 바가 없어서 일명 "깜깜이" 방식으로 진행하는 경우도 있지만, 규제지역의 무순위는 다음 규정에 근거하여 청약홈을 통해 무순위 청약을 진행하여야 합니다.

제19조(입주자모집 방법)

⑤ 사업주체는 다음 각 호의 어느 하나에 해당하는 경우 주택청약업무수행기관에 의뢰하여 국내에 거주하는 성년자(공공주택의 경우에는 무주택세대구성원인 성년자를 말한다)를 대상으로 인터넷 접수의 방법으로 입주자를 모집해야 한다. 이 경우 추첨의 방법으로 입주자를 선정해야 한다.

1. 제26조제5항 단서 또는 제28조제10항제1호에도 불구하고 제59조제2항 본문에 따른 공급계약 체결일 이전에 공급신청을 받고 입주자를 선정하려는 경우
2. **제26조제5항 단서에도 불구하고 투기과열지구 및 청약과열지역에서 입주자를 선정하려는 경우**

ㄹ. 예비입주자 유지기간

④ 사업주체는 제1항부터 제3항까지의 규정에 따른 순번이 포함된 예비입주자 현황을 **최초 공급계약 체결일부터 180일까지**(예비입주자가 소진될 경우에는 그 때까지로 한다) 인터넷 홈페이지(제18조제2호에 따른 사업주체의 경우에는 「부동산투자회사법」 제2조제5호에 따른 자산관리회사의 인터넷 홈페이지를 말한다)에 공개하여야 한다.

⑨ 예비입주자의 지위는 제4항에 따른 공개기간이 경과한 다음 날에 소멸되며, 사업주체는 예비입주자의 지위가 소멸된 때 예비입주자와 관련한 개인정보를 파기하여야 한다.

예비입주자 지위는 180일까지 유지되는 방식입니다. 그래서 180일 이후 부적격으로 인해 취소물량이 나오는 경우에는 예비입주자에게 공급하지 못하고, 무순위 청약을 진행하여야 합니다. 혹시라도 180일이 경과한 후 예비입주자에게 문의가 들어오는 경우에 이에 대해 응하면 개인정보 파기하여야 하는 제9항을 위반하는 것이 되므로 주의가 필요합니다.

ㅁ. 예비입주자로 선정된 자가 다른 주택에 중복하여 청약한 경우

예비입주자 동·호수 추첨 전에 다른 주택에 당첨된 경우에는 선당첨 우선 규정에 따라 먼저 당첨된 곳으로 계약을 진행하여야 하고, 예비입주자 동·호수 추첨에는 참여하실 수 없습니다.(같은 청약통장으로 청약한 경우에 한함)

참고로 예비입주자의 경우 동·호수 추첨을 받는 순간이 당첨이 되는 것입니다. 예비입주자 동·호수 추첨 행사 전에는 다른 주택에 당첨된 자가 있는지 확인하여야 하고, 재당첨제한이 적용되는 아파트라면 세대원을 포함하여 다른 주택에 당첨된 사항이 있는지 추가 확인이 필요합니다. 특별공급 예비입주자의 경우에는 다른 세대원이 다른 아파트에 특별공급 당첨된 적이 있는지 확인하여야 합니다.

혹시라도 위와 같은 상황임에도 불구하고 당첨된 동·호수가 낮아서 그 아파트를 포기하고 예비입주자 동·호수 추첨에 참여를 한다면 이후 청약홈에 예비입주자 보고 후에 이중당첨을 사유로 계약취소 하라는 연락을 받게 됩니다.

중복청약한 아파트가 모두 예비입주가가 되는 경우에는 선택하여 예비입주자 동·호수 추첨에 참여하는 것이 가능합니다.

⑥ 예비입주자로 선정된 자가 다른 주택의 공급을 신청하여 입주자로 선정된 경우에는 제5항 본문에 따라 예비입주자로서 주택을 공급받을 수 없으며, 동·호수를 배정하는 추첨에도 참가할 수 없다.

ㅂ. 가점제로 순번을 받은 자가 잘못 청약한 경우

　가점제로 순번을 받은 자가 잘못 청약한 경우 재산정한 가점점수가 다음 순번의 예비입주자의 점수를 초과하는 경우에만 인정되며, 다음 순번의 예비입주자 점수와 비교하여 동점이거나 더 낮은 경우에는 모두 예비입주자 동·호수 추첨에 참여하실 수 없습니다. 일반공급 1순위 가점제는 청약통장 가입기간으로 당첨자 선정에 영향을 주지만, 예비입주자는 그러하지 않아서 청약통장 가입기간은 예비입주자 순번에 영향을 주지 않습니다.

14. 무순위/계약취소주택의 재공급/임의공급

가. 무순위

일단, 무순위 청약의 역사부터 알아야 합니다. 잔여물량에 대해 자금력이 되는 자들이 주워 간다고 하여 "줍줍"하는 것을 막기 위해 2018년 12월 11일 생긴 규정입니다. 이후 2021년 5월 28일에 무주택세대구성원에 한해 무순위 청약이 가능하게 하였습니다. 이후 주택경기가 하락하여 2023년 2월 28일에는 무주택세대구성원 요건을 삭제하였습니다.

주공칙 제19조 제5항에 의거하여 규제지역의 무순위 청약은 청약홈을 통하여 진행하여야 하지만, 그 외의 비규제지역은 규제하는 바가 없어서 임의로 진행하는 것이 가능합니다.

그런데, 최근에 무순위 청약에 대해 말이 많았습니다. 특히, 백만 명이 넘는 무순위 청약이 진행되며 청약홈 홈페이지가 소화하지 못해 청약을 하루 더 받을 정도였던 적이 있습니다. 즉, 일부 무순위 청약이 로또청약으로 변질이 되며, 이에 대해 다시 주택을 소유한 자로 제한하여야 하는 것으로 개정하여야 한다는 논란이 있는 상황입니다.

무순위 청약은 일반공급 경쟁이 발생한 경우에 한정하는 것으로 일반공급에서 미달이 되는 경우에는 무순위 청약을 진행하지 않고 다음의 방법을 통해 임의공급이 가능합니다.

> 제27조(국민주택의 일반공급)
> ⑤ 사업주체는 제1항부터 제4항까지의 규정에 따라 입주자를 선정하고 남은 주택이 있는 경우에는 제4조에도 불구하고 선착순의 방법으로 입주자를 선정할 수 있다.

> 제28조(민영주택의 일반공급)
> ⑩ 사업주체는 다음 각 호의 어느 하나에 해당하는 경우에는 제4조에도 불구하고 선착순의 방법으로 입주자를 선정할 수 있다.
>   1. 제1항부터 제9항까지의 규정에 따라 입주자를 선정하고 남은 주택이 있는 경우

　무순위 청약 시 마지막 주의할 점이 있습니다. 무순위는 지역도 상관없고, 유주택자도 가능하고, 청약통장도 필요 없습니다.

　하지만, 규제지역의 무순위는 청약홈을 통해 진행하여야 하는 것 외에 한 가지 차이점이 더 있습니다. 당첨자로 관리된다는 것입니다. 즉, 해당 규제지역의 무순위에 당첨됨으로 재당첨 제한이 적용될 수도 있다는 것입니다.

나. 계약취소주택의 재공급

　무순위 청약은 단순 계약취소나 부적격인 경우에 공급하는 방법이지만, 위장전입이나 불법전매 등의 불법행위로 인해 계약이 취소된 주택은 주공칙 제47조의3 규정에 근거하여 공급하여야 합니다.

　무순위 청약은 현 법규 기준으로 지역과 상관없이 유주택자도 청약이 가능한 반면에 계약취소주택의 재공급은 해당 주택건설지역 거주자에게만 공급하며, 무주택을 조건으로 합니다. 또한, 이 주택에 당첨이 되는 경우 당첨자로 관리됩니다.

　계약취소된 주택이 특별공급에 해당하는 경우 그 자격을 갖춘 자에게 우선 공급하는 방식입니다.

> 제47조의3(불법전매 등으로 계약취소된 주택의 재공급)
> ③ 사업주체는 제2항에도 불구하고 계약취소주택이 제35조부터 제47조까지의 규정에 따라 공급되는 주택인 경우에는 해당 주택건설지역의 거주자로서 입주자모집공고일 현재 해당 특별공급의 요건을 갖춘 사람을 대상으로 추첨의 방법으로 공급해야 한다. 다만, 특별공급 요건을 갖춘 사람이 신청을 하지 않거나 본문에 따라 입주자를 선정하고 남은 주택이 있는 경우에는 제2항 각 호의 요건을 모두 갖춘 사람을 대상으로 추첨의 방법으로 공급한다.

무순위 청약은 별도의 행정절차가 필요 없습니다. 하지만, 계약취소주택의 재공급은 지자체에 다시 입주자모집 승인을 거친 뒤에 공급하는 것이 가능합니다. 이 과정에서 당초의 분양가격에서 재공급에 필요한 추가 비용을 합하여 분양가를 올리는 것이 가능합니다. (사례: 광양센트럴자이)

> ⑦ 입주자모집승인권자는 계약취소주택의 재공급을 위한 입주자모집을 승인하는 경우 계약취소주택의 당초 분양가격, 법 제64조제3항 및 제65조제3항에 따른 매입비용 및 지급금액, 계약취소주택의 재공급에 들어간 법률 자문 비용, 홍보비·인건비 등의 부대경비 등을 고려할 때 그 재공급가격이 적절한지를 검토·확인해야 한다.

다. 임의공급

「주택공급에 관한 규칙」에서 임의공급을 정하는 바는 없습니다. 즉, 청약홈에 비용을 지급하고 임의로 진행하는 청약입니다.

미분양이 된 아파트에서 청약홈을 통해 광고 목적으로 청약을 진행한다고 볼 수 있습니다.

4장

주택공급에 관한 규칙에 대해 더 알아야 하는 기타사항

1. 최하층 우선배정

최하층 우선배정은 노약자나 장애인이 있는 세대의 주거편의를 위해 최하층에 우선배정될 수 있도록 배려하는 제도입니다. 하지만, 층간소음이 사회적 문제가 되면서 2016년 5월 19일부터 미성년 자녀수가 3명 이상인 경우에도 최하층 우선배정 신청이 가능하게 되었습니다.

> 제51조(최하층 우선배정) 주택청약업무수행기관은 사업주체가 5층 이상의 주택을 건설·공급하여 제50조 제1항 및 제5항에 따라 대행을 의뢰하는 경우 **당첨자 또는 그 세대에 속한 자가 다음 각 호의 어느 하나에 해당**하여 주택의 최하층(**해당 주택의 분양가격이 바로 위층 주택의 분양가격보다 높은 경우는 제외**한다)을 희망하는 때에는 해당 최하층을 그 당첨자에게 우선 배정해야 한다. 이 경우 제1호 또는 제2호에 해당하는 자와 제3호에 해당하는 자 사이에 경쟁이 있으면 제1호 또는 제2호에 해당하는 자에게 우선 배정해야 한다.
> 1. 입주자 모집공고일 현재 **65세 이상**인 자
> 2. 「장애인복지법」 제32조에 따라 **장애인등록증이 발급된 자**
> 3. 입주자모집공고일 현재 **미성년자인 세 명 이상의 자녀**를 둔 자

실무적으로 몇 가지 더 아는 것이 도움이 됩니다.

청약홈을 통해 당첨자 파일을 받으면 당첨자의 청약신청 내역을 알 수 있게 되는데, 그 중에는 최하층 우선배정 신청 여부에 대한 정보가 있습니다. "N"으로 표기가 되어 있으면 최하층 우선배정을 신청하지 않았다는 것이고, "Y"포 표기되어 있는 경우 65세 이상인 자 또는 장애인이 당첨자 또는 그 세대에 속한 자가 있는 경우입니다. 그리고 미성년 자녀 3명 이상 있는 경우로 신청한 경우에는 "T"로 표기됩니다.

간혹 최하층 배정으로 계약을 포기하는 경우가 있는데, 청약 정보를 확인하면 의외로 본인

이 신청을 하여 최하층 우선 배정을 받은 경우가 적지 않습니다.

청약과정에서 당첨자 또는 세대원 중에 만 65세 이상인 자 또는 장애인이 있는 경우이거나 미성년 자녀 3명 이상인 세대로서 최하층 우선 배정신청 할 것인지를 확인하는 것이 있습니다. 그런데, 이것을 세대원 중에 장애인이나 노약자가 있는 것인지 질문하는 것으로 오해하여 선택하는 경우가 의외로 많습니다.

최하층 우선배정은 청약홈 업무에서도 중요한 업무에 해당합니다.

입주자모집공고문에는 공급대상에 최하층 우선배정 세대수를 명확히 기입을 하여야 합니다. 재개발이나 재건축 등으로 공급하는 주택은 일부의 주택만 공급하기 때문에 정확히 산정하여 기입을 하여야 하지만, 일반적으로 해당 아파트 세대 전체를 공급하는 경우에는 해당 아파트 라인 수와 최하층 우선배정 세대수의 합이 동일합니다. 다만, 예외가 있으니 이에 대해 알아야 합니다.

첫째는 법에서 "해당 주택의 분양가격이 바로 위층 주택의 분양가격보다 높은 경우는 제외"라고 명시하고 있습니다. 이것은 최하층을 테라스 하우스 등으로 특화하여 최하층을 판매하는 편법을 막기 위해 2017년 11월 24일 개정한 것입니다.

둘째, 해당 라인이 5층을 넘는 경우에 한해 최하층 우선배정을 하고 있으니 5층 이하 라인은 최하층 우선배정을 기입할 필요가 없습니다.

청약홈에는 일반공급 2순위 접수일까지 추첨용 동·호수 정보를 작성하여 업로드를 하여야 합니다. 이 정보에는 최하층 정보를 정확히 입력하여야 합니다.

APT 동호수 내역

주택형 (012.3456A)	라인	층	동명 (1234567890)	호명 (1234)	저층우선배정 여부(Y/N)	주택분양금액 (단위: 만원)
084.1234A	1	1	101	101	Y	53,000
084.1234A	1	2	101	201	N	53,000

2. 특별공급 비율 조정

특별공급은 각 특별공급 특성에 따라 비율이 정해져 있습니다. 그런데, 이 비율은 주택의 크기를 고려하지 않고 있습니다. 예를 들어서 자녀수가 많아서 방이 더 많이 필요함에도 불구하고 방 2개짜리에 다자녀 특별공급을 진행하는 것은 다자녀 특별공급의 취지에 맞지 않습니다. 이러한 불합리함을 보완을 하고자 다자녀가구, 신혼부부, 생애최초 및 노부모부양 특별공급에 한해 특별공급의 비율을 증가 또는 감소할 수 있습니다.

> 제49조(특별공급의 비율 조정 등) ① 입주자모집승인권자는 제40조, 제41조, 제43조 및 제46조에 따른 각 특별공급의 비율을 증가 또는 감소시킬 수 있다. 이 경우 다음 각 호의 요건을 모두 충족하여야 한다.
> 1. 각 특별공급 비율은 10퍼센트(전체 건설량을 기준으로 한다)의 범위 내의 비율에서 증가 또는 감소시킬 것
> 2. 각 유형별 특별공급비율은 최소 3퍼센트 이상일 것
> 3. 특별공급 비율의 조정 후 각 유형별 비율의 합이 조정 전의 각 유형별 비율의 합을 초과하지 아니할 것

하지만, 이 규정은 의무사항은 아니라서 꼭 이행을 하여야 하는 것은 아닙니다. 하지만, 이 규정을 이용하여 청약률을 높이는 것에 도움이 될 수 있습니다.

사례로 보여 드릴 것은 광명자이더샵포레나(2023년 4월 24일 입주자모집공고) 아파트입니다.

이 아파트는 광명1R구역 주택재개발정비사업에서 공급하는 주택으로 당초에 계획되었던 임대주택이 분양주택으로 변경이 되면서 전용면적 39㎡와 전용면적 49㎡ 주택의 공급이 다수였습니다. 이 상태로 특별공급 물량을 배정하면 자녀수 많아서 거주하기 힘든 39㎡와 49㎡

에 다자녀 특별공급 물량에 배정을 하게 되어 다자녀 특별공급에서 대거 미달이 되었을 것입니다. 하지만, 해당 사업주체는 작은 면적을 오히려 더 선호할 수 있는 청년층이 청약할 수 있는 생애최초 특별공급으로 비율을 조정하여 젊은 청년층의 생애최초 특별공급 청약을 유도하였습니다.

3. 제24조(주택공급 신청 서류의 관리)

계약까지 체결한 자의 경우에는 제출받은 서류를 5년간 보관을 하지만, 그렇지 않은 자의 서류는 6개월까지만 보관을 하여야 합니다. 하지만, 실무적으로 입주하는 현장을 보면 부적격자나 계약포기한 자의 서류가 그대로 방치되어 있는 경우가 다수 있습니다.

> 제24조(주택공급 신청 서류의 관리) ① 사업주체 또는 입주자저축취급기관은 제23조제2항 각 호의 서류 중 입주자로 선정되지 아니한 자의 서류는 접수일부터 6개월 동안 보관하고 입주자로 선정된 자의 서류는 접수일부터 5년 동안 보관하여야 한다.
> ② 주택청약업무수행기관은 사업주체 또는 입주자저축취급기관으로부터 제출받아 보관하는 청약접수 정보(입주자선정 및 동·호수 배정에 필요한 정보로 한정한다)를 제1항에 따른 접수일부터 10년 동안 보관해야 한다.
> ③ 사업주체, 입주자저축취급기관 및 주택청약업무수행기관은 관계 기관의 요청이 있으면 제1항 및 제2항에 따라 보관하는 서류를 제출해야 한다.

미분양이 아니라면 분양 담당 업무는 계약 후 6개월 이내에 종료됩니다. 업무종료 시 분양사무실 담당 여직원에게 여러 가지를 인수인계하게 되는데, 이때 불필요한 서류일지라도 보관기간을 명시하여 인계하는 것을 권합니다.

4. 제60조의2(입주예정일 통보 및 입주지정기간 설정)

안정적인 입주를 지원하기 위하여 사업주체는 실제 입주가 가능한 날부터 2개월 전에 입주예정자에게 입주예정일정을 통보하도록 하고, 입주예정기간은 500세대 이상의 주택을 공급하는 경우에는 60일 이상으로, 500세대 미만의 주택의 경우 45일 이상으로 지정하도록 2021년 2월 2일 개정되어 신설된 사항입니다.

> 제60조의2(입주예정일 통보 및 입주지정기간 설정) ① 사업주체는 제21조에 따른 입주자모집 공고에 포함된 입주예정일을 고려하여 실제 입주가 가능한 날부터 2개월 전에 입주예정월을, 실제 입주가 가능한 날부터 1개월 전에 실제 입주가 가능한 날을 제59조에 따른 주택 공급계약의 계약자에게 각각 통보해야 한다.
> ② 사업주체는 원활한 입주를 위하여 입주가 가능한 날부터 60일 이상의 입주지정기간을 설정해야 한다. 다만, 500호 또는 500세대 미만의 주택을 공급하는 경우에는 45일 이상으로 할 수 있다.

5장

청약에서
더 알아야 하는 사항

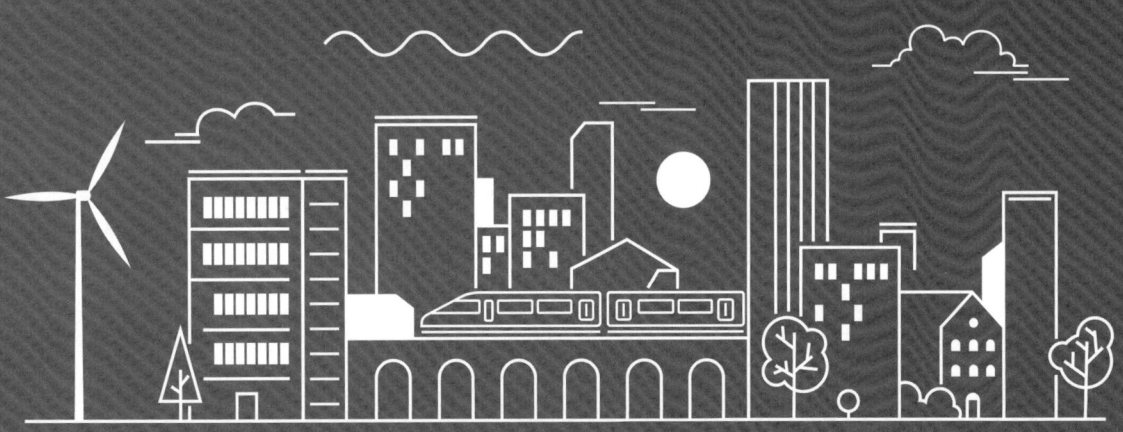

1. 투기과열지구 및 청약과열지역

가. 투기과열지구 및 청약과열지역의 목적

  제목을 보아도 과열이 된 곳을 진정시키고자 함이 보입니다. 실무자 입장에서는 규제를 하는 목적보다는 규제에 의한 영향이 무엇인지 아는 것이 더 중요할 것입니다.

나. 투기과열지구 및 청약과열지역 지정 및 해제 관련 법규

ㄱ. 주택법

  투기과열지구 및 청약과열지역 지정 및 해제에 대한 것은 주택법에서 정하고 있습니다.

> 제63조(투기과열지구의 지정 및 해제) ① 국토교통부장관 또는 시·도지사는 주택가격의 안정을 위하여 필요한 경우에는 주거정책심의위원회(시·도지사의 경우에는 「주거기본법」 제9조에 따른 시·도 주거정책심의위원회를 말한다. 이하 이 조에서 같다)의 심의를 거쳐 일정한 지역을 투기과열지구로 지정하거나 이를 해제할 수 있다. 이 경우 투기과열지구는 그 지정 목적을 달성할 수 있는 최소한의 범위에서 시·군·구 또는 읍·면·동의 지역 단위로 지정하되, 택지개발지구(「택지개발촉진법」 제2조제3호에 따른 택지개발지구를 말한다) 등 해당 지역 여건을 고려하여 지정 단위를 조정할 수 있다.
>
> 제63조의2(조정대상지역의 지정 및 해제) ① 국토교통부장관은 다음 각 호의 어느 하나에 해당하는 지역으로서 대통령령으로 정하는 기준을 충족하는 지역을 주거정책심의위원회의 심의를 거쳐 조정대상지역(이하

> "조정대상지역"이라 한다)으로 지정할 수 있다. 이 경우 제1호에 해당하는 조정대상지역은 그 지정 목적을 달성할 수 있는 최소한의 범위에서 시·군·구 또는 읍·면·동의 지역 단위로 지정하되, 택지개발지구(「택지개발촉진법」제2조제3호에 따른 택지개발지구를 말한다) 등 해당 지역 여건을 고려하여 지정 단위를 조정할 수 있다.
> 1. 주택가격, 청약경쟁률, 분양권 전매량 및 주택보급률 등을 고려하였을 때 주택 분양 등이 과열되어 있거나 과열될 우려가 있는 지역
> 2. 주택가격, 주택거래량, 미분양주택의 수 및 주택보급률 등을 고려하여 주택의 분양·매매 등 거래가 위축되어 있거나 위축될 우려가 있는 지역

투기과열지구나 청약과열지역은 모두 국토교통부장관이 지정합니다. 즉, 정부에서 필요한 시기에 요건을 충족하는 지역에 투기과열지구나 청약과열지역을 지정할 수 있습니다.

용어를 보면 청약과열지역이라 하지 않고 조정대상지역이라고 하고 있습니다. 이것은 조정대상지역이 청약과열지역과 위축지역으로 구분이 되기 때문입니다. 2016년 11월 3일 부동산 대책으로 조정대상지역이라는 규제를 신설하였는데, 이후 2017년 11월 24일 조정대상지역을 청약과열지역과 위축지역으로 구분을 하였습니다. 하지만, 위축지역에 대해 규정만 신설을 하고 실제로는 지정한 바가 없어서 사실상 청약과열지역과 조정대상지역을 같은 의미로 사용하고 있습니다.

투기과열지구의 경우 1983년 4월 30일 처음 만든 규정으로 1999년 7월 15일 폐지하였던 것을 2002년 4월 재도입하였다가 다시 2011년 12월 22일 강남 3구를 마지막으로 하여 투기과열지구에서 해제하였습니다. 이후 2017년 8월 3일 부동산 대책으로 서울을 모두 다시 투기과열지구로 지정한 후 확대한 후 현재는 강남 3구와 용산구를 제외한 지역의 투기과열지구를 해제하였습니다.

ㄴ. 투기과열지구 및 청약과열지역이 지정되거나 해제가 되는 경우

투기과열지구 및 청약과열지역이 지정되거나 해제가 되는 경우 법제처에서 「투기과열지구 지정 해제」 및 「청약과열지역 지정 해제」에서 확인이 가능하나 청약홈에서 "청약제도안내 〉 규제지역정보"를 통해 확인하는 것이 편합니다.

다. 투기과열지구 및 청약과열지역이 아파트 청약에 주는 영향

① 세대주만 청약 가능

일부 청약은 세대주만 가능하게 됩니다.
규제지역에서는 일반공급 1순위에 세대주만 청약이 가능하게 제한이 됩니다. 이에 따라 1순위 요건이 필요한 다른 청약도 세대주 조건이 필요합니다. 예를 들어 생애최초 특별공급의 경우 비규제지역에서는 세대원으로도 청약이 가능하지만, 투기과열지구 및 청약과열지역의 경우에는 세대주만이 생애최초 특별공급 청약이 가능합니다.

② 1주택 세대의 가점제 청약 제한

규제지역에서는 1주택 및 무주택 세대에 해당하는 경우에 민영주택 일반공급 1순위 청약이 가능하며, 규제지역에서 1주택 세대의 경우 가점제 청약도 제한됩니다.

제28조(민영주택의 일반공급)
⑥ 제2항 및 제4항 단서에 따라 가점제를 우선적으로 적용하여 제1순위에서 입주자를 선정하는 경우 다음 각 호의 어느 하나에 해당하는 자는 가점제의 적용 대상자에서 제외한다. 다만, 제2항제1호나목 및 같은 항 제2호나목에 따라 입주자를 선정하는 경우에는 제1호에 해당하는 자는 가점제의 적용 대상자에 포함한다.
1. 1호 또는 1세대의 주택을 소유한 세대에 속한 자
2. 과거 2년 이내에 가점제를 적용받아 다른 주택의 당첨자가 된 자의 세대에 속한 자

위 규정 1호에 의거하여 규제지역의 민영주택에서 일반공급 1순위는 가점제 청약이 불가합니다. 청약홈에서 민영주택 일반공급 1순위 청약 시에 주택소유 여부와 2년 내 가점제 당첨 여부를 확인하는 절차가 있는데, 무주택세대인 경우에는 무주택기간과 부양가족 점수를 입력하는 단계로 넘어가지만, 1주택을 소유한 세대로 클릭하면 무주택기간과 부양가족 점수를 입력하지 않고 주소입력 단계로 바로 넘어갑니다. 가점제 당첨으로 클릭하는 경우에도 주소

입력 단계로 바로 넘어갑니다.

규제지역에서 민영주택 일반공급 청약 시 2주택 이상을 소유한 세대의 경우에는 2순위 청약만 가능하고, 1순위 청약은 안 됩니다.

③ 장기복무중인 군인의 청약가능여부

수도권에서 규제지역 여부에 따라 25년 이상 장기복무중인 군인이 해당지역으로 청약가능여부가 달라집니다.

수도권 투기과열지구가 아닌 지역에서는 25년 이상 장기복무중인 군인은 국방부의 추천을 통해 해당지역 거주자로 청약이 가능하지만, 투기과열지구인 지역에서는 이 규정이 적용되지 않아서 기타지역 거주자로 청약하여야 합니다.

④ 거주제한기간

투기과열지구의 경우 거주제한기간에 영향을 줍니다.

> 제4조(주택의 공급대상)
> ⑤ 특별시장·광역시장·특별자치시장·시장 또는 군수는 투기를 방지하기 위해 필요한 경우에는 입주자모집공고일 현재 해당 주택건설지역에서 거주기간이 일정 기간 이상인 자에게 주택을 우선공급하게 할 수 있다. 이 경우 해당 주택건설지역이 **수도권의 투기과열지구인 경우에는 2년 이상의 거주기간**을 정해 같은 순위에서는 그 거주기간 이상 거주하고 있는 사람에게 우선공급하게 해야 한다.

수도권의 투기과열지구는 거주제한기간을 2년 이상으로 제한하고 있습니다.

과거 수도권 외의 지역에서 투기과열지구가 지정된 바는 있지만, 거주제한기간이 2년 이상인 지역은 없었습니다. 일부 직원들이 이 규정을 투기과열지구로만 보아 모든 투기과열지구는 거주제한기간이 2년 이상인 것으로 오해하는 경우가 있는데, 수도권의 투기과열지구에 한정된 것임을 혼동하면 안 됩니다.

⑤ 1순위 청약일정

규제지역은 일반공급 1순위에 해당지역과 기타지역을 구분하여 각각 다른 날에 접수하여야 하기 때문에 청약일정이 하루가 더 소요됩니다.

제19조(입주자모집 방법)
④ 다음 각 호의 어느 하나에 해당하는 지역에서 공급되는 주택의 입주자를 모집하는 경우(**제34조에 따라 입주자를 모집하는 경우는 제외**한다)로서 제27조제1항제1호 또는 제28조제1항제1호에 따른 제1순위 청약 신청을 접수하는 경우에는 **해당 주택건설지역에 거주하는 자와 그 밖의 지역에 거주하는 자의 청약 신청 접수일을 각각 다른 날**로 정하되, 해당 주택건설지역에 거주하는 자의 청약 신청 접수일이 그 밖의 지역에 거주하는 자의 청약 신청 접수일보다 우선하도록 해야 한다.
1. 투기과열지구
2. 청약과열지역

이 규정은 청약경쟁률을 과대 포장하는 것을 막기 위해 2017년 7월 3일 신설된 규정입니다. 다만, 이 규정은 대규모택지에서는 적용되지 않습니다.

⑥ 청약홈을 통한 무순위 청약 진행

규제지역의 무순위 청약은 청약홈을 통해 진행하여야 합니다.

제19조(입주자모집 방법)
⑤ 사업주체는 **다음 각 호의 어느 하나에 해당하는 경우 주택청약업무수행기관에 의뢰**하여 국내에 거주하는 성년자(공공주택의 경우에는 무주택세대구성원인 성년자를 말한다)를 대상으로 인터넷 접수의 방법으로 입주자를 모집해야 한다. 이 경우 추첨의 방법으로 입주자를 선정해야 한다.
1. 제26조제5항 단서 또는 제28조제10항제1호에도 불구하고 제59조제2항 본문에 따른 공급계약 체결일 이전에 공급신청을 받고 입주자를 선정하려는 경우
2. **제26조제5항 단서에도 불구하고 투기과열지구 및 청약과열지역에서 입주자를 선정하려는 경우**

⑦ 부동산거래신고 차이점

투기과열지구에서 부동산거래신고 하는 경우 자금조달계획을 증빙하는 서류를 제출하여야 합니다.

⑧ 예비입주자 비율

지금은 예비입주자 비율이 500% 이상으로 통일되어 있지만 예전에는 규제지역에 따라 예비입주자 비율이 달라서, 투기과열지구 500%, 청약과열지역 300%, 수도권(인천, 경기) 300%, 지방광역시(부산, 대구, 대전, 광주, 울산) 300%, 그 외 지역 40%로 예비입주자로 선정한 적이 있었습니다.

⑨ 일반공급 1순위 요건 강화

규제지역의 경우 일반공급 1순위 요건이 강화됩니다.

다. 투기과열지구 또는 청약과열지역: 다음의 요건을 모두 충족하는 자
1) 주택 청약종합저축에 가입하여 2년이 지난 자로서 별표 2의 예치기준금액에 상당하는 금액을 납입하였을 것
2) 세대주일 것
3) 과거 5년 이내 다른 주택의 당첨자가 된 자의 세대에 속한 자가 아닐 것
4) 2주택(토지임대주택을 공급하는 경우에는 1주택을 말한다) 이상을 소유한 세대에 속한 자가 아닐 것

이 규정은 일반공급 1순위만 적용되는 것이 아니라 1순위 요건을 충족하여야 하는 다른 청약에서도 영향을 줍니다. 규제지역의 생애최초 특별공급도 2년 이상된 청약통장이 필요하고, 세대주 요건을 충족하여야 합니다.

⑩ 가점제 비율

규제지역의 경우 가점제 비율이 다릅니다.

지역	60㎡ 이하	60㎡ 초과 85㎡ 이하	85㎡ 초과
투기과열지구	40%	70%	80%
청약과열지역	40%	70%	50%
비규제지역	40% 이하	40% 이하	-

비규제지역의 가점제 비율은 40% 이하의 범위에서 시장·군수·구청장이 정하여 공고하는 비율에 따라 가점제 비율이 정해지는 방식이라서 일부 지역에서는 85㎡ 이하 주택형에서도 가점제로 공급하지 않고 추첨제로 100% 공급하는 경우도 있습니다.

⑪ 추첨제 방식

규제지역에서는 민영주택 일반공급 1순위 추첨제 방식도 다릅니다.

⑧ 사업주체는 **투기과열지구, 청약과열지역, 수도권 및 광역시**에서 제2항부터 제7항까지의 규정에 따라 추첨의 방법으로 입주자를 선정하는 주택수보다 추첨 대상자가 많으면 다음 각 호의 순서에 따라 입주자를 선정해야 한다.
1. 제2항 및 제4항 단서에 따라 추첨의 방법으로 공급되는 주택수의 75퍼센트(소수점 이하는 올림한다)를 무주택세대구성원에게 공급한다.
2. 나머지 주택(제1호에 따라 무주택세대구성원에게 공급하고 남은 주택을 포함한다)은 무주택세대구성원과 1주택을 소유한 세대에 속한 사람을 대상으로 공급한다.
3. 제1호와 제2호에 따라 공급한 후 남은 주택은 제1순위에 해당하는 사람에게 공급한다.

투기과열지구, 청약과열지역, 수도권 및 광역시의 경우 인기 있는 아파트라면 이 규정으로 인해 사실상 2주택 이상 소유한 세대는 일반공급 1순위에서 당첨을 기대하기 어렵습니다.

이 규정을 조금 더 알아보겠습니다.

2018년 9월 13일 부동산대책 발표 시에는 추첨제 물량을 모두 무주택자에게 공급하고자 하였으나 입법예고 과정에서 이주를 희망하는 1주택자들의 민원이 많아 2018년 12월 11일 개정 시에는 무주택자에게 75% 우선 공급하는 것으로 조절되었습니다. 다만, 1주택자에 대해서는 처분조건 수락한 자를 우선하는 규정으로 신설이 되었는데, 처분서약하여 당첨된 자들이 입주시기가 되었을 때 주택경기가 하락하며 처분이 어려워지는 문제가 발생하여 이에 대한 문제로 인한 민원이 많았습니다. 그래서 2023년 2월 28일 처분조건 청약 규정을 폐지하였습니다.

청약의 과정에서는 다음과 같이 주택 수를 클릭하는 부분이 있습니다.

검증항목	고객선택
Q1. [주택소유여부] 모집공고일(2024년 03월 20일) 현재, 본인과 세대에 속한 자가 주택을 소유(분양권등 포함)하였습니까? 상세설명 *분양권등 : 주택소유로 보는 경우 등 세부사항은 분양권등 참조	○ 2주택 이상 소유(분양권등 포함) ○ 1주택 소유 ● 아니오(무주택자)

⑫ 재당첨 제한

규제지역에서 당첨이 되는 경우 재당첨제한이 적용됩니다.

투기과열지구에서 공급하는 주택에 당첨되면 재당첨제한이 10년 적용되며, 청약과열지역에서 공급하는 주택에 당첨되면 재당첨제한이 7년 적용됩니다.

⑬ 부적격 당첨자의 청약제한기간

규제지역은 부적격 당첨자의 청약제한기간에도 영향을 줍니다.

1. 수도권: 1년
2. 수도권 외의 지역: 6개월(투기과열지구 및 청약과열지역은 1년으로 한다)

부적격 당첨자는 수도권에는 당첨일로부터 1년간 청약금지가 되는 것에 반해 수도권 외의 경우에는 6개월 후에 청약이 가능하나 해당 주택건설지역이 규제지역인 경우에는 수도권처럼 1년간 청약이 금지됩니다.

⑭ 전매제한 기간

규제지역은 전매제한 기간에도 영향을 줍니다.

> 주택법 시행령 [별표 3] 전매행위 제한기간(제73조제1항 관련)
> 2. 법 제64조제1항제1호의 주택(**투기과열지구**에서 건설·공급되는 주택): 다음 각 목의 구분에 따른 기간
>   가. 수도권: 3년
>   나. 수도권 외의 지역: 1년
> 3. 법 제64조제1항제2호의 주택(조정대상지역에서 건설·공급되는 주택): 다음 각 목의 구분에 따른 기간
>   가. **과열지역**(법 제63조의2제1항제1호에 해당하는 조정대상지역을 말한다): 다음의 구분에 따른 기간
>   1) 수도권: 3년
>   2) 수도권 외의 지역: 1년
>   나. 위축지역(법 제63조의2제1항제2호에 해당하는 조정대상지역을 말한다)
>
> | 공공택지에서 건설·공급되는 주택 | 공공택지 외의 택지에서 건설·공급되는 주택 |
> |---|---|
> | 6개월 | - |

⑮ 중도금 대출 가능 횟수

규제지역은 중도금 대출 가능 횟수에도 영향을 줍니다.

중도금 대출은 세대당 2건까지 가능하지만, 규제지역의 경우 세대당 1건만 가능합니다.

⑯ 주택담보대출 비율

규제지역은 주택담보대출 비율에도 영향을 줍니다.

⑰ 분양가 9억원 초과하는 경우 특별공급에서 제외하는 규정 폐지

투기과열지구에서 분양가 9억원을 초과하는 경우 특별공급에서 제외하는 규정이 있었으나 2023년 2월 23일 폐지되었습니다.

2. 분양가상한제

가. 분양가 상한제의 목적

분양가 상한제는 주택의 분양가를 일정 기준 이하로 제한함으로써 주택가격의 급등을 방지하여 서민과 중산층이 적정한 가격에 주택을 구매할 수 있게 하는 것이 주목적입니다. 하지만, 실무자 입장에서는 분양가 상한제의 목적이 실현되는 것보다 그러하지 못하여 청약과열만 초래하는 경우를 더 많이 봅니다. 21년 4월에 공급한 동탄2신도시 동탄역 디에트르 퍼스티지의 경우 일반공급 1순위에서 302세대 모집에 24만 명이 넘는 분이 청약한 사례가 있었습니다. 여기의 24만 명이 동탄에 거주하고 싶어서 청약한 것이 아니라 몇 억이나 되는 시세차익을 얻기 위해 청약이 과열된 것입니다. 이러한 문제로 분양가 상한제에 대해서는 찬성과 반대가 의견이 나누어지는 것입니다.

나. 분양가 상한제 연혁

분양가 상한제는 주택시장을 조절하기 위한 규제의 방법으로 사용이 되는 부분이 있기 때문에 세법과 금리처럼 규제와 완화를 반복합니다. 이를 조금 더 알려면 우리나라에서 아파트 분양가를 정하는 절차가 어떻게 변경되었는지 아는 것도 도움이 될 수 있습니다.

우리나라에서 공동주택을 처음 공급하던 것은 국민주택 방식이다 보니 처음에는 주택가격을 정부가 통제하여 일률적으로 정하였습니다. 이후 1989년 11월 원가연동제라는 것이 도움되었다가 1995년 5월부터 단계적으로 분양가 자율화를 적용하였습니다. 이 과정에서 IMF 외환위기 발생으로 국내 경기상황이 급격이 악화됨에 따라 1999년 1월부터 분양가를 전면 자율화하였습니다. 이후 주택경기가 과열되는 것을 막기 위해 2005년 3월부터 일부 주택(공공택지 내 전용면적 85㎡ 이하 주택)부터 분양가 상한제를 적용하여 이후 민간주택에도 분양가상한제를 적용하는 규제를 강화하였습니다. 하지만, 2008년 국제금융위기의 여파로 주택경기가 하락함에 따라 규제를 완화하기 위해 분양가 상한제 등의 규제를 완화하였습니다. 2015년부터는 다시 주택시장이 과열됨에 따라 다시 강화하는 추세로 진행되었습니다.

다. 분양가 상한제 규정

앞에서는 분양가 상한제 규정이 변화되는 과정을 보았습니다. 분양가 상한제 규정은 법에서 정하는 바에 따르기 때문에 법규정을 정확히 파악하여야 합니다.

> 주택법 제57조(주택의 분양가격 제한 등) ① 사업주체가 제54조에 따라 일반인에게 공급하는 공동주택 중 다음 각 호의 어느 하나에 해당하는 지역에서 공급하는 주택의 경우에는 이 조에서 정하는 기준에 따라 산정되는 분양가격 이하로 공급(이에 따라 공급되는 주택을 "분양가상한제 적용주택"이라 한다. 이하 같다)하여야 한다.
> 1. 공공택지
> 2. 공공택지 외의 택지에서 주택가격 상승 우려가 있어 제58조에 따라 국토교통부장관이 「주거기본법」 제8조에 따른 주거정책심의위원회(이하 "주거정책심의위원회"라 한다)의 심의를 거쳐 지정하는 지역

라. 분양가 상한제 적용지역

ㄱ. 현 법규 기준으로 주택법 제57조 제1항 제1호에 의거하여 공공택지는 무조건 분양가 상한제가 적용됩니다.

ㄴ. 공공택지 외의 택지에서 주택가격 상승 우려가 있어 제58조에 따라 국토교통부장관이 「주거기본법」 제8조에 따른 주거정책심의위원회(이하 "주거정책심의위원회"라 한다)의 심의를 거쳐 지정하는 지역은 분양가 상한제가 적용될 수 있습니다. 즉, 민간택지는 투기과열지구 중에 주택법 시행령 제61조 제1항을 통해 지정되는 지역에 한해 분양가 상한제가 적용됩니다. 현 기준(2025년 4월) 기준으로 민간택지에서 분양가 상한제가 적용되는 지역은 강남 3구와 용산구가 해당합니다.

> 주택법 제58조(분양가상한제 적용 지역의 지정 및 해제) ① 국토교통부장관은 제57조제1항제2호에 따라 주택가격상승률이 물가상승률보다 현저히 높은 지역으로서 그 지역의 주택가격·주택거래 등과 지역 주택시장 여건 등을 고려하였을 때 주택가격이 급등하거나 급등할 우려가 있는 지역 중 대통령령으로 정하는 기준을 충족하는 지역은 주거정책심의위원회 심의를 거쳐 분양가상한제 적용 지역으로 지정할 수 있다.
>
> 주택법 시행령 제61조(분양가상한제 적용 지역의 지정기준 등) ① 법 제58조제1항에서 "대통령령으로 정하는 기준을 충족하는 지역"이란 투기과열지구 중 다음 각 호에 해당하는 지역을 말한다.
> 1. 분양가상한제 적용 지역으로 지정하는 날이 속하는 달의 바로 전달(이하 이 항에서 "분양가상한제 적용직전월"이라 한다)부터 소급하여 12개월간의 아파트 분양가격상승률이 물가상승률(해당 지역이 포함된 시·도 소비자물가상승률을 말한다)의 2배를 초과한 지역. 이 경우 해당 지역의 아파트 분양가격상승률을 산정할 수 없는 경우에는 해당 지역이 포함된 특별시·광역시·특별자치시·특별자치도 또는 시·군의 아파트 분양가격상승률을 적용한다.
> 2. 분양가상한제적용직전월부터 소급하여 3개월간의 주택매매거래량이 전년 동기 대비 20퍼센트 이상 증가한 지역
> 3. 분양가상한제적용직전월부터 소급하여 주택공급이 있었던 2개월 동안 해당 지역에서 공급되는 주택의 월평균 청약경쟁률이 모두 5대 1을 초과하였거나 해당 지역에서 공급되는 국민주택규모 주택의 월평균 청약경쟁률이 모두 10대 1을 초과한 지역

ㄷ. 분양가 상한제가 적용되는 기준이 있으면, 반대로 분양가 상한제가 적용되지 않는 예외도 있습니다. 예를 들어 공공택지에서 공급하는 주택일지라도 도시형생활주택은 분양가 상한제가 적용되지 않습니다. 그리고 인천 송도 같은 경제자유구역에서 요건을 충족하는 경우에는 분양가 상한제가 적용되지 않습니다.

> 주택법 제57조(주택의 분양가격 제한 등)
> ② 제1항에도 불구하고 다음 각 호의 어느 하나에 해당하는 경우에는 제1항을 적용하지 아니한다.
> 1. 도시형 생활주택
> 2. 「경제자유구역의 지정 및 운영에 관한 특별법」 제4조에 따라 지정·고시된 경제자유구역에서 건설·공급하는 공동주택으로서 같은 법 제25조에 따른 경제자유구역위원회에서 외자유치 촉진과 관련이 있다고 인정하여 이 조에 따른 분양가격 제한을 적용하지 아니하기로 심의·의결한 경우
> 3. 「관광진흥법」 제70조제1항 또는 제2항에 따라 지정된 관광특구에서 건설·공급하는 공동주택으로서 해당 건축물의 층수가 50층 이상이거나 높이가 150미터 이상인 경우
> 4. 한국토지주택공사 또는 지방공사가 다음 각 목의 정비사업의 시행자(「도시 및 주거환경정비법」 제2조제8호 및 「빈집 및 소규모주택 정비에 관한 특례법」 제2조제5호에 따른 사업시행자를 말한다)로 참여하는 등 대통령령으로 정하는 공공성 요건을 충족하는 경우로서 해당 사업에서 건설·공급하는 주택
>   가. 「도시 및 주거환경정비법」 제2조제2호에 따른 정비사업으로서 면적, 세대수 등이 대통령령으로 정하는 요건에 해당되는 사업
>   나. 「빈집 및 소규모주택 정비에 관한 특례법」 제2조제3호에 따른 소규모주택정비사업
> 4의2. 「도시 및 주거환경정비법」 제2조제2호가목에 따른 주거환경개선사업 및 같은 호 나목 후단에 따른 공공재개발사업에서 건설·공급하는 주택
> 5. 「도시재생 활성화 및 지원에 관한 특별법」에 따른 주거재생혁신지구에서 시행하는 혁신지구재생사업에서 건설·공급하는 주택
> 6. 「공공주택 특별법」 제2조제3호마목에 따른 도심 공공주택 복합사업에서 건설·공급하는 주택

마. 분양가 상한제가 아파트 청약에 주는 영향

ㄱ. 분양승인 기간

일반적인 아파트는 분양승인 여부를 5일 이내 결정을 하여야 하지만, 분양가 상한제 적용 주택은 10일 이내에 결정할 수 있기 때문에 분양승인 업무 진행 시 이에 대해 고려하여 분양승인 신청을 하여야 합니다.

ㄴ. 마이너스 옵션 진행여부 확인

분양승인 과정에서 담당 공무원이 주공칙 제21조 제3항 제12호 및 제13호에 의거하여 왜 마이너스 옵션을 적용하지 않았는지에 대해 확인하는 경우가 있습니다.

---
12. 「공동주택 분양가격의 산정 등에 관한 규칙」 제3조제3항제1호에 따른 기본선택품목의 종류
13. 「공동주택 분양가격의 산정 등에 관한 규칙」 제3조제3항제1호에 따른 기본선택품목을 제외한 부분의 분양가격

「공동주택 분양가격의 산정 등에 관한 규칙」에서는 다음과 같이 규정하고 있습니다.

제3조(기본선택품목 등) ① 법 제54조제1항제2호나목에 따라 제7조제1항에 따른 분양가격에 포함되는 품목으로서 입주자가 직접 선택하여 시공·설치할 수 있는 품목(이하 "기본선택품목"이라 한다)은 다음 각 호의 품목 외의 품목으로서 벽지, 바닥재, 주방용구, 조명기구 등 국토교통부장관이 정하여 고시하는 품목으로 한다.
  1. 소방시설과 관련된 품목
  2. 단열공사, 방수공사, 미장공사 등 기초마감과 관련된 품목
  3. 전기공사, 설비공사 등에 필요한 전선, 통신선 및 배관
  4. 그 밖에 건물의 구조에 영향을 줄 수 있는 품목
② 국토교통부장관은 법 제57조제4항에 따른 기본형건축비(이하 "기본형건축비"라 한다) 중 기본선택품목을 제외한 부분의 금액을 고시하여야 한다.
③ 사업주체는 「주택공급에 관한 규칙」 제21조제1항에 따른 입주자모집공고(이하 "입주자모집공고"라 한다)에 **다음 각 호의 사항을 포함하여 공고**하여야 한다.
  1. **기본선택품목의 종류**
  2. **제7조제1항에 따른 분양가격 중 기본선택품목을 제외한 부분의 분양가격**

그리고, 한 가지 더 알아야 하는 것이 「공동주택 분양가격의 산정 등에 관한 규칙」의 목적을 알아야 합니다.

> 제1조(목적) 이 규칙은 「주택법」 제54조제1항제2호나목 및 제57조에 따라 **분양가상한제 적용주택의 선택품목제도, 분양가격 산정방식, 분양가격 공시의 방법 및 절차 등에 관한 사항을 규정함을 목적**으로 한다.

즉, 분양가 상한제 적용주택은 마이너스 옵션을 진행하여야 하지만, 분양가 상한제가 적용되지 않는 주택은 마이너스 옵션이 적용되지 않습니다. 다만, 일부 분양승인 담당 공무원의 경우 이 문구를 분양가 상한제 적용주택에서 적용하라는 것이기는 하나 분양가 상한제가 적용되지 않는 주택이라고 하여 마이너스 옵션을 적용하지 않아도 된다는 문구로 해석할 수 없다고 하는 경우가 있습니다. 이런 경우에는 국토교통부의 다음 답변을 제출하여 담당 공무원과 협의를 진행하여야 합니다. (2015년 국토교통부의 답변입니다)

담당부서	국토교통부〉주택토지실〉주택정책관〉주택정책과
회신내용	□ 평소 국토교통행정에 관심과 애정을 가져 주신 점 깊이 감사드리며, 고객님께서 질의하신 사항에 대하여 아래와 같이 답변 드립니다. • (질의내용) 분양가상한제 미적용주택에 대해서도 「공동주택 분양가격의 산정 등에 관한 규칙」에 따른 기본선택품목(마이너스 옵션)을 적용하여 주택을 공급할 수 있는지 • (회신내용) 「공동주택 분양가격의 산정 등에 관한 규칙」 제1조에서 "이 규칙은 「주택법」 제38조제1항제3호 및 제38조의2에 따라 분양가상한제 적용주택의 선택품목제도, 분양가격 산정방식, 분양가격 공시의 방법 및 절차 등에 관한 사항을 규정함을 목적으로 한다"라고 규정하고 있습니다. 따라서, 동 규칙상 선택품목제도, 분양가격 산정방식, 분양가격 공시 등은 분양가상한제를 적용받는 주택에 적용됨을 알려 드립니다. □ 다시 한번 국토교통 행정에 관심을 보여 주신 점에 대해 감사드리며, 회신드린 내용과 관련하여 더 궁금한 사항이 있으실 경우 우리부 주택정책과(000-000-0000)로 문의하여 주시면 성심성의껏 답변하여 드리겠습니다. 감사합니다. ※ 본 회신내용은 해당 질의사항에만 국한되어 개별 사실관계의 변동 등으로 인한 유사사례인 경우에 본 회신내용과 다른 해석이 있을 수 있습니다. 따라서, 개별사안에 대한 별도의 증거자료로 활용하는 것은 국토교통부 견해와는 관련이 없음을 알려 드리니 양해하시기 바랍니다.

마이너스 옵션이 적용되는 주택의 경우 입주자모집공고문에는 마이너스 옵션 적용 품목 및 범위에 대해 마이너스 옵션 선택 시 시공되지 않는 품목과 마이너스 옵션 선택 시 기본제공 품목을 작성하고, 마이너스 옵션 금액을 작성하여야 합니다. 마이너스 옵션 적용 품목 및 범위와 마이너스 옵션 금액에 대해서는 필히 시공사의 확인을 거쳐 입력을 하여야 합니다. 마이너스 옵션 적용 품목 및 범위는 다른 모집공고문과 비교하여 크게 차이가 없는지 확인하는 방

법을 권합니다. 마이너스 옵션 금액은 적정한 금액인지 판단하는 것을 권합니다. 예전에 사례적으로 있었던 일이 있는데, 마이너스 금액을 잘못 책정하여 너무 높은 마이너스 금액을 정하여 많은 고객들이 마이너스 옵션을 선택한 적이 있었습니다.

ㄷ. 재당첨제한

분양가 상한제가 적용되는 주택에 당첨되는 경우 재당첨제한이 10년 적용됩니다.

ㄹ. 전매제한

분양가 상한제가 적용되는 주택은 전매제한에도 영향을 줍니다.

> 4. 법 제64조제1항제3호의 주택(분양가상한제 적용주택): 다음 각 목의 구분에 따른 기간
> 가. 공공택지에서 건설·공급되는 주택: 다음의 구분에 따른 기간
>   1) 수도권: 3년
>   2) 수도권 외의 지역: 1년
> 나. 공공택지 외의 택지에서 건설·공급되는 주택: 다음의 구분에 따른 기간
>   1) 투기과열지구: 제2호 각 목의 구분에 따른 기간
>   2) 투기과열지구가 아닌 지역: 제5호 각 목의 구분에 따른 기간

ㅁ. 실거주의무 기간

분양가 상한제 적용주택은 인근지역 주택매매가격과 차이에 따라 2년~5년의 실거주의무가 주어집니다.

ㅂ. 가산비 공시

분양가 상한제 적용주택은 입주자모집공고문에 분양가상한제 적용주택의 가산비를 공시하여야 합니다.

주택법 제57조(주택의 분양가격 제한 등)

⑤ 사업주체는 분양가상한제 적용주택으로서 공공택지에서 공급하는 주택에 대하여 입주자모집 승인을 받았을 때에는 입주자 모집공고에 다음 각 호[국토교통부령으로 정하는 세분류(細分類)를 포함한다]에 대하여 분양가격을 공시하여야 한다.

1. 택지비
2. 공사비
3. 간접비
4. 그 밖에 국토교통부령으로 정하는 비용

⑥ 시장·군수·구청장이 제54조에 따라 공공택지 외의 택지에서 공급되는 분양가상한제 적용주택 중 분양가 상승 우려가 큰 지역으로서 대통령령으로 정하는 기준에 해당되는 지역에서 공급되는 주택의 입주자 모집 승인을 하는 경우에는 다음 각 호의 구분에 따라 분양가격을 공시하여야 한다. 이 경우 제2호부터 제6호까지의 금액은 기본형건축비[특별자치시·특별자치도·시·군·구(구는 자치구의 구를 말하며, 이하 "시·군·구"라 한다)별 기본형건축비가 따로 있는 경우에는 시·군·구별 기본형건축비]의 항목별 가액으로 한다.

1. 택지비
2. 직접공사비
3. 간접공사비
4. 설계비
5. 감리비
6. 부대비
7. 그 밖에 국토교통부령으로 정하는 비용

⑦ 제5항 및 제6항에 따른 공시를 할 때 국토교통부령으로 정하는 택지비 및 건축비에 가산되는 비용의 공시에는 제59조에 따른 분양가심사위원회 심사를 받은 내용과 산출근거를 포함하여야 한다.

3. 부동산거래신고

가. 부동산거래신고의 목적

부동산거래신고는 부동산의 거래가 이루어지는 경우 이에 대해 신고를 하여 거래의 투명성을 높이고, 세금 부과 및 통계적 데이터의 수집 등을 목적으로 합니다. 여기서 가장 중요한 단어는 "거래"입니다. 즉, 거래를 통해 소유자가 변경되는 경우에 한해 부동산거래신고를 진행하는 것이며, 증여나 상속에 의해 승계 취득하는 경우에는 "검인"이라는 절차를 진행합니다.

참고

분양권 명의변경 시 거래에 의한 경우 부동산거래신고 필증을 제출하여 거래를 증빙을 하지만, 부부 공동명의를 증여의 방법으로 진행하는 경우에는 검인받은 증여계약서를 제출하여 증빙을 합니다.

나. 부동산거래신고 연혁

ㄱ. 경력이 짧은 직원이라면 부동산거래신고를 당연한 업무절차로 알고 있을 것이지만, 경력이 10년 이상인 직원이라면 예전에는 분양권에 대해서는 부동산거래신고를 하지 않았던 것을 기억할 것입니다.

부동산거래신고는 「부동산 거래신고 등에 관한 법률」을 적용받는데, 이 법률은 2016년 1월 19일 제정되어 2017년 1월 20일부터 시행이 되었습니다. 이 법이 시행되기 전에는 종전의 「부동산 거래신고에 관한 법률」, 종전의 「외국인토지법」 등에 따른 신고, 허가, 처분, 절차를 진행하였습니다. 즉, 종전의 「부동산 거래신고에 관한 법률」과 「외국인토지법」을 폐지하고 「부동산 거래신고 등에 관한 법률」로 통합을 하면서 분양권에 대해서도 거래신고를 의무화하였습니다.

ㄴ. 제정 당시에는 분양권 공급계약 체결일로부터 60일 내에 부동산거래신고를 진행하면 되었기 때문에 미분양이 없는 사업장의 경우 대부분 한 번에 부동산거래신고를 진행하였습니다. 하지만, 2019년 8월 20일에 60일이 30일로 개정되어 최근에는 일정상 한 번에 부동산거래신고가 어려워 두 번 이상으로 나누어 진행하는 편입니다.

제3조(부동산 거래의 신고) ① 거래당사자는 다음 각 호의 어느 하나에 해당하는 계약을 체결한 경우 그 실제 거래가격 등 대통령령으로 정하는 사항을 거래계약의 체결일부터 <u>30일 이내</u>에 그 권리의 대상인 부동산 등(권리에 관한 계약의 경우에는 그 권리의 대상인 부동산을 말한다)의 소재지를 관할하는 시장(구가 설치되지 아니한 시의 시장 및 특별자치시장과 특별자치도 행정시의 시장을 말한다)·군수 또는 구청장(이하 "신고관청"이라 한다)에게 **공동으로 신고**하여야 한다. 다만, 거래당사자 중 일방이 국가, 지방자치단체, 대통령령으로 정하는 자의 경우(이하 "국가등"이라 한다)에는 국가등이 신고를 하여야 한다.

1. 부동산의 매매계약
2. 「택지개발촉진법」, **「주택법」 등 대통령령으로 정하는 법률에 따른 부동산에 대한 공급계약**
3. 다음 각 목의 어느 하나에 해당하는 지위의 **매매계약**
   가. **제2호에 따른 계약을 통하여 부동산을 공급받는 자로 선정된 지위**
   나. 「도시 및 주거환경정비법」 제74조에 따른 관리처분계획의 인가 및 「빈집 및 소규모주택 정비에 관한 특례법」 제29조에 따른 사업시행계획인가로 취득한 입주자로 선정된 지위

※ 위 2호에 의거하여 최초 계약인 "공급계약"이 부동산거래신고의 대상이 되는 것이며, 3호 가목에 의거하여 분양권을 거래하는 경우에도 부동산거래신고의 대상이 되는 것입니다.

다. 주택에 따라 모집공고문 작성 시 부동산거래신고 안내 변경사항

부동산거래신고는 지역과 공급금액에 따라 신고방법을 달리하기 때문에 입주자모집공고에 사용하는 표현이 달라집니다.

ㄱ. 일반적인 경우

부동산거래신고서만 작성합니다. 이 경우 다음과 같이 문구가 작성됩니다.

> ■ 부동산 거래 신고 의무화로 「부동산 거래신고 등에 관한 법률 시행령」 제3조 의거 주택매매 계약(최초 공급계약 및 분양권·입주권 전매를 포함)시 계약체결일로부터 30일 이내 관할 소재지의 시장·군수·구청장에게 공동으로 '부동산거래신고'를 하여야 합니다. 따라서 부동산 실거래 신고의 편의를 위하여 공급계약 체결 시 계약자는 사업주체에게 부동산 실거래 신고에 따른 필요서류를 제공 및 위임하여야 하며, 신고를 거부하거나 서류 미비·미제출로 인하여 발생하는 과태료 부과 등의 모든 책임은 계약자에게 있으니 양지하시기 바랍니다.

ㄴ. 비규제지역에서 6억원 이상의 주택거래

비규제지역에서 6억원 이상의 주택거래는 자금조달신고가 의무화되어 있어서 다음과 같이 문구가 작성됩니다.

> ■ 부동산 거래신고, **자금조달 및 입주계획서 신고 의무화**로 비규제지역 ○○시는 「부동산 거래신고 등에 관한 법률 시행령」 제3조 및 별표1 규정에 의거 **6억원 이상 주택매매 계약**(최초 공급계약 및 분양권·입주권 전매를 포함)의 부동산거래 신고 시 **자금조달계획과 입주계획서 및 매수자 본인이 입주할지 여부, 입주 예정시기 등 거래대상 주택의 이용계획의 신고를 의무화**(추가선택품목 계약 등 추가 계약 체결로 인하여 계약금액이 변경되는 경우 변경신고가 필요할 수 있음)하며, 부동산 거래 신고 의무화로 「부동산 거래신고 등에 관한 법률 시행령」 제3조 의거 주택매매 계약(최초 공급계약 및 분양권·입주권 전매를 포함)시 계약체결일로부터 30일 이내 관할 소재지의 시장·군수·구청장에게 공동으로 '부동산거래신고'를

> 하여야 합니다. 따라서 부동산 실거래 신고의 편의를 위하여 공급계약 체결 시 계약자는 사업주체에게 부동산 실거래 신고에 따른 필요서류를 제공 및 위임하여야 하며, 신고를 거부하거나 서류 미비·미제출로 인하여 발생하는 과태료 부과 등의 모든 책임은 계약자에게 있으니 양지하시기 바랍니다.

ㄷ. 규제지역의 경우

규제지역의 경우 자금조달에 대해 증빙자료까지 제출하여야 하여 다음과 같은 문구가 추가됩니다.

> ※ 2020.10.27. 개정된 「부동산 거래신고 등에 관한 법률」에 따라 규제지역(투기과열지구, 조정대상지역) 내 주택 거래신고 시 「주택취득자금 조달 및 입주계획서」 및 증빙자료 제출 의무화로 계약체결 시 자금조달계획 및 자금조달계획서 기재 내용에 대한 객관적 진위를 입증할 수 있는 증빙자료를 제출하시기 바랍니다.

라. 홈페이지 부동산거래신고 안내

비규제지역에서 공급금액이 6억원 이하라면 부동산거래신고서만 작성하면 되기 때문에 계약 시 출력된 부동산거래신고서에 계약자에게 서명 또는 날인만 받으면 됩니다. 이 경우에는 고객에게 미리 알릴만한 내용이 없기 때문에 별다른 안내도 필요 없습니다. 하지만, 6억원이 넘거나 규제지역인 경우 자금조달계획서를 작성하여야 하기 때문에 고객에게 작성요령을 홈페이지로 안내할 필요가 있습니다.

안내를 하기는 하지만, 특수한 경우에 대한 문의가 들어오는 경우가 있습니다. 이 경우 전 현장에서 처리한 것처럼 진행하면 문제가 발생할 수 있습니다. 이는 신고를 받는 시장·군수·구청장의 처리방법이 다를 수 있기 때문입니다. 예를 들어 코인을 통해 자금조달신고가 가능한지 문의에 대해 가능 여부는 해당 지자체에 문의하여 답변을 받는 것이 좋습니다. 그리고 부동산거래신고는 대량신고의 방식으로 진행을 하기 때문에 미리 해당 지자체 담당자(대체로 토지정보과에서 업무진행함)와 업무 조율하는 것이 좋습니다.

마. 주의점(외국인의 경우 – 미리 허가를 받아야 하는 경우)

ㄱ. 제출서류

규제지역에서 자금조달을 증빙하는 서류에 대해 해당 지자체와 미리 협의 시 첨부서류를 제한하는 경우가 있으므로 이에 대해 미리 확인하여 서류징구 시 이에 맞추어 서류를 정리할 필요가 있습니다.

ㄴ. 외국인이 분양권 공급계약하는 경우

분양권 공급계약 시 외국인이 부동산 거래하는 경우 부동산거래신고로 갈음되기 때문에 별도의 외국인의 취득신고는 필요 없습니다.

ㄷ. 외국인에게 공급계약하는 경우 주의할 점

해당 주택의 소재지에 따라 외국인에게 공급계약하는 경우 주의할 점이 있습니다.

> 부동산 거래신고 등에 관한 법률 제9조(외국인등의 토지거래 허가) ① 제3조 및 제8조에도 불구하고 외국인 등이 취득하려는 토지가 다음 각 호의 어느 하나에 해당하는 구역·지역 등에 있으면 토지를 취득하는 계약 (이하 "토지취득계약"이라 한다)을 체결하기 전에 대통령령으로 정하는 바에 따라 신고관청으로부터 토지취득의 허가를 받아야 한다. 다만, 제11조에 따라 토지거래계약에 관한 허가를 받은 경우에는 그러하지 아니하다.
> 1. 「군사기지 및 군사시설 보호법」 제2조제6호에 따른 **군사기지 및 군사시설 보호구역**, 그 밖에 국방목적을 위하여 외국인등의 토지취득을 특별히 제한할 필요가 있는 지역으로서 대통령령으로 정하는 지역
> 2. 「문화유산의 보존 및 활용에 관한 법률」 제2조제3항에 따른 **지정문화유산과 이를 위한 보호물 또는 보호구역**
> 2의2. 「자연유산의 보존 및 활용에 관한 법률」에 따라 지정된 **천연기념물등과 이를 위한 보호물 또는 보호구역**
> 3. 「자연환경보전법」 제2조제12호에 따른 **생태·경관보전지역**
> 4. 「야생생물 보호 및 관리에 관한 법률」 제27조에 따른 **야생생물 특별보호구역**

예를 들어 파주 운정신도시의 경우 사업부지의 토지이용계획확인서를 보면 용도지역이 군사시설 보호구역으로 지정되어 있는 경우가 많습니다. 이런 경우 파주시청을 통해 토지취득의 허가를 미리 득해야 공급계약 체결하는 것에 문제가 없습니다. 그런데, 이 경우 허가신청이 들어오면 파주시청이 판단하여 허가하여 주지 못하고, 국방부에 확인 후 허가를 진행합니다. 이것이 시간이 소요되기 때문에 외국인이 계약하는 경우에는 필히 토지이용계획확인서를 확인 후 용도지역이 해당 경우에 해당한다면 최대한 빠른 시간 내에 미리 지자체와 협의하는 것이 필요합니다.

4. 전매제한

가. 전매제한의 목적

전매라고 하는 것은 샀던 물건을 도로 다른 자에게 파는 행위를 말하는데, 이러한 행위를 막아 투기를 방지하고자 하는 것이 전매제한의 목적입니다. 하지만, 주택경기가 하락하는 경우에는 전매제한 완화합니다. 즉, 전매제한은 세법과 더불어 주택시장을 통제하는 방법으로 사용되고 있습니다.

나. 전매제한 연혁

1981년 4월 7일 국민주택에 한해 전매제한 기간을 2년 두는 것으로 시작이 되었으며, 1992년 12월 8일부터 민영주택에도 전매제한이 적용되었습니다. 이후 주택경기에 따라 강화와 완화를 반복하다가 1999년 2월 8일 전매제한 제도가 폐지되었습니다. 하지만, 주택시장이 너무 과열되어 2002년 3월 6일 전매제한 제도가 다시 신설되었습니다. 이후 강화와 완화를 반복하였는데, 2019년 10월 29일의 경우 전매제한을 10년까지도 가능하게 하여 가장 강화한 사례도 있습니다.

다. 전매제한 기간 산정 주의사항

전매제한 기간은 주택법 시행령 [별표 3] 전매행위 제한기간(제73조제1항 관련)을 적용받습니다.

전매행위 제한기간(제73조제1항 관련)

1. 공통 사항
   가. 전매행위 제한기간은 해당 주택의 입주자로 선정된 날부터 기산한다.
   나. 주택에 대한 제2호부터 제6호까지의 규정에 따른 전매행위 제한기간이 둘 이상에 해당하는 경우에는 그 중 가장 긴 전매행위 제한기간을 적용한다. 다만, 법 제63조의2제1항제2호에 따른 지역에서 건설·공급되는 주택의 경우에는 가장 짧은 전매행위 제한기간을 적용한다.
   다. 주택에 대한 제2호부터 제6호까지의 규정에 따른 전매행위 제한기간 이내에 해당 주택에 대한 소유권이전등기를 완료한 경우 소유권이전등기를 완료한 때에 전매행위 제한기간이 지난 것으로 본다. 이 경우 주택에 대한 소유권이전등기에는 대지를 제외한 건축물에 대해서만 소유권이전등기를 하는 경우를 포함한다.
2. 법 제64조제1항제1호의 주택(투기과열지구에서 건설·공급되는 주택): 다음 각 목의 구분에 따른 기간
   가. 수도권: 3년
   나. 수도권 외의 지역: 1년
3. 법 제64조제1항제2호의 주택(조정대상지역에서 건설·공급되는 주택): 다음 각 목의 구분에 따른 기간
   가. 과열지역(법 제63조의2제1항제1호에 해당하는 조정대상지역을 말한다): 다음의 구분에 따른 기간
     1) 수도권: 3년
     2) 수도권 외의 지역: 1년
   나. 위축지역(법 제63조의2제1항제2호에 해당하는 조정대상지역을 말한다)

공공택지에서 건설·공급되는 주택	공공택지 외의 택지에서 건설·공급되는 주택
6개월	-

4. 법 제64조제1항제3호의 주택(분양가상한제 적용주택): 다음 각 목의 구분에 따른 기간
   가. 공공택지에서 건설·공급되는 주택: 다음의 구분에 따른 기간
     1) 수도권: 3년
     2) 수도권 외의 지역: 1년

나. 공공택지 외의 택지에서 건설·공급되는 주택: 다음의 구분에 따른 기간
  1) 투기과열지구: 제2호 각 목의 구분에 따른 기간
  2) 투기과열지구가 아닌 지역: 제5호 각 목의 구분에 따른 기간
5. 법 제64조제1항제4호의 주택(공공택지 외의 택지에서 건설·공급되는 주택): 다음 각 목의 구분에 따른 기간

구분		전매행위 제한기간
가. 수도권	1) 「수도권정비계획법」 제6조제1항제1호에 따른 과밀억제권역	1년
	2) 「수도권정비계획법」 제6조제1항제2호 및 제3호에 따른 성장관리권역 및 자연보전권역	6개월
나. 수도권 외의 지역	1) 광역시 중 「국토의 계획 및 이용에 관한 법률」 제36조제1항제1호에 따른 도시지역	6개월
	2) 그 밖의 지역	-

6. 법 제64조제1항제5호의 주택[「도시 및 주거환경정비법」 제2조제2호나목 후단에 따른 공공재개발사업(법 제57조제1항제2호의 지역에 한정한다)에서 건설·공급하는 주택]: 제4호나목에 따른 기간
7. 법 제64조제1항제6호의 주택(토지임대부 분양주택): 10년

2호~7호는 주택경기에 따라 강화와 완화를 반복합니다. 즉, 이 표는 2024년 6월 18일 기준이며, 이후 개정을 통해 강화 또는 완화가 될 수 있습니다. 하지만, 1호 공통사항의 경우에는 특별한 사유가 없으면 변경이 되지 않는 것으로 전매제한 규정의 원칙적인 부분을 설명한 것이기 때문에 완벽히 숙지를 하여야 합니다.

ㄱ. 전매행위 제한기간은 해당 주택의 **입주자로 선정된 날부터 기산**한다.

조금만 깊게 생각하면 이 규정은 말이 안 된다고 생각할 수도 있습니다. 입주자로 선정이 되어도 11일 후에 계약을 진행하기 전에는 분양권을 취득하지 못하기 때문에 처분할 수 없는 당첨된 지위에 불과한데, 전매제한 기간을 설정한다는 것이 문제가 있다고 생각할 수 있습니다. 하지만, 구법을 찾아보고 관련 규정이 왜 변경이 되었는지 알면 이렇게 할 수 밖에 없는 이유를 알 수 있습니다.

구법에서는 "전매행위 제한기간은 입주자 모집을 하여 **최초로 주택공급계약 체결이 가**

능한 날부터 기산한다"고 명시하고 있었습니다. 그런데, 당첨자 발표일 이후 계약 전에 거래한 분양권에 대해 소송이 진행된 적이 있는데, 이에 대해 법원에서는 죄형 법정주의를 근거로 하여 당첨자발표일부터 최초 계약체결가능일까지의 기간 동안 전매한 것에 대하여 처벌할 규정이 없다고 판결하여 이에 대해 보완하기 위해 2018년 8월 7일에 지금과 같은 내용으로 개정을 하여 당첨자 발표일부터 전매제한 기간을 두고 있는 것입니다.

ㄴ. 전매제한 규정이 두 가지 이상에 해당하는 경우 더 긴 규정을 적용합니다.

ㄷ. 전매제한 기간 중에는 3년인데, 해당 아파트의 공사기간이 3년보다 짧아서 입주를 하고도 팔지 못하는 상황이 발생할 수도 있습니다. 다만, 소유권이전등기 기준이기 때문에 입주하고도 소유권 보존등기가 진행되지 않아 소유권 이전등기가 어려운 관계로 전매제한 기간이 종료된 후에야 처분 가능한 경우도 있습니다.

라. 전매제한 예외사항

전매제한 기간 중에도 분양권을 처분할 수 있는 예외규정에 대한 사항입니다.

> 주택법 시행령 제73조(전매행위 제한기간 및 전매가 불가피한 경우)
> ④ 법 제64조제2항 본문에서 "대통령령으로 정하는 경우"란 다음 각 호의 어느 하나에 해당하여 한국토지주택공사의 동의를 받은 경우를 말한다.
> 1. 세대원(법 제64조제1항 각 호의 주택을 공급받은 사람이 포함된 세대의 구성원을 말한다. 이하 이 조에서 같다)이 근무 또는 생업상의 사정이나 질병치료·취학·결혼으로 인하여 세대원 전원이 다른 광역시, 특별자치시, 특별자치도, 시 또는 군(광역시의 관할구역에 있는 군은 제외한다)으로 이전하는 경우. 다만, 수도권 안에서 이전하는 경우는 제외한다.
> 2. 상속에 따라 취득한 주택으로 세대원 전원이 이전하는 경우
> 3. 세대원 전원이 해외로 이주하거나 2년 이상의 기간 동안 해외에 체류하려는 경우
> 4. 이혼으로 인하여 입주자로 선정된 지위 또는 주택을 배우자에게 이전하는 경우

5. 「공익사업을 위한 토지 등의 취득 및 보상에 관한 법률」 제78조제1항에 따라 공익사업의 시행으로 주거용 건축물을 제공한 자가 사업시행자로부터 이주대책용 주택을 공급받은 경우(사업시행자의 알선으로 공급받은 경우를 포함한다)로서 시장·군수·구청장이 확인하는 경우
6. 법 제64조제1항제3호부터 제5호까지의 어느 하나에 해당하는 주택의 소유자가 국가·지방자치단체 및 금융기관(제71조제1호 각 목의 금융기관을 말한다)에 대한 채무를 이행하지 못하여 경매 또는 공매가 시행되는 경우
7. 입주자로 선정된 지위 또는 주택의 일부를 배우자에게 증여하는 경우
8. 실직·파산 또는 신용불량으로 경제적 어려움이 발생한 경우

이 규정에도 몇 가지 주의할 점이 있습니다.

ㄱ. 8가지 사항에 해당한다고 임의로 처분이 가능한 것이 아니라서 한국토지주택공사의 동의를 받은 경우에 진행이 가능한 방식입니다.

ㄴ. 1호에서 취학이라고 함은 특수학교 등의 입학을 위한 경우 등으로 단순 이사로 인한 일반학교 간의 전학 등은 전매동의가 엄격히 제한되고 있습니다.

ㄷ. 1호 질병치료의 경우에도 특별한 질병치료의 경우 인정되나 관절염 치료·요양병원 입원 등 일반적인 질병치료를 목적으로 이전하는 경우에는 전매동의가 엄격히 제한되고 있습니다.

ㄹ. 7호의 경우로 배우자에게 일부를 증여하는 것은 가능하나 이후 다시 단독명의로 변경하는 것은 불가합니다.

ㅁ. 8호 파산의 경우 법원으로부터 파산선고를 받은 경우(개인회생 포함)로 한정하여 전매동의가 가능하며, 신용불량은 신용회복위원회를 통해 채무조정(개인워크아웃)이 확정된 경우로 제한하여 전매동의가 가능합니다.

ㅂ. 전매제한 기간 중에 예외사항을 적용받아 분양권을 매수한 자의 경우 더 이상 전매제한 기간을 적용받지 않습니다.

마. 전매제한에 대해 추가로 알아야 하는 사항

ㄱ. 법에서는 입주자로 선정된 날부터 기산한다고만 명시하고 입주자로 선정된 날에 대한 부가적인 설명이 없습니다.

입주자로 선정된 날은 계약자에 따라 다를 수 있습니다. 정당당첨자와 예비입주자의 경우에도 입주자로 선정된 날이 다르고, 무순위 청약이나 계약취소 주택의 재공급으로 입주자로 선정된 경우에도 다릅니다. 이에 대해 국토교통부의 주택청약 FAQ 답변에는 공급방법과 상관없이 무순위 청약 같은 경우에도 최초 청약의 입주자로 선정된 날부터 전매제한 기간을 기산하도록 하고 있습니다. 또한, 국토교통부의 민원회신에 의한 답변을 통해서 분할 모집하는 경우에도 최초 공급시의 입주자 선정된 날부터 전매제한 기간을 기산한다고 답변하였습니다.

ㄴ. 전매안심 보장제: 마케팅의 한 방법인데, 예를 들어서 전매제한 기간이 3년인 아파트에서 공사기간을 36개월을 넘기는 기간으로 정해 입주 전에 분양권 전매가 가능하게 하여 투자 수요자들의 관심을 끄는 마케팅 방법입니다.

ㄷ. 상속은 전매제한의 규정을 적용받지 않습니다. 다만, 상속받은 자는 전매제한기간 중에는 처분할 수 없습니다.

ㄹ. 수도권에서 비규제지역이고 분양가 상한제가 적용되지 않는다면 「수도권정비계획법」 제6조제1항제1호에 따른 과밀억제권역 여부에 따라 전매제한기간이 달라지므로 이를 확인하여야 합니다. 과밀억제권역 여부는 「수도권정비계획법 시행령」 [별표1]을 통해 확인이 가능합니다. 그리고 청약홈 사업주체코너의 참고자료에서도 찾을 수 있습니다.

5. 실거주의무

실거주의무에 대해 두 가지로 혼동하는 경우가 있습니다.
절세를 위한 실거주의무와 거주를 이행하지 않으면 처분할 수 없는 실거주의무입니다.

가. 절세를 위한 실거주의무

규제지역의 경우에는 보유뿐만 아니라 2년간 거주하여야 양도소득세에 대해 1세대 1주택 비과세를 받을 수 있는 규정을 말합니다.

소득세법 시행령

> 제154조(1세대1주택의 범위) ① 법 제89조제1항제3호가목에서 "대통령령으로 정하는 요건"이란 1세대가 양도일 현재 국내에 1주택을 보유하고 있는 경우로서 해당 주택의 보유기간이 2년(제8항제2호에 해당하는 거주자의 주택인 경우는 3년) 이상인 것[취득 당시에 「주택법」 제63조의2제1항제1호에 따른 조정대상지역(이하 "조정대상지역"이라 한다)에 있는 주택의 경우에는 해당 주택의 보유기간이 2년(제8항제2호에 해당하는 거주자의 주택인 경우에는 3년) 이상이고 그 보유기간 중 거주기간이 2년 이상인 것]을 말한다.

나. 실거주의무를 이행하지 않으면 처분할 수 없는 실거주의무

주택을 투기의 목적으로 하지 못하는 방법으로 전세금을 받아 투자하는 방법인 갭투자를 막는 방법으로 실거주의무를 두고 있습니다. 이것은 투기를 막는 순기능을 하지만, 반대로 전세수요를 차단함으로 임대 물량이 없기 때문에 전세 부족이라면 문제도 발생합니다.

ㄱ. 실거주 의무 관련 법률

> 주택법 제57조의2(분양가상한제 적용주택 등의 입주자의 거주의무 등) ① 다음 각 호의 어느 하나에 해당하는 주택의 입주자(상속받은 자는 제외한다. 이하 이 조 및 제57조의3에서 "거주의무자"라 한다)는 해당 주택의 **최초 입주가능일부터 3년 이내**(제4호에 따른 토지임대부 분양주택의 경우에는 최초 입주가능일을 말한다)에 입주하여야 하고, 해당 주택의 분양가격과 국토교통부장관이 고시한 방법으로 결정된 **인근지역 주택매매가격의 비율에 따라 5년 이내의 범위**에서 대통령령으로 정하는 기간(이하 "거주의무기간"이라 한다) 동안 계속하여 **해당 주택에 거주하여야 한다**. 다만, 해외 체류 등 대통령령으로 정하는 부득이한 사유가 있는 경우 그 기간은 해당 주택에 거주한 것으로 본다.

실거주 의무가 있는 아파트는 분양가 상한제가 적용되는 아파트라는 전제조건이 필요하기 때문에 분양가 상한제가 적용되지 않는 주택은 적용되지 않는다고 보시면 됩니다. 다만, 분양가 상한제가 적용되는 아파트라고 하여 무조건 실거주 의무가 주어지는 것은 아닙니다. 심의 받은 분양가가 인근지역 주택매매가격과 비교하여 100% 미만인 경우에 한해 실거주 의무가 주어지는 것입니다.

> 주택법 시행령 제60조의2(분양가상한제 적용주택 등의 입주자의 거주의무기간 등) ① 법 제57조의2제1항 각 호 외의 부분 본문에서 "대통령령으로 정하는 기간"이란 다음 각 호의 구분에 따른 기간(이하 "거주의무기간"이라 한다)을 말한다.
> 1. 법 제57조의2제1항제1호에 따른 주택의 경우
>   가. 공공택지에서 건설·공급되는 주택의 경우

> 1) 분양가격이 법 제57조의2제1항 각 호 외의 부분 본문에 따라 국토교통부장관이 정하여 고시하는 방법으로 결정된 인근지역 주택매매가격(이하 "인근지역주택매매가격"이라 한다)의 80퍼센트 미만인 주택: 5년
> 2) 분양가격이 인근지역주택매매가격의 80퍼센트 이상 100퍼센트 미만인 주택: 3년
> 나. 공공택지 외의 택지에서 건설·공급되는 주택의 경우
> 1) 분양가격이 인근지역주택매매가격의 80퍼센트 미만인 주택: 3년
> 2) 분양가격이 인근지역주택매매가격의 80퍼센트 이상 100퍼센트 미만인 주택: 2년

분양가격이 인근지역 주택매매가격과의 차이에 따라 2년~5년의 실거주 의무가 발생합니다.

ㄴ. 실거주의무 유예

실거주 의무 아파트에 입주할 때 자금이 부족한 분들이 바로 전세를 진행할 수 없는지 문의하는 경우가 많습니다.

구법에서는 실거주의무 아파트에서는 입주 시 전세를 진행할 수 없었습니다. 실거주의무에 대해 반대하여 폐지를 주장하는 당과 그러하지 않는 당으로 의견이 달랐으나 실거주 의무를 유지하고자 하는 다수당에 의해 실거주의무가 유지되었으나 2024년 22대 국회의원 총선을 앞두고 "해당 주택의 최초 입주가능일부터 3년 이내에 입주하여야 하고"라고 개정을 하였습니다. 그래서 최초 입주 시에 전세를 진행하고 3년 이내에만 입주하여 실거주의무를 진행하여도 가능한 것으로 변경된 것입니다.

참고

> 전매제한 규정 같은 경우에는 주택법 시행령에 해당하여 국회의 의결이 아닌 행정부에서 개정이 가능한 것이지만, 실거주 의무의 경우 주택법에 해당하여 국회의 의결로 개정이 가능한 법률입니다.

ㄷ. 실거주 의무를 다하지 못했을 때의 불이익

실거주 의무를 하지 못하면 처분을 하지 못하도록 되어 있습니다.

주택법 제57조의2(분양가상한제 적용주택 등의 입주자의 거주의무 등)
② 거주의무자는 제1항에 따른 거주의무를 이행하지 아니한 경우 해당 주택을 양도(매매·증여나 그 밖에 권리변동을 수반하는 모든 행위를 포함하되, 상속의 경우는 제외한다. 이하 이 조 및 제101조에서 같다)할 수 없다.

ㄹ. 실거주 의무의 예외

실거주 의무에도 예외가 있어서 다음의 경우에 해당하는 경우 거주하지 않아도 거주한 것으로 보는 규정도 있습니다.

주택법 시행령 제60조의2(분양가상한제 적용주택 등의 입주자의 거주의무기간 등)
② 법 제57조의2제1항 각 호 외의 부분 단서에서 "해외 체류 등 대통령령으로 정하는 부득이한 사유"란 다음 각 호의 어느 하나에 해당하는 사유를 말한다. 이 경우 제2호부터 제8호까지의 규정에 해당하는지는 한국토지주택공사(사업주체가 「공공주택 특별법」 제4조의 공공주택사업자인 경우에는 공공주택사업자를 말한다. 이하 이 조, 제73조, 제73조의2 및 제82조의2에서 같다)의 확인을 받아야 한다.
 1. 다음 각 목의 어느 하나에 해당하는 경우
  가. 법 제57조의2제1항제1호에 따른 주택에 입주하기 위해 준비기간이 필요한 경우. 이 경우 해당 주택에 거주한 것으로 보는 기간은 최초 입주가능일 이후 3년이 되는 날부터 90일까지(최초 입주가능일부터 3년이 되는 날 전에 입주하는 경우에는 입주일 전날부터 역산하여 최초 입주가능일까지의 기간으로 하되, 90일을 한도로 한다)로 한다.
  나. 법률 제20393호 주택법 일부개정법률 부칙 제3조에 따라 법 제57조의2제1항제1호에 따른 주택에서의 거주를 중단했다가 거주를 재개하기 위해 입주하는 경우로서 준비기간이 필요한 경우. 이 경우 해당 주택에 거주한 것으로 보는 기간은 거주를 중단한 날의 다음 날 이후 3년이 되는 날부터 90일까지(거주를 중단한 날의 다음 날부터 3년이 되는 날 전에 입주하는 경우에는 입주일 전날부터 역산하여 거주를 중단한 날의 다음 날까지의 기간으로 하되, 90일을 한도로 한다)로 한다.

다. 토지임대부 분양주택에 입주하기 위해 준비기간이 필요한 경우. 이 경우 해당 주택에 거주한 것으로 보는 기간은 최초 입주가능일부터 90일까지로 한다.
2. 법 제57조의2제1항 각 호 외의 부분 본문에 따른 거주의무자(이하 "거주의무자"라 한다)가 거주의무기간 중 세대원(거주의무자가 포함된 세대의 구성원을 말한다. 이하 이 항에서 같다)의 근무·생업·취학 또는 질병치료를 위하여 해외에 체류하는 경우
3. 거주의무자가 주택의 특별공급(「군인복지기본법」 제10조에 따른 공급을 말한다)을 받은 군인으로서 인사발령에 따라 거주의무기간 중 해당 주택건설지역(주택을 건설하는 특별시·광역시·특별자치시·특별자치도 또는 시·군의 행정구역을 말한다. 이하 이 항에서 같다)이 아닌 지역에 거주하는 경우
4. 거주의무자가 거주의무기간 중 세대원의 근무·생업·취학 또는 질병치료를 위하여 세대원 전원이 다른 주택건설지역에 거주하는 경우. 다만, 수도권 안에서 거주를 이전하는 경우는 제외한다.
5. 거주의무자가 거주의무기간 중 혼인 또는 이혼으로 입주한 주택에서 퇴거하고 해당 주택에 계속 거주하려는 거주의무자의 직계존속·비속, 배우자(종전 배우자를 포함한다) 또는 형제자매가 자신으로 세대주를 변경한 후 거주의무기간 중 남은 기간을 승계하여 거주하는 경우
6. 「영유아보육법」 제10조제5호에 따른 가정어린이집을 설치·운영하려는 자가 같은 법 제13조에 따라 해당 주택에 가정어린이집의 설치를 목적으로 인가를 받은 경우. 이 경우 해당 주택에 거주한 것으로 보는 기간은 가정어린이집을 설치·운영하는 기간으로 한정한다.
7. 법 제64조제2항 본문에 따라 전매제한이 적용되지 않는 경우. 다만, 제73조제4항제7호 또는 제8호에 해당하는 경우는 제외한다.
8. 거주의무자의 직계비속이 「초·중등교육법」 제2조에 따른 학교에 재학 중인 학생으로서 주택의 최초 입주가능일 현재 해당 학기가 끝나지 않은 경우. 이 경우 해당 주택에 거주한 것으로 보는 기간은 학기가 끝난 후 90일까지로 한정한다.

ㅁ. 실거주 의무에 대해 추가로 알아야 하는 사항

국토교통부 주택청약 FAQ 470번에서는 거주의무 적용 주택은 거주의무기간 동안은 공동명의로 변경할 수 없다는 답변이 있어서 한동안 실무에서 혼동을 겪은 바가 있었습니다. 하지만, 이후 국토교통부의 답변으로 변경이 되어 부부 공동명의가 가능하게 되었습니다. 다만, 공동명의 경우 공동명의자 모두에게 실거주 의무가 주어집니다.

그리고, 법인으로 계약하는 경우라면 법인대표자에게 실거주 의무가 주어집니다.